2019 年时任铜仁职业技术学院党委书记杨春光在全国高职高专党委书记论坛年会上发言

2014 年时任铜仁职业技术学院党委副书记、院长张景春代表学院在全国职业教育工作会议上作典型经验交流发言

2017 年 3 月覃礼涛参加铜仁市政协委员延安培训班

2006 年覃礼涛（左一）参加铜仁职业技术学院业余党校首期开班仪式

覃礼涛（二排左六）与贵州省优质高职院校建设验收组专家合影

2006 年覃礼涛（左二）参加铜仁职业技术学院纪念建党八十五周年表彰大会

2007 年覃礼涛（左二）参加铜仁职业技术学院新校区建设奠基仪式

2007 年覃礼涛（左二）迎接贵州省委领导评估检查

2007 年覃礼涛（二排左七）与评估专家组留念

07年铜仁职院各界人士新春座谈会

覃礼涛（右一）参加 2007 年铜仁职院各界人士新春座谈会

铜仁职业技术学院第二届教职工代表暨工会会员代表合影

覃礼涛（右一）参加 2014 年中国—新西兰现代职业教育发展论坛

2010 年 4 月覃礼涛陪同时任贵州省教育工委副书记方仕平视察铜仁职业技术学院食堂

2010 年 4 月覃礼涛（左一）陪同时任贵州省副省长谢庆生（右二），时任贵州省委常委、宣传部部长谌怡琴（左二）视察铜仁职业技术学院

2012 年覃礼涛（右三）与时任市委书记刘奇凡带队组成的调研组合影

2015 年覃礼涛（二排右三）参加《国家民族事务委员会、贵州省人民政府共建铜仁职业技术学院协议》签字仪式合影

2017 年覃礼涛参加全国高职高专党委书记论坛年会

2017 年覃礼涛参加中国人民政治协商会议第二届铜仁市委员会第一次会议

◀ 2017 年覃礼涛参观延安历史博物馆

2020 年覃礼涛赴铜仁市碧江区马拉松智慧赛场参观 ▶

覃礼涛向 2018 年新生军事训练开训授旗

2010 年覃礼涛主持召开学院党建工作专题会

铜仁职业技术学院北大门

铜仁职业技术学院第一届、第二届部分领导班子成员合影。从左起，党委委员、宣传部部长吴永东（左一），党委委员、统战部部长强寿荣（左二），党委委员、副院长蔡恩勇（左三），党委委员、副院长张家俊（左四），副院长徐联（左五），党委副书记杨海英（左六），原党委副书记、院长张景春（左七），党委书记张命华（左八）；从右起，原党委委员、宣传部部长田银萍（右一），党委委员、副院长王锋（右二），党委委员、副院长晏龙强（右三），党委委员、纪委书记周弼琪（右四），原党委委员、副院长杨政水（右五），原党委副书记覃礼涛（右六），党委副书记、院长项光亚（右七）

见证铜职二十载

覃礼涛　著

北京理工大学出版社
BEIJING INSTITUTE OF TECHNOLOGY PRESS

图书在版编目（CIP）数据

见证铜职二十载／覃礼涛著．--北京：北京理工大学出版社，2022.10

ISBN 978-7-5763-1756-5

Ⅰ．①见… Ⅱ．①覃… Ⅲ．①铜陵职业技术学院—校史 Ⅳ．①G719.285.43

中国版本图书馆 CIP 数据核字（2022）第 189616 号

出版发行／北京理工大学出版社有限责任公司
社　　址／北京市海淀区中关村南大街 5 号
邮　　编／100081
电　　话／（010）68914775（总编室）
　　　　　（010）82562903（教材售后服务热线）
　　　　　（010）68944723（其他图书服务热线）
网　　址／http://www.bitpress.com.cn
经　　销／全国各地新华书店
印　　刷／三河市华骏印务包装有限公司
开　　本／787 毫米×1092 毫米　1/16
印　　张／18
彩　　插／6
字　　数／344 千字
版　　次／2022 年 10 月第 1 版　2022 年 10 月第 1 次印刷
定　　价／128.00 元

责任编辑／徐艳君
文案编辑／徐艳君
责任校对／周瑞红
责任印制／施胜娟

学院简介

铜仁职业技术学院是2002年6月经贵州省人民政府批准，2003年正式组建成立的一所公办全日制普通高等职业学院，是国家民委和贵州省人民政府共建高校，是国家骨干高职院校、国家优质高职院校、国家“双高计划”立项建设单位、国家乡村振兴人才培养优质校。

学院现有全日制高职在校学生19170人，教职工940人；其中，专任教师825人，高级职称408人，硕博士449人，全国教书育人楷模1人，省、市管专家6人，“西部之光”访问学者5人，“甲秀之光”访问学者2人。现设有农学院、药学院以及铜仁市中等职业学校、铜仁市技工学校等13个二级办学分院（校）；开设高职招生专业30个，其中，国家级重点、骨干专业5个，高水平专业群1个，省级重点和骨干专业7个，省级重点专业群3个。

学院拥有国家地方联合工程研究中心、博士后科研工作站、国家民委民族中兽药重点开放实验室、国家民委“一带一路”国别和区域研究中心、国家民委人文社会科学重点研究基地等省部级以上科研创新平台23个，拥有国家茶产业体系铜仁茶叶综合试验站、贵州省畜禽健康养殖协同创新中心、铜仁市食用菌繁育工程中心等研发平台8个，有生态农业示范园、药学及药品生产开放性实训基地、NIIT大数据与软件服务外包实训基地、华为ICT网络学院等203个实训基地，其中国家开放实训基地3个。

学院与华为技术有限公司、温氏集团等428家企业建立了紧密合作关系，共建产业学院3个。与中南民族大学、大连民族大学、贵州大学、贵州师范大学等10余所国内高校开展深度合作。与美国阿兰特国际大学、韩国国立交通大学、印度尼西亚甘加马达大学、马来西亚沙巴大学等50余所国（境）外高校建立了校际交流与合作关系。

学院坚持“立德树人、以技立业、服务社会”的办学理念，秉承“明德、求真、笃行、自强”的校训，弘扬“团结奋进、求实创新、卓越奉献、敢为人先”的新时代铜职精神，紧贴地方产业发展，培养复合式创新型高素质技术技能人才。通过深内涵、提质量，控规模、优结构，善治理、增效能，重创新、强贡献，努力建设具有“世界水准、中国特色、铜仁标志”的，以优质专科为主体，以特色本科为引领，“中—高—

本”有效贯通的一流职业高等院校。2011 年，荣获“全国毕业生就业典型经验高校”称号。2012 年，获批全国事业单位法人治理结构改革试点单位；获批全国首批教育信息化试点单位。2013 年，以优秀等次通过“国家示范性高等职业院校建设计划”骨干高职院校建设项目验收；在首届“中国职业教育百强”评选中，跻身全国高职 25 强。2014 年，作为唯一一家高职院校，在全国职业教育工作会议上作典型经验交流发言，张景春院长还受到国务院总理李克强亲切接见；领办的铜仁市中等职业学校顺利通过“国家中等职业教育改革发展示范学校建设项目”验收，学院成为高职、中职国家级双示范院校。2015 年，荣登“见证 2014——我们眼中的中国职业技术教育亮点”年度学校榜首；同年，国家民委与贵州省人民政府签署共建铜仁职院协议，学院成为南方唯一一所国家民委与地方政府“省部共建”的高职院校。2016 年，成为全国职业院校教学诊断与改进工作 27 所试点院校之一。2017 年，成为贵州省首批优质高职院校立项建设单位；获批“首批全国新型职业农民培育示范基地”；荣获“2016 高等职业院校国际影响力 50 强”；入选教育部第二批“全国百所现代学徒制试点高职院校”；获批第五批“全国民族团结进步创建示范区（单位）”。2018 年，荣获 2017 高等职业院校“国际影响力”50 强和“服务贡献”50 强；当选全国高职高专党委书记论坛副主任委员单位、全国高职高专校长联席会议主席团成员单位和中国职业技术教育学会少数民族职业教育专业委员会秘书处。2019 年，荣获 2018 高等职业院校“国际影响力”50 强、“育人成效”50 强和“服务贡献”50 强；获批国家民委重点实验室、人文社会科学重点研究基地、“一带一路”国别和区域研究中心；荣获国家级教学成果奖二等奖三项，成为国家优质高职院校、国家“双高计划”立项建设单位。2020 年，顺利通过全国诊改委全国诊改试点院校诊改复核。2021 年，成为全国百所乡村振兴人才培养优质校。

序　言

二十年栉风沐雨，沧桑砥砺；二十年薪火相传，桃李芬芳。二十年来，铜仁职院坚定不移走内涵式发展道路，探索出一条高职院校高质量发展新路，成功进入全国高职院校第一方阵，成为服务和引领区域产业发展的职教样板。可以说，铜仁职院过去的二十年，是抢抓机遇、高筑平台，继续乘势而上和快速发展的二十年；是深化改革、转型提质，实现重点突破和全面发展的二十年；是攻坚克难、协调平衡，保持和谐稳定和健康发展的二十年。

这些成绩的取得，离不开全院师生员工凝心聚力、奋勇拼搏。二十年来，也正是因为一代又一代铜职人按照绘就的蓝图，充分发扬“团结奋进、求实创新、卓越奉献、敢为人先”的新时代铜职精神，心往一处想，劲往一处使，才抢抓到一次又一次办学发展机遇，办成许多看似不可能却已成为现实的大事，才在服务地方发展上作出重要贡献，取得系列骄人的成绩。

原铜仁职院党委副书记覃礼涛教授作为铜仁职院发展的参与者、见证者，经历了筹建、整合、创示、优质、双高等各个阶段，为铜仁职院发展留下了许许多多值得大家思考总结的文章，主要涉及办学治校、参政议政、社会服务等方面。在铜仁职院成立二十周年之际，他以专著的形式向铜仁职院二十周年献礼。我们也希望以此书来启迪更多的铜职人，以史为鉴、开创未来，埋头苦干、勇毅前行，努力办好人民满意的大学，为地方经济社会发展谱写新的篇章!

铜仁职院党委书记　张命华教授

2022 年 8 月 27 日

前　言

本人出生在德江县复兴镇覃家湾组，从小披着砍柴、放牛、读书“三件套”，1981年考入“公社干部”队伍，经历“基层、机关、学校”三段式工作，见证“撤社改乡、撤区并乡、撤校升院、撤地设市”等四次体制改革。曾任区委副书记、乡党委书记、团地委副书记，2000年调任铜仁农业学校党委副书记、副校长（2002年主持行政工作），2003年以来曾担任铜仁职业技术学院党委副书记（正县长级干部、教授）。

2002年5月，经贵州省人民政府批准、教育部备案，铜仁职业技术学院正式成立，它位于祖国西南贵州省东部梵净山下——铜仁市。铜仁职业技术学院经过二十年发展，办学条件不断改善、办学规模不断扩大、办学实力不断增强、办学质量不断提升，已成为国家骨干校、省部共建校、国家优质校、全国乡村振兴优质校、国家高职院校“双高计划”建设立项单位……

2002年6月，中共铜仁地委批准成立铜仁职业技术学院筹建领导班子，党委书记、院长由中共铜仁地委副书记（正厅级）陈国明同志兼任，本人担任学院党委副书记、办公室主任，并抽调杨德斌、谭子安、唐康、游明伦、白雪、周章明、张黎飞等同志在农校集中办公，具体负责筹建日常工作。经过一年筹备，2003年5月，铜仁职业技术学院领导班子正式成立，侯长林同志担任党委副书记、副院长（主持工作），本人担任党委副书记。二十年来，本人作为班子成员参与筹建、参加建设、见证发展、证实经历，可以说是学院发展的拓荒者、参与者、见证者。在铜仁职业技术学院成立二十周年之际，为总结工作、开创未来，本人把在学院“组织筹建、合并转型、示范骨干、优质双高”等阶段中，先后在《中国教育报》、《贵州日报》、人民网等中央、省级媒体上发表的文章、省市课题、政协提案、调研报告等汇编成册——《见证铜职二十载》。

《见证铜职二十载》收集了本人在学院各个阶段的文章和图片，见证了学院组织筹建的初心、合并转型的“艰”心、示范骨干的用心、优质双高的苦心，见证了学院从无到有、从小到大、从弱到强的艰难历程，见证了学院冲出贵州、挺进中原、走向全国前列的光辉时刻，也见证了几代铜职人求真务实，敢为人先的精气神。

回首往事，硕果累累。铜仁职业技术学院的发展既有成就、又有挫折，既有喜悦、也有泪水。二十年成就了大批教职工成长成才，二十载培养了数以万计的技术技能人才；但也有一些同志为学院的发展，拼命工作，倒在一线岗位，他（她）们是铜职的骄子。

展望未来，任重道远，而今迈步从头越。新形势、新任务、新局面、新作为，我们要抢抓发展机遇，围绕乡村振兴，服务铜仁发展，强化内涵建设，坚持质量兴院、特色立院，建成“双高”校，创建职教本科，努力建设“世界水准、中国特色、铜仁标志”的全国一流职业大学。

覃礼涛

2022 年 7 月 8 日于铜仁

目　录

办学治校篇

参政议政篇

社会服务篇

后 记

办学治校篇

“落得实”是学院发展的基础

习近平总书记指出，“落实”是做好一切工作的基础和保障。工作“落得实”，才能把党的路线方针政策转化为推动事业发展、服务人民群众的生动实践。可以说，抓落实不仅是检验各级党员干部世界观正确与否和党性强弱的试金石，也是开展“不忘初心、牢记使命”主题教育取得实效的根本保证。什么工作只有抓得很紧，毫不放松，才能抓住。抓而不紧，等于不抓。不抓不行，抓而不紧也不行。实践证明，学院的任何工作措施可以订上千条万条，但最终还得靠人去抓，还是要体现在落实上。没有落实，再多的措施也只能是镜花水月；抓而不紧，再完美的方案也只能是纸上谈兵。

“空谈误国，实干兴邦”，这是千百年来人们从历史经验教训中总结出来的治国理政的一个重要结论。目前，铜仁职院发展又迎来了创建国家“双高计划”机遇，能不能抢抓机遇，再上台阶，关键看干部抓落实能力、执行能力、创新能力。在日常工作中，抓而不紧，抓而不实，抓而不细，不能按时完成任务的情况也还一定程度地存在。究其原因，除了受到个体能力素质和各种客观条件的制约，主要还是工作作风不扎实，没有掌握“抓”的方法。工作中存在重会议、轻落实，重决策、轻调研，重安排、轻监督的“三重三轻”现象，党委会、院长办公会决定的工作，在实际落实中，既缺少行之有效的具体措施，又缺乏有力监督。这样的抓，貌似真抓，实为假抓，是不作为、慢作为、假作为的现象，严重影响了铜仁职院的发展。由此可见，抓落实是干部的重要职责。在实际工作中如何才能把工作抓落实呢？

一、扎实作风是抓落实的前提

“一分部署，九分落实”。“落实”二字，频频出现于习近平总书记的讲话、文章中，绝非偶然。在改革进入攻坚期和深水区的今天，中国最高领导人对于落实的态度、方法论，关于抓落实的一系列重要指示和部署，直接体现并影响着改革发展的大局。什么叫落实？所谓落实，就是使计划、措施、政策、决定等得以贯彻执行。用我们平常的话说，落实就是实施，落实就是做事，落实就是兑现，落实就是见效，它是一切工作的归宿，是我们开展工作的全部意义所在。工作不落实，从表面上看是工作方法或工作能力问题，实质上是工作作风问题，只有作风扎实，工作才能落实。同样的任务，不同的人去做，结果不一样。之所以在落实上有差距，是因为问题不仅出在思想上，而且出在作风上。

（一）作风源于责任

抓落实必须强化责任心。很多工作落实不到位，就是因为干部的责任心不强，没有一种只争朝夕、当天事当天完成的思想。只有具备了较强责任心，在工作中自加压力，才能积极抓工作落实。

（二）作风反映心态

心态决定精神面貌，心态决定工作状态。心态摆正了，才会聚精会神、认真扎实地去干工作、抓落实。当前，一些工作落实得不好，很大程度上就是由于我们有些同志心态没有摆正，好事争先做，难事不去做，重点事抓不住，这些都是心态不正的反映，如果不加以克服，势必影响工作、贻误事业。

（三）作风彰显品德

德乃为人之本、从政之要。德行端才会作风正，作风正才会落实好。抓工作必须具备不图虚名、真抓实干的品德，堂堂正正做人，踏踏实实干事，唯有如此，社会才能风清气正，工作才能落实到位。

二、抓住细节是抓落实的关键

“细节决定成败”。工作落实，除了要有充足的干劲和扎实的作风，还要有正确的方法和时间观念，区别对待、抓住重点、主攻难点，要学会“弹钢琴”整体推进。

（一）善于抓重点工作

日常工作中，我们需要办的事情很多，要抓住主要矛盾，因为事物的主要矛盾往往决定着事物的发展变化，抓住了主要矛盾，就抓住了解决问题的关键。因此，在工作中要坚持抓住重点工作，一定要对工作进行分析排队，厘清工作思路，分清轻、重、缓、急，把急需办的工作先抓落实，把重点工作列入自己的主要工作来抓，主要领导亲自抓，不当二传手、旁观者、评论家。只有这样，在工作中才能全面协调，整体推进，兼顾各方。

（二）善于从细节入手

在工作中抓落实，一定要注重细节，扎扎实实地做好基础性的工作；同时，我们既要“操其要”又要“分其详”。所谓“操其要”，就是针对全局，要有明确的工作思路和总体安排，做到心中有全局观。“分其详”，就是对每项工作都要制定切实可行的具体实施方案。通过“分其详”，制定阶段性的工作目标，按照特事特办的原则，根据工作的性质，对先抓什么，后抓什么，抓到什么程度，力量如何使用，具体的标准和要求是什么等，一一加以明确，然后，组织人员，在规定时限内想方设法完成任务，确保各项工作真正落到实处。

（三）团结协作是基础

工作落实，要依靠集体的力量。如何加强团结协调，充分调动大家工作的积极性是做好一切工作的基础。世界级成功学大师拿破仑·希尔曾坦言：“一个人事业上的成功，只有15%是由于他们的专业技术，其余85%归于人际关系和处事技巧。”因此，领导干部只有正确处理领导之间、同事之间、上下级之间的关系，使干部之间和部门之间能够互相理解、支持、帮助，多合作、少撤台，多协商、少专断，多理解、少怨气，努力营造一个团结、和谐、稳定的工作环境和良好氛围，培育较强的团队意识和合作精神，才能带领大家有效地做好工作落实。

三、明确责任是抓落实的保障

万事靠“人”落实，抓住了“人”，就抓住了工作落实的“牛鼻子”；否则，就事论事，“天女散花”，“戏”虽然热闹，但工作还是没有落实。抓“人”的工作主要有四点：一要抓任用，二要抓责任，三要抓赏罚，四要抓示范。

（一）任用担当之人

“政治中线确定之后，干部就是决定因素”。铜仁职院要发展，各项工作要落实，必须把握好选人用人的正确导向，多提拔重用那些作风扎实、善抓落实的干部。在选用时要注意把握三点：第一，要用能办事的干部。干部责任心强，干事自然认真。对那些真心干事、作风踏实的干部，要舍得给位子、压担子。第二，要用办成事的干部。对干部要量能授权，做到能力与事、权相统一。不拘一格，把那些想干事、能干事、能干成事、不出事而且有发展潜力的干部放在重要部门和重要岗位。第三，用敢于担当的干部。对于工作有冲劲、勇于担风险、敢于负责任的干部，要多给工作和发展的机会，并为他们鼓劲撑腰；对于那些只愿当“老好人”、这样怕那样怕不愿作为、投机取巧的干部则不能重用，以免影响工作，贻误事业。

（二）落实主体责任

第一，责任要具体。职责不清，责任不明，事办砸了，板子不知往谁身上打，工作就不可能落实到位。在工作推进过程中，哪个阶段办什么事，采取什么措施，达到什么目标，要具体；谁来抓总，谁来承办，权和责怎么划分，要具体；办成怎么奖，办不成怎么罚，要具体。第二，考核要量化。干每一项工作都要列出时间表，算好任务账，坚持“盯着办、催着办”，随时督导、随时通报、随时纠正。对重点工作应当建立和落实好定期通报制度、绩效评议制度、落实回告制度。第三，追责要严肃。对于一些重要工作，如果没有特殊原因而使工作未能达到基本目标要求的，对单位主要负责人及相关人员要有所惩戒，第一次要提醒谈话，多次出现同样问题时，就要果断地进行组织调整。主要领导、分管领导、部门责任人三层职责分清，部门负责人若因工作落实不到位受到问责，其他同志也要承担一定的责任。

（三）做到赏罚分明

干部“能干事、干成事、不出事”归结一句话，就是要建立以业绩为导向的奖惩制度。有赏有罚，则人心思进，事业兴旺；赏罚不明，则人心思退，事业衰败。推动工作落实，必须坚持严明的赏罚制度，严格赏善罚恶、赏勤罚懒、赏优罚劣。在实施时要把握三条：第一，赏罚要有依据。加强制度建设，以制度管人，平时要加强工作调度，掌握工作情况，建立工作台账，使该赏该罚都有据可考。第二，对象要搞准。无论奖励还是惩罚，都要做到具体问题具体分析，尤其对直接责任人、审核人、决策人三者之间的责任划分要实事求是，该奖励谁就奖励谁，该惩罚谁就惩罚谁。既不能奖惩错位，更不能高帽子净往上面戴，紧箍咒净对下面念；既不能以法不责众为由免掉处罚，更不能有责无责各打五十大板。第三，奖惩力度要大。该奖的重奖，把工作导向奖得更加清晰；该惩的要严惩，惩出痛感，惩到位。

（四）当好示范带动

在主题教育中，领导干部要带头坚持不懈地抓，一级带着一级干，领导做给下属看。领导怎么带？第一，要身体力行。万事要抓头，领导要带头，在推进工作遇到困难的时候就要身先士卒，亲自上阵打前锋，该示范的要示范，该现场办公的要现场办公，该出面解决的要出面解决。第二，要多出点子。领导者实施领导不能“以其昏昏，使人昭昭”，一定要熟悉分管的工作情况，注重帮助下级谋思路、想办法，引导下级抓落实。当然，也要注意把握好寸，不能霸道包办，影响下级开展工作。第三，加强心理疏导。上级领导一定要多体谅下级的难处，多为下级创造条件，多替下级分担责任，多给下级一些人文关怀，这样，大家才会和谐相处，心齐气顺地干工作、抓落实。

铜仁职院：实施“五大工程”实现“六个倍增”

（2014年9月28日刊发于《贵州日报》）

日前，笔者从铜仁职业技术学院获悉，近年来，该院立足实际创新载体，实施文化育人“五大工程”，实现学生综合素质价值“六个倍增”。

据介绍，铜仁职业技术学院通过实施建机制党政齐抓共管、强队伍提升工作水平、抓保障优化育人环境、重教改实施“三化”强内涵、铸精品丰富校园文化活动等“五大工程”，不断提高学生思想水平、政治觉悟、道德品质、文化素养，让学生成为德才兼备、全面发展人才，实现学生综合素质价值“六个倍增”。

政治觉悟提升，实现理想价值倍增。把准学生的思想脉搏，积极回应学生思想关切，帮助学生解疑释惑，引领学生成长成才，理想信念坚定。学习主动性提升，实现学习能力倍增。紧扣时代脉搏、顺应时代潮流、反映时代要求，捕捉合乎学生思想认识接受特点的时机相机而动，激发学生学习动力。技能水平提升，实现技能倍增。理论与实际相结合，强化活动针对性、专业性，让学生在活动中领技术，在学习中悟水平。文化素养提升，实现实践能力倍增。通过“三下乡、扶贫考核、实地调研”等文化活动，锻造学生社会服务能力和吃苦精神。就业能力提升，实现自我价值倍增。经过入学三年分段式创业就业能力培训，使每个学生有职业规划、有具体的措施，能准确定位，积极就业，实现自我价值能力倍增。社会能力提升，实现生存能力倍增。每年开展毕业生就业用人单位满意度调查，用人单位评价好，满意度90%左右，实现生存能力倍增。

强化学生实习管理　提高人才培养质量

（2017 年 12 月 27 日刊发于现代高等职业技术教育网）

学生实习管理工作是关系到职业教育人才培养目标能否实现的一件大事，是增强学生综合能力的基本环节，是教育教学的核心部分。铜仁职业技术学院立足实际，开拓创新，抓牢“四个环节”、强化“四个结合”、建立“四个保障”、凸显“四大成效”，成功探索了一条学生实习管理“铜仁经验”，不断提升办学质量和水平。

铜仁职业技术学院现占地 1500 多亩。学院现有教职工 879 人，各类学生 3 万余人，其中高职学生 14811 人，留学生 320 人，生源来自美国、俄罗斯、老挝等 13 个国家和全国 26 个省（自治区、直辖市）。学院是“国家骨干高职院校”、“省部共建”高校，贵州省首批示范高职院校，全国毕业生就业典型经验高校 50 强，全国高职院校国际影响力 50 强，2016 年贵州省首批优质高职院校建设单位。

学生实习是实现职业教育培养目标、增强学生综合能力的基本环节，是教育教学的核心部分，学院围绕“强化实习管理，提高育人质量”主题，抓牢“四个环节”，强化“四个结合”，建立“四个保障”，凸显“四大成效”，探索学生实习管理“铜仁经验”，不断提升办学质量和水平。

一、科学管理，抓牢“四个环节”

（一）抓学生实习组织

实习组织是做好学生实习管理的基础：一是设计方案。学生实习方案由实验实训中心统筹，其他部门按工作分工各司其职，严格审核各专业上报的实习计划、实习方案。二是确定单位。学院每年对实习单位都进行实地考察评估，重点了解单位资质、诚信状况、管理水平、实习岗位性质和工作环境、生活环境，以及健康保障、安全防护等方面。三是计划培训。学院根据专业人才培养方案，与实习单位共同制订实习计划，学生了解各实习阶段的学习目标、任务和考核标准。大胆探索工学交替、分段式的实践性教学改革。四是强化管理。学院和实习单位选派经验丰富、业务素质好、责任心强、安全防范意识高的指导教师和专门人员全程指导、共同管理学生实习，确保实习各环节有部门抓、有人管、落到实处。

（二）抓实习管理

实习管理是做好学生实习工作的重点：一是过程监管。学院制定学生实习工作具体管理办法和安全管理规定，对实习工作和学生实习过程进行监管，构建实习信息化管理平台，与实习单位共同加强实习过程管理。二是明确责任。学生参加实习前，学校、实习单位、学生三方应签订实习协议，杜绝“六个不得”。三是加强指导。实习指导教师负责定期检查学生实习情况，指导学生撰写实习报告和做好检查鉴定。建立学生实习信息通报制度，避免了学生“放羊式”实习，保证了学生实习质量。

（三）抓实习考核

实习考核是做好学生实习管理的关键：一是制定考核标准。学院建立以育人为目标的实习考核标准，学生实习考核实行双重考核。二是注重结果。将学生实习过程及完成实习的相关任务、考核结果分四个等次，考核合格以上等次的学生获得学分，并纳入学籍档案；对实习考核不合格学生，不予毕业。三是做好学生实习情况的立卷归档工作。

（四）抓实习安全

“安全不保，何谈实习”，实习安全是做好学生实习管理的保障：一是安全第一。按照科学组织、依法实施、注重安全的要求，在学生实习前，对学生进行安全防护知识、岗位操作规程教育和培训考核。未经教育培训和未通过考核的学生不得参加实习。二是建立保险制度。为实习学生投保实习责任保险，覆盖实习活动的全过程，学生实习责任保险的经费从学费中列支，切实保障学生实习期间的人身安全和健康。

二、提高质量，强化“四个结合”

在实习管理中，为了提高技术技能人才培养质量，增强学生社会责任感、创新精神和实践能力，更好服务铜仁地方产业转型升级需要，强化四个结合，提高实习质量。

（一）实习与人才培养方案相结合

各专业根据人才培养方案的目标要求，学生一年级认识实习，二、三年级跟岗或顶岗实习，并与实习单位共同制订实习计划、实习方案，明确实习目标、实习任务、考核标准等；选择的实习岗位完全符合专业培养目标要求，与学生所学专业对口或相近。

（二）实习与职业岗位相结合

学生在实习中，严格安排在所学专业知识的职业岗位，进行实战职业岗位练习，这不仅使学生学有所获，进入社会就能很快适应职业岗位的需要，而且学生的后续职业发展能力也增强。

（三）实习与技能训练相结合

学生在实习中着力强化技能训练，由指导教师对实习学生实行手把手的教练，然后逐渐到放开手，直到最后能甩开手。正是这种技能传授方式，才让学生掌握过硬本领，护士资格证通过率达 95% 左右，学院学生每年在各级技能竞赛中获奖人数不断增多。

（四）实习与就业创业相结合

以技能为目标，以就业为目的，在学生实习中，有充分的岗位接收学生实习，让学生了解人才需求标准，实现实习与就业创业直通车，学院毕业生初次就业率连续 8 年在 95% 以上。如药学专业学生实习后，有的实习结束就在实习企业就业，有的自己创业种植药材。

三、加强领导，建立“四个保障”

（一）组织保障

学院成立学生实习管理工作委员会，由分管教学副院长任主任，负责实习工作的具体组织、实施及全过程管理。将学生实习工作纳入年度绩效目标考核内容，强化工作落实和提高管理绩效。

（二）人员保障

学院各部门工作人员和各专业教师、实习单位指导教师和管理人员，对学生实习管理都各有其责和细化分工，确保每个人身上都有实习责任，并列入教师的年度教学绩效考核，成为评先选优和职称晋升的依据。

（三）制度保障

完善学生实习管理制度，为保证人才培养质量提供了保障。修订《铜仁职业技术学院学生实习管理办法》等系列制度，确保学生实习科学组织、依法实施，保护了学生合法权益，为学生完成实习提供制度保障，为创建全国优质高职院校夯实了基础。

（四）经费保障

学院每年都将学生实习所需的实习组织、实习检查、实习保险、实习指导教师费用等列入年初预算，给予专项资金，以保证学生实习各环节所需经费。仅 2016 年，学院就投入学生实习管理资金 200 多万元。

四、完善机制，凸显“四大成效”

（一）建立共同育人培养机制

一是学院以提高质量为重点，构建“校企双主体育人、学校教师和企业师傅双导师教学、学校学生和企业准员工双重身份”的现代学徒制培养模式，实现联合招生、共建专业、多方参与评价的双主体协同育人机制。二是实现招生招工一体化，实习与就业创业直通车。实习期间，明确学徒的企业员工和职业院校学生双重身份，在企业（园区）上课期间实行双辅导员制，由学校班主任和企业指导教师共同担任辅导工作。三是建立校企“共享”的师资队伍。完善双导师制，使学生在专业发展上能更快更好。双方按照企业工作岗位所需知识、能力和素质，与企业共同编写核心岗位能力课程教材。

（二）树立“三个意识”，明确实习管理目标

一是树立底线意识。不折不扣地落实《职业学校学生实习管理规定》中的“五不要”，学生权利保障“六不得”、工作岗位及工作时间“三不得”等规定。二是注重质量意识。选择高水平的实习单位，共同制订实习计划，提高实习岗位专业对口率，为学生提供合理的实习报酬，落实学生实习强制保险制度等。三是强化纪律意识。严格学生实习纪律，建立实习指导教师制度，将学生纪律表现记入实习学生学业成绩，有效填补“八小时”外的管理“真空”。

（三）抓好“四个融合”，确保实习质量

按照产教融合、提高育人质量要求，注重学生实习与人才培养方案相融合，学生实习与职业岗位相融合，学生实习与技能训练相融合，学生实习与就业、创业相融合，实现实习、就业一条龙。

（四）构建“五位一体”评价和监督体系

学生实习管理构建学院统筹、分学院组织、企业指导、班级协作、家长配合、学生

自我管理等多方联动评价和监督体系，实现学生实习管理人人肩上有责任，实习学生争上进的良好实习氛围。

总之，学生实习管理工作是关系到职业教育人才培养目标能否实现的一件大事，也是一项涉及面广的重要工作，必须建立“政府高度重视、企业共同参与、学校精心组织，各部门积极支持”的齐抓共管的工作格局。

四十年改革巨变，八十载办学硕果

2018 年既是改革开放 40 周年，也是贵州铜仁职业技术学院办学 80 周年。1978 年 12 月党的十一届三中全会吹响了中国改革开放的进军号，华夏大地掀起改革开放浪潮，改革开放如同一声惊雷，汇聚起改变中国的力量，催生亿万中国人民大踏步追上时代的激情，中国人用勤劳与智慧完成了一场场激动人心的精彩叙事。2018 年 12 月 18 日，习近平总书记在庆祝改革开放 40 周年大会上发表了重要讲话，他指出，40 年的实践充分证明，改革开放是党和人民大踏步赶上时代的重要法宝，是坚持和发展中国特色社会主义的必由之路，是决定当代中国命运的关键一招，也是决定实现“两个一百年”奋斗目标、实现中华民族伟大复兴的关键一招。

一、见证发展巨变

改革开放，让好日子梦想成真，无数人的命运柳暗花明，无数人的梦想破土而出。对于五十多岁的人来说，我们既是改革开放的参与者、实践者，又是见证者、受益者，因此，体会深刻，受益较大。我家住在贵州德江农村，家庭兄妹多，母亲待人诚恳，勤俭持家，对我们要求严格。父亲是一名村干部，他为人正直，生活朴实，是典型的农村“土”干部。改革开放以前家庭生活十分困难，每年只能靠父母劳动挣“工分”分得一点粮食，在父母的精打细算之下，每年还是要“断粮”3 个月，有时吃不饱，只能靠吃杂粮度日，勉强维持生活。经济也十分困难，1978 年我正在读初中，有时就连初中学费（2 元/年，后期高中学费 4. 50 元/年）也交不上，一年一件衣两双鞋。当时我们大队还出现一位反对生产队土地包产到户的“造反女英雄”。改革红利惠百姓，1981 年，我迎来了人生的春天，经过考试参加了工作，在乡（镇）基层工作 14 年，还担任乡党委书记，每天与群众打交道，经历农村改革发展：人民公社改为乡人民政府、“撤区并乡”体制改革，从催粮、催款到发展生产的工作方式转变。改革开放让人民生活跃进新天地，从农村到城市，从物质到精神都发生了和翻天覆地变化，实现了“我们讲着春天的故事，改革开放富起来、强起来”。从 1978 年到 2017 年，全国城镇人均可支配收入由 343 元增加到 36000 多元，农村居民人均纯收入由 134 元增加到 13400 多元；基本医疗保险、社会养老保险从无到有，分别覆盖 13. 5 亿人、9 亿多人；

从相对落后的教育水平到跃居世界中上行列，城乡义务教育全面实现，高中阶段、高等教育毛入学率分别达 88.3%、45.7%；7 亿多人口摆脱绝对贫困，占同期全球减贫人口总数的 70% 以上……一组组数据、一个个数字，记录着亿万中国人民生活从短缺到比较殷实、从贫困到小康的历史性跨越。从凭票证购买商品到通过电商“买遍全球”，从单调的文化生活到多姿多彩的影幕、荧屏、舞台，从“自行车王国”到高铁总里程世界第一……一串串事例、一幕幕场景，印证着每一个中国人翻天覆地的生活变化。

二、取得丰硕成果

改革开放，让许多不可能变为可能。铜仁职业技术学院办学历史追溯到 1938 年江口农科，多次搬迁，历史长河犹如涓涓细流汇入了大海，学院办学八十载，春华秋实、硕果累累，桃李满天、回报社会。我于 2000 年调入铜仁农校工作，当时由于国家招生政策的并轨，铜仁农校等五所中专学校办学陷入了困境，我曾经彷徨、几度徘徊：中专办学路在何方？在这关键时期，铜仁职业技术学院于 2002 年应运而生，从此，翻开了铜仁职业教育快速发展新的一页。五校合并十六载，抢抓三大发展机遇，办学硕果累累。一是统一思想，合并转型。从五校合并到转型升级只用了 2 年时间，而省内其他高职院校却用了 5 年，这一阶段解决了许多问题，如统一思想、高职招生、内部管理，等等。建院之初“招生难、难招生”，招生成为第一要务，领导班子带队深入全省中学招生宣传，任务包干到每个人。2002 年铜仁职业技术学院首批 4 个专业 78 名高职新生报到了。功夫不负有心人，办学规模不断扩大，学生从当初的 78 人到现在的 2 万多人，终于取得了回报，学校办学也得到社会认可。二是示范建设，提升质量。为了提高办学质量，学院加强师资队伍建设，2007 年引进第一批 28 名硕士研究生，同年作为贵州省第一所高职院校接受教育部高职高专人才培养水平评估，取得“优秀”等次，办学质量不断提高，为学院的发展奠定了良好基础。2008 年获批贵州省首批示范性高职院校。2009 年申报国家示范性高职院校，首批 19 名外国留学生来到梵净山求学（贵州高职唯一）。2010 年列入首批国家骨干（示范性）高职院校建设单位，2013 年以“优秀”等次通过国家验收。三是开拓进取，争创特高校。2015 年学院成为国家民委与贵州省人民政府“省部共建”高职院校（南方唯一），2016 年成为贵州省首批省级优质高职院校，2017 年成为全国教学“诊改”试点单位……全国百强、双五十强、全国“样板党支部”、国家级教学团队、国家级教学名师、国家级教学成果奖、国家级工程中心等纷纷落户学院。2014 年铜仁职业技术学院的办学经验在全国职业教育大会作交流发言（全国高职院校唯一代表），从而“铜职精神”“铜职经验”走向全国！

三、改革正在路上

改革只有进行时，习近平总书记在庆祝改革开放40周年大会的重要讲话，既是对改革开放的总结，又是改革开放新的动员令，他指出要大力发展职业教育。2018年11月，贵州省委书记孙志刚深入铜仁职业技术学院调研，对学院办学给予充分肯定，同时与科研人员深入交流，勉励他们积极投身脱贫攻坚战，为农村产业革命培养更多人才、搞好技术服务……面对改革开放的新形势、新任务，在充满希望的时代进程中，每个人都是新时代的见证者、开创者、建设者。在新的起点上推进改革开放，我们心中更多了一份坚定自信，多了一份睿智从容。铜职人"不用扬鞭自奋蹄"，坚持立德树人，深化内部改革，加强内涵建设，打好职教扶贫攻坚战，当好振兴农村经济产业革命人才培养的"主角"，为铜仁"一区五地"建设、实施乡村振兴培养技术技能人才，努力打造"本地离不开、同行都认可、国际可交流"的全国特色高职院校，为实现中华民族伟大复兴的中国梦而奋斗。

以先进为榜样　当好“引路人”

学先进、树典型、做榜样是对每个党员的基本要求。通过学习先进人物事迹，我认识到榜样的力量是无穷的，要学习他们爱国敬业、刻苦钻研、勇于创新、无私奉献的精神，特别是学习如何以先进为榜样，当好学生成长的“引路人”。习近平总书记说：“广大教师要做学生锤炼品格的引路人，做学生学习知识的引路人，做学生创新思维的引路人，做学生奉献祖国的引路人。”这为广大教师进一步提高整体素质，加强教师队伍建设提出了更高要求。广大教师要真正能够担当起学生成长的“引路人”，自身必须具有严格自律和不断学习的精神，才能提高“育新人”质量。

一、锤炼品格的引路人

教师自身必须具有坚强的毅力和顽强的品格，才能做好学生锤炼品格的引路人。言传不如身教，如果教师在自己的工作学习生活过程中，能够表现出坚强的毅力和顽强的品格，那么学生就会在与教师的接触过程中，不知不觉、潜移默化地学会这些优秀品质；反之，如果教师在自己的工作学习生活过程中，意志薄弱、性格懦弱，即使教师如何鼓励学生要坚强、要顽强，学生也会认为教师心口不一，让人难以信服。

二、学习知识的引路人

教师只有具备广博的基础知识和精深的专业知识，才能做学生学习知识的引路人。世界已经步入信息化时代，学生获取知识的渠道极大丰富，如果教师不能够持续学习，只满足于已有的知识，故步自封，无疑会难以胜任新时代教师的要求，迟早会被时代所淘汰。广大教师不可能成为百科全书，无所不知，但是教师可以教会学生学习的方法，正所谓授人以鱼不如授人以渔。

三、创新思维的引路人

教师只有自己思维灵活、拥有创新意识，才能够真正做好学生创新思维的引路人。

创新思维的培养离不开教育改革，传统的教育方式已经不能适应培养大量具有创新意识的人才的社会需要，职业教育不能仅仅停留于口号层面，掌握技术是关键。只有大量具备创新思维意识的教师，才能够教育出千千万万具有创新思维的学生。很难想象思维单一、缺乏创新思维的教师，能够教出具有创新思维意识的人才。

四、奉献祖国的引路人

只有广大教师自己首先做到爱国、奉献，才能真正做好学生奉献祖国的引路人。一位好教师，可以影响孩子的一生；一位好教师，可以影响一批学生。同样，一个坏教师，也可能影响孩子的一生；一个坏教师，也会影响一批学生。所以，广大教师的爱国教育、奉献教育至关重要。不能认为所有教师都是圣人，根本不需要教育，教师的爱国奉献教育更应该引起重视。只有千千万万具有强烈爱国情感和奉献精神的教师，才能够教育出数以亿计的具有强烈爱国热情和奉献精神的一代又一代的中华儿女！

实施法人治理结构　提高人才培养质量

——铜仁职业技术学院法人治理结构建设试点情况

为贯彻落实《中共中央国务院关于分类推进事业单位改革的指导意见》（中发〔2011〕5号）文件精神，铜仁职业技术学院被中央、省、市编办列为事业单位法人治理结构建设试点单位。自2010年以来，学院紧紧围绕如何“优化办学外部环境——落实办学自主权，创新管理和运行机制——理顺办学内部关系，发挥理事会监督作用——激发学院发展活力”三个方面进行大胆探索法人治理结构工作，取得了一些成效，现总结汇报如下：

一、学院的基本情况

学院2002年由铜仁农、财、卫、职、商五所中专学校组建成立；现有教职工756人，有正高职称教师48人，副高职称教师178人，博士26人，硕士234人，双师素质教师391人。有各类学生21100人，生源遍及全国26个省、自治区、直辖市；其中，联办本科近400人，留学生来自7个国家，近160人。

学院先后荣获教育部高职高专人才培养工作水平评估优秀等次，2010—2011年度全国毕业生就业典型经验高校50强，2010年、2013年荣获贵州省大学生思想政治教育工作评估优秀等次（高职组第一）。2009年列入省级示范性高职院校，2010年列入国家骨干高职院校建设单位，2013年通过教育部、财政部验收，取得优秀等次。2011年学院领办的“铜仁市中等职业学校”列入国家中职示范学校建设。实现了高职、中职“全国双示范”。

二、主要做法及成效

2010年，学院在申报国家骨干高职院校建设项目过程中，将“加快办学体制机制改革”列入建设内容之一。通过下县调研、座谈等多种形式，历时半年，制定了《政校企体制机制改革建设方案》，将学院法人治理结构作为核心内容。该项目建设资金100万元（中央20万元、地方80万元），项目主要内容是“优化外部环境，强化内部治理”，努力探索党委领导下的法人治理结构改革。

（一）内部管理和运行机制改革——理顺内部治理关系

一是探索和完善高校法人治理结构办学体制。高校是特殊的事业单位，之所以特殊，是因为它肩负着培养“中国特色社会主义事业合格建设者和接班人”的历史使命。其办学体制，国家法律已有明确规定，学院通过几年实际工作，几经修改，最终确立“党委统一领导、校长依法负责、理事会民主监督、专家潜心治学”的办学体制。

二是开展组建理事会工作。学院在党委会统一领导、校长依法负责的基础上，成立了市级理事会，作为政府对学院的监督机构，履行“支持、监督、评价”三大职能。每年定期召开会议开展监督、评价工作，从而完善党委领导下的校长负责制，吸引政府、行业和企业积极参与合作办学，增强学院办学活力。

2011 年 12 月 31 日，铜仁市政府牵头成立了首届铜仁市职业教育理事会，由铜仁市副市长任理事长，学院院长任常务副理事长，编办、市人社局、财政局等相关行业、企业和学校代表为理事会成员，理事会共 19 人。

三是实行“处改部、系改院”机构改革。学院在省、市编办和市政府的大力支持下，依据《政校企体制机制改革建设方案》对 20 多个处室进行机构改革，组建了教学工作部等12 个部。同时，为了充分调动二级学院办学积极性，已将10 个教学系全部改二级学院，从而达到精简机构、提高效率的目的，实践证明，效果十分明显。

四是全面启动二级管理。为加大二级学院办学自主权，学院已制定《二级管理实施办法》等制度，进一步明确学院与各二级学院之间的责、权、利的分配，鼓励二级学院吸收行业企业资源参与办学，通过自身专业、师资等优势，做大做强，做优做精。

五是理顺内部关系。为了建立健全各项制度，学院自 2011 年以来，依据改革需要和办学实际，建立和完善“1 + 5”系列制度，即以《铜仁职业技术学院办学章程》为龙头，对学院的各项规章制度进行了修订，建立了铜仁职业技术学院《审计制度》《理事会决策失误追究制度》《年度报告制度》《绩效评估制度》《管理规章制度》的汇编工作。

六是实施绩效目标考核。为了激发学院内部活力，学院自 2010 年开始，在构建并实施二级管理体制、推行绩效目标考核、深化人事分配制度改革、建立教师培养和激励机制等方面所作的有效探索，使学院的内部管理更具活力。通过绩效目标考核，对各系处室的工作进行量化，实行奖惩制度，并将量化结果与学院各系处室职工的职务晋升、职称评定挂钩，打破了论资排辈、“一碗水端平”的格局。

七是推行人事制度改革。学院实现全员聘用制，推行高职低聘和低职高聘。于 2011 年开始实施高职低聘和低职高聘工作，进一步激发了职工的工作积极性，营造了良好的学术氛围。根据事业单位绩效工资改革精神，实行多劳多得、优劳优酬的绩效奖励原则，制定学院新一轮人事分配方案。

八是理顺了关系。即理顺党委、行政、理事会、学术委员会之间的关系和职责，即党委会决策、院长办公会落实、理事会民主监督、专家治学。通过组建学院理事会，各成员单位参与办学监督，提高人才培养质量，连续 8 年毕业生就业率均保持在 95% 以上，2011 年被教育部评为全国高校毕业生就业工作 50 强。充分发挥学术委员会的治学作用，从而调动专家治学的积极性，专家治学取得好成绩。

（二）关于办学外部环境优化

落实办学自主权，是高校法人治理结构改革的关键。在工作中，学院围绕“政府如何放权、学校如何治理、理事会如何监督、办学质量如何提高”等方面进行大胆改革。

一是落实办学自主权。“五权”得到进一步下放，即专业设置权、招生自主权、人事招考自主权、内设机构调整权以及编制的控制使用权。

二是整合行业培训资金。在政府主导型理事会统一安排下，把各部门培训资源整合，资金集中使用，开展各种技能培训，每年人社局、扶贫办、农委等 10 多个理事会成员单位开展几十个工种 2000 多人次的技能培训、鉴定，构建“政府依法监管、行业按章参与、学院自主办学”的联合办学格局。

三是实施政府订单办学。从 2011 年开始，学院先后与理事会 7 个成员单位，即铜仁市卫生局、农业局、畜牧局、水务局、住建局以及德江、万山，签订订单生培养协议，4 年共计培养 1500 多人，学生毕业后，由政府安排就业，从而大大提升了学院的生源质量。2014 年新生入学 5251 人。

四是组建职教集团学校。2012 年 6 月，铜仁市人民政府决定：按照“抱团发展、集团办学、互利互惠”的原则，在各区、县职校的基础上，由铜仁职业技术学院牵头，组建铜仁职业教育集团学校，发挥高职引领中职发展作用。该集团学校由 12 所学校组成，目前有在校生近 3 万人。学校为企业培养合格人才、企业参与专业建设和课程开发的合作办学格局基本形成。

五是提高办学层次。在省教育厅关心下，学院先后与贵州大学、贵州师范大学、贵阳医学院等高校联办本科近 300 人。

六是开通国际化办学路子。在市编办、外事、公安等部门支持下，学院成立国际教育机构，招收了 7 个国家的近 160 名留学生（在 2013 年省政府奖励的 25 名留学生中，学院有 19 名受奖），受到教育部、省政府、省教育厅领导的充分肯定。

总之，在试点中，学院的办学环境优化了，办学规模扩大了，办学质量提高了，办学实力增强了；取得的成绩有：“双优”“双示范”“双试点”、三大科研平台、全国就业 50 强、高职全国 25 强、全国魅力校园 30 强、贵州省首批特色文化学校、2014 年全国职业教育先进单位。

三、存在的问题

（一）外部治理环境有待进一步改善

主要存在思想认识不到位（一头热，多头冷）、缺乏法律法规支撑、相关配套制度改革滞后等问题，仍有四方面需进一步加强。

一是如何真正发挥理事会单位作用。从实践工作看，理事会作用不明显、积极性不高、合作意识不强、管理不到位、操作难度大。虽然中央出台了“1+9”配套文件，但是，地方政府职能部门未出台相关的配套实施细则。因此，应从制度顶层设计好理事会工作规则，吸引行业企业积极参与办学，发挥支持、监督、评价三大职能，建立“双考核、双奖惩”的工作机制，制定理事会工作考核办法，明确职责、任务，将任务完成情况作为理事会成员单位或单位领导干部的考核内容。

二是高校的办学自主权未落实。虽然《中华人民共和国高等教育法》等有关法律法规作了明确界定，部分权力已下放，但在机构设置、干部任免、选人用人、招生和专业设置等方面，高校的自主权仍然不完全，应按照“放而不乱、管而不死、从严监管、适度放权”的要求，分步骤、分阶段下放高校的办学自主权。

三是财政投入机制不健全。由于地方财力较弱，对高职院校财政投入较少，高职院校发展步伐明显受阻。因此，省级财政应加大资金统筹力度，试行与业绩挂钩的“生均拨款”激励政策，真正解决“干多干少一个样，干好干坏一样”的问题，也可以通过返还学费等形式加大对高校办学的支持，充分调动高校办学积极性（重庆经验）。

四是激励分配制度不到位。在兼顾公平的基础上，人社部门应研究制定激励政策，根据业绩情况，进一步下放绩效分配权，真正体现多劳多得和效率优先，调动广大教职工积极性。同时，制定引进、留住、使用高层次人才方面的特殊政策。

（二）内部治理关系有待进一步厘清

一是“三权”关系有待进一步厘清。即高校政治权力、行政权力和学术权力的关系。按照大学内部治理结构改革目标，建立一种以学术权力为基础，以实现公共利益为目标，提升大学的学术权力，能够有效回应多元利益要求的内部决策、执行、监督结构，真正让学术归位，努力实现大学的内部有效治理。

二是理顺党委会与理事会的关系。党委统一领导，就是要充分把好高校办学的政治方向，而办学指标的完成情况应由理事会进行监督、评估。但在实践中，理事会如何监督、怎样评价、结果运用等还有待进一步规范。

三是内部人事分配吃“大锅饭”、资金投入吃“平均饭”，特别是对“以岗定薪、岗变薪变、按劳取酬、效率优先”的落实不够，人员能上能下、能进能出的用人制度没有落实。

四、对策及思考

根据学院法人治理结构试点所存在的问题，要以贯彻《事业单位人事管理条例》为契机，进一步处理好“1234”方面的问题。

（一）突出一个核心“分权与制衡”

分权与制衡、简政放权、强化监督是高校法人治理结构核心，必须以政府名义出台相关配套政策，明确分什么权、怎么分、制约什么、怎样制衡；既不能管死，又不能不管，不能简单地推向社会、推向学校；要达到“分而不乱、管而不死”局面，把握“分与制”的度。

（二）理顺两个方面的关系

一是正确处理政府部门与学校的关系。推进政事分开、管办分离，关键是政府有关部门必须把管理权交给学校，充分保障学校人事、财产、管理及业务开展的自主权。政府部门通过委派理事，参与学校的决策和监督，实现“举办者”和“管理者”真正分开，使学校成为真正独立的法人实体。二是正确处理党的领导与法人治理的关系。学院建立“党委统一领导、校长依法负责、理事会民主监督、专家潜心治学”的办学体制，从实践工作看，关系不够完善，理事会作用不明显、操作难度大；政府应制定工作规则，构建“政府主导、部门指导、企业参加、社会监督”的育人机制，真正发挥理事会的监督作用。

（三）推进三项制度改革

一是深化人事制度改革。精简机构，完善“大部制”，提高效益；以推行聘用制度和岗位管理为主要内容，赋予学校充分的用人自主权，建立人员能进能出、职务（职称）能上能下的用人机制。二是推进分配制度改革。扩大内部的工资分配自主权，建立以国家工资政策为指导、以单位绩效工资为主体的“以岗定薪、按劳取酬”的多种分配制度，打破现有规定，合理拉开收入档次，建立高层次人才收入分配激励机制。三是健全社会保障制度。建立和完善与城镇职工社会保险制度相衔接的基本养老、医疗、失业等社会保险制度。例如，按照《事业单位人事管理条例》规定，退休制变为社保制，那么如何解决学校新老退休人员的后顾之忧，确保退休后待遇不变，数量不少？

（四）建立四方协作的监管机制

建立高校法人治理结构，必须同步建立“政府负责、理事监督、社会协同、公众参与”四方协作的监管格局，明确四方职责，加强合作，注重实效，强化考核。

总之，高校法人治理结构工作，归纳为六句话：单位参与是基础，政府重视是前提，简政放权是核心，长效机制是关键，社会监督是保障，促进发展是目的。

深化改革，铸就辉煌

铜仁职业技术学院成立十周年了，作为学院发展的参与者、见证者，我经历了筹建、整合、创示等各个阶段，经过铜仁职院人的共同努力，学院取得了辉煌成就。十年发展，春华秋实，硕果累累；十年发展，凝聚着各界人士的智慧和力量，有许许多多的经验做法值得我们总结。现从以下四个方面谈一谈学院的十年发展史。

一、历史积淀，坚实基础

铜仁职业技术学院坐落在贵州省铜仁市川硐教育园区。2002 年 6 月，经贵州省人民政府批准，教育部备案，原铜仁农校、卫校、财校、职校、商校合并组建为铜仁职业技术学院。

学院办学历史距今 75 周年，原铜仁农校的前身创建于 1938 年——国立三中江口分校农职部，1941 年更名为贵州省立江口农业职业学校。1956 年年底更名为铜仁农校，迁址铜仁北郊两板桥，1998 年被列为全国重点中专学校。1958 年，铜仁卫校、财校相继成立。1992 年，铜仁职校、商校成立。在 75 年的办学历史中，学院始终坚持为地方经济社会服务的办学理念，历经五校历届领导班子和全体师生的共同努力，先后为贵州省乃至全国培养和输送了数以万计的专业技术人员，并涌现出了一大批农业、卫生、财经及商贸等优秀人才，为学院的发展奠定了坚实的基础。

二、大学之道，育人为本

学院始终坚持走“质量立院和人才强院”之路。现有 12 个二级办学分院，面向全国 26 个省、自治区、直辖市招生，开设 38 个高职专业，有教职工 630 人，全日制在校生 12000 余人。

教师是育人之本。学院组建以来，通过实施“教授培养工程”“研究生培养工程”“双师素质教师培养工程”三大工程，切实加强教师队伍建设。学院有教授 38 人，副高职称 124 人，硕士、博士 216 人，双师素质教师 341 人，有省管专家 1 人，市管专家 5 人，师资力量在全省高职院校中名列前茅。学院“植物药生产技术精品团队”被评为国家级优秀团队，“大学生文化修养精品团队”“植物生产技术精品团队”被评为省级优秀团队，“中兽药研发人才团队”被评为贵州省科技创新人才团队。

在人才培养方面，学院树立了“立德树人、以技立业、服务新农村”的办学理念，构建了“五元一体”的高职德育工作模式，不断创新育人机制，创建了“分剂分期、学研结合”等各具特色的专业人才培养模式，呈现出了一专一品的专业建设亮点。建立了同职业岗位对接的“黔药技术”等“项目任务型”课程体系，先后与10个县区、50多个村、258家企业实施院—县—村—企合作。目前，学院“园林植物识别技术课程”为国家级精品课程，“大学生文化修养”等8门课程为省级精品课。

学院培养的学生“下得去、留得住、用得着”，社会满意度高，连续6年毕业生就业率均在95%以上，呈现出了生源“三三制”、就业返乡率高的亮点，直接服务于地方经济社会建设与发展。涌现出了张阳、魏云等一大批优毕业生扎根山乡；毕业生谭冰在第七届全国残疾人运动会中获跳远项目铜牌；毕业生张阳2008年被授予首届“中国十佳大学生村官”称号，受到党和国家领导人的亲切接见。

三、科学研究，服务社会

学院立足地方，紧贴铜仁经济社会发展需求开展科学研究，取得了显著成效。学院设有桃源文化研究所、国家茶产业铜仁茶叶综合试验站等18个研发机构。近年来，学院各类课题立项169项；获省市科技进步奖、人文社科奖、教学成果奖58项；发表论文2050篇，中文核心期刊513篇；出版专著55部；主（参）编教材102本。省管专家郁建生教授是铜仁市最高科学技术奖获得者，他主持的复方草珊瑚注射液等6项成果获国家发明专利。在服务新农村方面，学院开展了一系列技术培训和技术服务，受益人达3万多人次；转化科技成果54项，直接受益农民达10万人次，促进和带动了一方百姓增收致富。同时，院长侯长林教授带领的团队对“桃源铜仁”进行了专题研究，为铜仁市“梵天净土，桃源铜仁”文化品牌建设作出了突出贡献。

四、辉煌十年，硕果累累

2002年以来，在教育部、贵州省教育厅指导下，在铜仁市委、市政府领导下，新一代铜仁职院人抢抓机遇、开拓创新、顽强拼搏，实现了跨越式发展。学院办学取得了“双优”“双示范”“50强”的显著成绩，走进了全国高职教育的第一方阵，得到了各级领导的关怀和肯定，学院办学质量和办学声誉日益提高。

十年间，我们实现了由外延增长—内涵建设—争创示范的转变，经历了从粗放管理—科学管理—人文管理的过程。

十年间，我们创新办学体制，推进一系列改革，扩大办学规模，建成了万人职院，实现了规模、质量、效率协调发展。

十年间，我们筹款 3 亿多元，基本建成新校区，为人才培养和发展提供保障。

十年间，我们充分发挥高职引领中职教育的作用，积极探索职业教育集团学校模式，组建了铜仁职业教育集团学校，实现了中、高职协调发展。

十年间，我们走出大山，挺进中原，与世界握手，开通了国际化办学的新路子。

十年间，我们获得了教育部高职高专人才培养工作水平评估优秀单位、贵州省大学生思想政治教育工作评估优秀单位、贵州省级示范性高等职业院校建设单位、国家骨干高职院校首批 40 所立项建设单位、2010—2011 年度全国毕业生就业典型经验高校等一系列荣誉。同时，由学院领办的铜仁市中等职业学校被列入全国中职示范校建设单位。

回顾十年，我们的步伐铿锵有力，我们的心潮激情澎湃。展望未来，我们信心百倍、锐意进取。我们将秉承“明德、求真、笃行、自强”的校训和“求真务实、自信自强”的大学精神，以国家骨干高职院校建设为契机，按照“向上提升、向下延伸、向外拓展”的要求，朝着“办学层次多样化、办学模式集团化、办学特色国际化”的目标前进，为地方经济社会发展谱写新的篇章，努力办好人民满意的大学。

构建“一体五化”职业院校治理体系

（2018年6月5日刊发于《贵州日报》）

党的十九大报告指出：“优先发展教育事业”。落实立德树人根本任务，培养德智体美全面发展的社会主义建设者和接班人，提升治理水平是促进职业院校内涵发展的现实，是提高人才培养质量的重要保障。铜仁职业技术学院探索构建“一体五化”职业院校治理体系，创新办学治校的治理模式，提升内部治理水平，助推学校快速发展。

党的十九大报告指出：“优先发展教育事业，建设教育强国是中华民族伟大复兴的基础工程，必须把教育事业放在优先位置，加快教育现代化，办好人民满意的教育。”我国职业院校经过近二十年发展，在规模、质量都上了新台阶。近年来，在创建优质高校中，职业院校依法治校意识日益增强，治理制度不断完善，治理工作得到普遍重视。但是，与加快推进依法治校和治理能力现代化的新要求相比，在治理制度、能力和信息化水平等方面仍有差距，影响了高职院校的办学水平和教学质量。

依法治校，提升治理水平是促进职业院校内涵发展的现实，是提高人才培养质量的重要保障。有人说“职业院校是三流学生+二流师资+一流治理=一流业绩”，此话有失公正，但可以说明职业院校治理工作的重要。为实现依法治校，提高职业院校内部治理水平，铜仁职业技术学院经过多年实践，探索构建“一体五化”治理体系，创新职业院校办学治校的治理模式。一体：学校治理体系建设；五化：立足根本点，制度建设“标准化”，抓住关键点，党的建设“品牌化”，找准契合点，绩效考核“常态化”，把握着力点，内部治理“规范化”，寻找突破点，治理手段“信息化”等，它不仅提升了学院治理水平和能力，而且增强了学院的核心竞争力，加快了学院创建优质院校的步伐，为职业院校治理提供可借鉴的模式。

一、立足根本点，制度建设“标准化”

“没有规矩，不成方圆”，制度建设是一个根本性问题，依法治校，必须建立和完善现代职业教育制度，必须用制度管权管事管人。铜仁职业技术学院立足根本点，制度建设“标准化”，以强化教育教学治理为重点，进一步更新治理理念、完善制度标准、创新运行机制、改进方式方法、提升治理水平，为基本实现学院治理水平和治理能力现代化奠定基础。学院以坚持和完善党委领导下的校长负责制为根本，以学院章程为基础，建立和完善了教学、学生、后勤、安全、科研和人事、财务、资产等方面的治理制度、标准，将制度汇编成册。同时，建立健全相应的党委会、院长办公会、院领导专题会等议事规则、工作规程，形成规范、科学的内部治理制度体系，坚持按制度办事，使制度“更”添活力。

二、抓住关键点，党的建设“品牌化”

习近平指出：“办好中国的大学，关键在党”。要把全面从严治党落实到每个支部、每名党员。只有基层党组织坚强有力，党员发挥应有作用，党才能有战斗力，办学才有希望。职业院校的治理一靠制度，二靠组织。为提高办学治校水平和能力，铜仁职业技术学院牢牢抓住全面从严治党这个关键，实施“一体两翼”党建工程，开展党员工作纪实制和活动方式创新，充分发挥党组织战斗作用和党员先锋模范作用，实现党的建设“品牌化”。一体：学院党的自身建设。两翼：一是开展“三级书记述职、全体党员晒单”活动。按照“书记十个必述，党员八个必晒”要求，年初定指标，过程考核，年底见效果，通过开展书记述职评定“五好”先进组织，党员晒单选出“四有”好老师（优秀党员）。二是实施“一总（党总支）一特”党建品牌化工程。即围绕学院党的自身建设，每个党总支结合工作实际，凸显党建工作亮点，构成“党建工作百花园”，使学院党的建设特色“更”加纷呈。

三、找准契合点，绩效考核“常态化”

党的十九大指出：“全面实施绩效管理”。建立绩效考核制度，对干部作风、能力和效果进行量化评价，建立相对客观的绩效考核体系，不让正派人吃亏。实行绩效治理，创新治理方式，有利于提高职业院校的公信力和执行力。只有对教职工绩效进行客观、公正评价，有效考核，才能激发他们潜能，使他们积极地、创造性地投入工作，才能培养更多更好的人才，创造更多的原创性科研成果。铜仁职业技术学院坚持从实际出发，坚持“两个”导向（问题、责任），找准“三个”契合点（上级考核与学院考核、个人考核与集体考核、过程考核与结果考核），按照“四个”要求（指标要科学、重点要突出、方法要改进、效果要明显），建立科学合理的指标体系，使绩效指标体现不同岗位、不同部门的差异和特点，做到科学合理、真实管用、优劳多得、让实干者实惠，使绩效考核工作“常态化”，绩效考核质量“更”上台阶。

四、把握着力点，内部治理“规范化”

优化和完善职业院校内部治理结构，构建科学合理的内部治理结构是建设现代大学制度的主要着力点，也是保证高等职业教育质量的根本要求。当前，我国职业院校内部治理结构存在政治权力与行政权力边界不清，行政权力与学术权力失衡，院、系二级治理权力分配不合理等问题。铜仁职业技术学院立足于实际，把握着力点，不断优化和完善内部治理结构，推进治理体系和治理能力的现代化。一是通过“三定”工作，精简机构编制，优化岗位设置，开展双向竞聘，达到人岗相适。二是实施二级治理，按照人财物与权责利相统一原则，根据办学实际，工作经费、人事治理、年度考核、绩效分配等统一下放到各二级单位，解决了院、系（分院）二级管理权力分配不合理问题。通过改革充分调动各二级单位积极性、主动性，各分院办学特色“更”加彰显。三是厘清学校内部关系。以实施中央、省编办关于事业单位法人治理结构改革试点为契机，探索一套“党委统一领导，校长依法负责、工会民主监督、专家潜心治学”内部治理体系，理顺党委、行政、工会、学术等关系，充分发挥其作用，使内部治理规范化。

五、寻找突破点，治理手段“信息化”

信息化关系职业院校的核心竞争能力。在优质高校建设和教学诊断与改进工作中，信息化建设已经成为职业院校发展“短板”，如何补齐“信息短板”？铜仁职业技术学院通过实施全国教育信息化试点工作，把握信息资源的开发、建设和使用这一突破点，使学院治理效率“更”富成效。一是抓好采集。围绕教学诊断与改进工作，及时采集数据，打通信息孤岛，实现资源共享。二是抓好使用。加强办公系统建设，通过引进CRP办公系统，实现网上阅文、办文等无纸化办公，节约成本，提高办事效率。三是抓好建设。加强智慧校园建设，以多媒体、仿真教室、网络课程、公共资源以及专业性文献资源为核心，促进课程教学资源系统的建设，满足学生整体素质的发展和专业性学习的需求，实现治理水平“信息化”。

总之，提升职业院校治理水平是一项系统工程，我们要以习近平新时代中国特色社会主义思想为指导，通过构建“一体五化”职业院校治理体系，使学校以人为本理念更加巩固，现代学校制度逐步完善，办学行为更加规范，办学活力显著增强，办学质量不断提高，自身吸引力、竞争力和社会美誉度明显提高，努力办好人民满意的职业教育。

乡村振兴　农职院校大有作为

（2018 年 9 月 4 日刊发于《中国教育报》）

党的十九大报告指出，实施乡村振兴战略，走中国特色社会主义乡村振兴道路，让农业成为有奔头的产业，让农民成为有吸引力的职业，让农村成为安居乐业的美丽家园。乡村振兴战略既是吹响了决胜小康的号角，也给农职院校办学指明了方向。随着乡村振兴战略的深入，农职院校要立足实际，增强“贴农”意识、加大“惠农”力度、注入“援农”力量、开展“校农”结合、传播“兴农”文化，切实发挥“五大”作为，助推乡村振兴，服务“三农”发展。

一、增强“贴农”意识，厘清服务思路

农村的快速发展、农业的现代化建设，对于农职院校来说，是一个千载难逢的发展机遇。农职院校要以乡村振兴为己任，增强“贴农”意识，厘清服务“三农”思路，围绕乡村振兴战略，进一步优化涉农专业设置、扩大农类招生比例，实施“精准招生、精准培养、精准资助、精准就业”工程，确保每一名贫困学生有学上、上好学、有业就、就好业。如贵州铜仁职业技术学院立足实际，开展“聚焦‘三农’传真经，扶贫扶志动真情”一系列扶贫活动，探索校、村“共建、共管、共用、共育”的育人模式，开展“一户一人”技术培训，培养一大批技能人才和致富能手，实现“职教一人、脱贫一户、幸福一家”，走一条科技兴农之路。

二、加大“惠农”力度，促进创新发展

农职院校积极参与深化农业供给侧结构性改革，特别是在服务农村产业革命上下功夫，鼓励广大教师深入乡村，按照“百姓家中做文章，田间地里出成果”要求，根据村情做科研、围绕产业搞服务，把汗水洒在乡村大地。注意成果转化，通过完善支持农村发展政策，更好地提升农业农村发展的质量、效率和竞争力，提高农民的积极性、主动性、创造性。在农产品上行中特别注重突出区域品牌，延长产业链条，拓展农资、加工、物流等多种社会化服务业务，大力推进构建现代农业产业体系、生产体系、经营体系，这是对乡村振兴战略“促进农业创新发展”“促进农村一二三产业融合发展”

的成功践行，走一条质量第一的兴农之路。

三、注入“援农”力量，激活内生动力

农职院校要发挥职业教育在乡村振兴战略的育人作用，更加注重激活贫困户致富的内生动力，通过“驻村书记、培训队、博士团、教授组”等多种形式，注入“援农”强大力量，为乡村发展问诊把脉。大力培养“爱农业、懂农业、善管理、会经营”的新型职业农民，支持创新创业、加强人才实训基地建设等。同时，选派骨干教师积极参与乡村振兴规划的编制和实施，充分发挥高校“智囊团”作用，实施乡村振兴规划，统筹城乡生产空间、生活空间、生态空间的引领作用，更好引导乡村振兴，走一条规划引领的兴农之路。

四、开展“校农”结合，实现农民增收

今年是全国决战脱贫攻坚的关键之年，实践证明，职教扶贫是最快最有效方式。如何创新服务方式，提高服务质量，贵州省教育厅以“校农结合”为教育脱贫攻坚战的突破口，按照面上推进、点上突破、点面结合、不断深化的工作思路，制定出台《关于进一步全面深化“校农结合”助推脱贫攻坚的意见》，以探索建立5种模式推进“校农结合”工作为抓手，进一步强化统筹协调，强化责任落实，做到精准用力、科学用力、持久用力，全面深入推进全省“校农结合”工作，以“校农结合”助推产业发展与脱贫攻坚，实现购买数量增加、产业调整推进、扶志扶智同步，确保打赢教育脱贫攻坚战。全省通过营养餐原材料集中供应，扶持鼓励贫困农户订单种植养殖蔬菜、水果、家禽等农产品，实施学生营养计划“企业＋基地＋贫困农户”模式，使更多的贫困农户逐步实现增收致富的梦想，走一条地方特色兴农之路。

五、传播“兴农”文化，提升乡村文明

农职院校要主动承担农耕文明传授任务，建立乡村文化馆、乡贤馆等阵地，加大农村文化建设力度，提升乡村文明，增添农民的精神食粮。如贵州铜仁职业技术学院在办学中，为了强化农业历史教育，设立500平方米农耕文化馆，让当代学生了解“三农”发展史。通过开展“三下乡”活动，丰富农民精神生活，不断提升农民的获得感、幸福感、安全感，走一条文化致富的兴农之路。

总之，乡村振兴战略既是机遇，又是挑战，农职院校增强贴农意识、发挥惠农作为，乘势以上、顺势而为，在实施乡村振兴战略中发挥“五大兴农”作为，助推百姓长期稳定增收、安居乐业。

当好振兴农村经济的产业革命人才培养的“主角”

（2018 年 12 月 10 日刊发于共产党员网）

贵州振兴农村经济的产业革命，实现乡村振兴，人才是关键。习近平指出：职业教育是广大青年打开通往成功成才大门的重要途径，要加大对民族地区、贫困地区职业教育支持力度，努力让每个人都有人生出彩的机会。在振兴农村经济的产业革命中，有技术、善管理、会经营的农村技术人才十分紧缺，如何破解这些难题，须大力发展职业教育，培养“永久牌”技术人才。职业院校应主动作为，当好贵州振兴农村经济的产业革命人才培养的“主角”。

一、办学定位，树立“主”的意识

主角，顾名思义，指文学作品中的主要人物，或戏剧、电影等艺术表演中的主要角色及主要演员。脱贫攻坚、同步小康，关键在人才，希望在人才。职业院校立足实际，明确办学定位，以服务地方经济社会发展为己任，在振兴农村经济的产业革命人才建设中，树立“主角”的意识、厘清“主”的思路、明确“主”的目标，大力培养“下得去、用得上、留得住、靠得着”的技术技能型人才。通过专业设置、文化传承等助推乡村振兴战略，重点在传承农耕文明，走乡村文化兴盛之路上下功夫。乡村文化是中华优秀传统文化的根和魂，保护和发展有地方特色、民族特色的乡村优秀传统文化，捍卫乡村记忆。如铜仁职业技术学院围绕铜仁市振兴农村经济的产业革命人才建设，精准定位，树立贴农、惠农意识，努力打造“本地离不开、同行均认可、国际可交流”的优质高校，为铜仁脱贫攻坚和“一区五地”建设培养适用型技术人才。

二、围绕产业，扮好“主”的角色

职业院校肩负着培养多样化人才、传承技术技能、促进就业创业的重要职责。坚持“围绕产业办专业，依照专业育人才，育好人才为产业”的专业发展理念，主动对接社会，积极支持企业，扮好“主”的角色。办学中既要注重理论知识的传授，更要重视技术技能的培养，为地方产业发展培养主力军和有生力量，把企业引入校园、把产品带到车间、把师傅请进课堂，实现企业与学校的有机结合，努力培养更多适应市场需求的实用型人才和“土专家”。如铜仁职业技术学院培养和打造了一批“手上有茧、脚上有泥、心中有民”的“牛教授、羊教授、西瓜教授、蘑菇教授、天麻教授”，为脱贫攻坚和农村产业发展提供了技术支撑。同时，扎实开展学生顶岗实习、工学交替和订单培养，不断提高学生的动手能力、实践水平和职业素养，确保学生入学即招工、毕业即就业，迅速成长为技术能手，毕业生就业率连续 8 年达 95% 以上。

三、搞好培养，完成“主”的任务

贵州来一场振兴农村经济的产业革命，实现农村繁荣与复兴。职业院校坚持立德树人，围绕振兴农村经济的产业革命的人才需求，以服务乡村经济社会发展和人的全面发展为办学的出发点和落脚点，服务国家“一带一路”倡议，开展“校村”结合、“校农”对接、“校企”合作，提高人才培养质量，努力让每个学生都有人生出彩的机会。实施技术培训工程，开展“1 户 +1 人 +1 技”专项技能培训，把脱贫致富最关键的技术教出来、练出来，让每个农民掌握一门生存的本领、致富技术，确保培训质量，为农村产业革命、乡村振兴战略培养“有文化、懂技术、会经营、善管理”的新型职业农民和技术人才。

四、脱贫攻坚，发挥“主”的作用

脱贫攻坚、同步小康是贵州地区的一项政治任务。今年是全国决战脱贫攻坚的关键之年，实践证明，职教扶贫是最快最有效方式之一，职业教育已经成为推动转型升级的新支撑，脱贫攻坚的新渠道，大众创业、万众创新的新动能。职业院校坚持以市场为导向，就业为根本，围绕脱贫攻坚，服务乡村振兴，发挥人力支持，在大力实施乡村振兴战略中，努力培养造就一支“懂农业、爱农村、爱农民”的“三农”队伍。同时，要引导学生向艰苦边远地区和基层一线流动，大力推进“助三农行动”和医疗卫生、教育教学、文化旅游、工程技术等领域专家服务基层行动，引导专家人才服务基层，为乡村培养一大批技能人才、致富能手，实现“职教一人、脱贫一户、幸福一家”。如铜仁职业技术学院通过“四扶四建”，实施“五精准”工程，主动服务地方经济发展，让每个贫困学生掌握一门致富技术，打造职教扶贫“铜仁样本”。

总之，振兴农村经济的深刻的产业革命，实现乡村振兴战略是一项系统工程，振兴农村经济的产业革命，人才建设是关键。全省职业院校要以习近平新时代中国特色社会主义思想为指导，立足实际，主动作为，深化改革，提高人才培养质量，为贵州振兴农村经济的深刻的产业革命当好人才培养的“主角”，助力乡村振兴战略。

“四强四增”提升干部执行力

——以铜仁职业技术学院“双高校”建设为例

铜仁职业技术学院（以下简称“铜仁职院”）位于贵州东部，国家集中连片贫困地区武陵山主峰——梵净山脚下。铜仁职院经过近 20 年的发展，历经了“合并转型—示范骨干—优质高校—‘双高校’建设”四个阶段，已经走完了前三步。走过的路，烙下了铜职人深深的脚印，每走一步铜职人都是那么坚实、那么有力量、那么有自信、那么有收获，如今铜仁职院成为“国家骨干校”“全国优质校”“省部共建”高校、全国“百强校”（连续 6 年）。而走过来的路、干过的事、取得的成绩都凝聚着每一个铜职人的艰辛劳作，顽强拼搏、乐于奉献的精神，深深扎根在每一个铜职人的心中。过去的成绩既练就了一批高素质的干部队伍，也是干部队伍执行力强的有力证据，可以说铜仁职院能有今天的辉煌，是数以百计的干部、数以万计的一代又一代师生筚路蓝缕的结果，甚至可以说是铜职人用“生命”换来的结果。过去的路是岁月沧桑，走过的道路、曾经的战友、爬过的高坡、蹚过的河流，一件件往事都值得我们去回味和记忆……

“求真务实、自信自强”是铜职精神。目前，铜职人又开始“登山”运动了，这座高山就是建设中国特色高水平高职院校和高水平专业（简称“双高校”），它横跨在我们前进的道路上。通往“双高校”之路是一条崭新之路，是一条希望之路，也是一条艰难困苦之路，因此，我们不仅要有“逢山开路，遇水架桥”的精神与担当，还要有“踏平坎坷成大道，斗罢艰险又出发”的决心和勇气，变压力为动力。唯有紧紧依靠广大师生智慧力量，特别是全面提升干部队伍的执行力，发挥中层干部作用，才能翻越这座“山”、迈过这道“坎”，再打一个漂亮仗、翻身仗，开创铜仁职院新局面。如何提升干部队伍的执行力？笔者认为，通过“四强四增”提升干部队伍执行力。

一、强学习，增大原动力

车的动力来自发动机，人的动力源泉来自学习。如果离开学习谈作为、讲执行力，只能是一时之效，没有持久之功。“双高校”建设是一项新工程，只有注重学习，善于学习，坚持学习，才能使执行力拥有永不枯竭的动力和源泉。一要围绕学院发展“真学”。即围绕学院发展和“双高校”建设，广大干部要自觉克服“工作太忙，没有时间学习”“学不学都一样”等错误思想，端正学习态度，把学习融入工作、融入生活，变“要我学”为“我要学”，从“一般学”向“深入学”转变。坚持用习近平新时代中国特色社会主义思想武装头脑，指导实践，推动工作。利用“两学一做”“学习强国”平台，发挥“党委中心组理论学习”“两学一做”“三会一课”等阵地作用，做到真学、真懂、真信、真用，打牢理论功底，提高思想政治理论水平，使自己站得高一些、看得远一些，不断增强贯彻执行党的教育路线、方针、政策的自觉性和坚定性，做到增强“四个意识”、坚定“四个自信”、做到“两个维护”，提高办学治校水平和能力。二要围绕本人职责“深学”。党员干部大力弘扬求真务实精神，坚持学用结合，学以致用，对照“双高校”建设任务，“缺什么，补什么”“需要什么，学什么”，自觉做到多学一点、深学一步、学深一些。重点是围绕本人工作中难点问题，开展调查研究，听好声、问良策，既要向书本学习，又要向实践学习、向师生学习，边学习边育人，边育人边学习，认真总结经验，不断提高工作原则性、系统性、预见性和创造性，掌握指导工作和推动学院发展的主动权，着力提高发现问题、分析问题、研究问题、解决问题的能力和水平。三要围绕提高素质“勤学”。素质决定能力，能力决定工作，干部队伍素质影响着学院的发展，决定着“双高校”建设的成败。广大党员干部要以开阔眼界、陶冶情操、锻炼党性、增强知识储备为目标，加强对专业建设、课程教学、科学研究、管理水平等办学治校各方面知识的学习，向知识要宽度，向理论要高度，向实践要深度，向师生要新度。积极探索行之有效的学习方式，养成“想学、会学、善学、想写、能写、会写”的学习良好习惯，不断拓宽知识领域，改善知识结构，做到博采众长、厚积薄发，练好扎实过硬的“基本功”。把学习成果体现在想干事、能干事、干成事、不出事上，把学习成效转化为谋划学院发展、推动改革创新、促进教书育人的动力上，以更宽广的视野、更饱满的热情、更高超的本领，为建设“双高校”添砖加瓦，努力办好人民满意的职业教育。

二、强领导，增值带头力

俗话说，“村看村、户看户，党员群众看干部”“老大难老大难，老大出面就不难”“领导带头，万事不愁”。“双高校”建设，提高干部队伍执行力，领导带头示范是关键。党员领导干部一定要巩固“不忘初心，牢记使命”主题教育成果，把干事创业敢担当、为民服务解难题作为“座右铭”，坚守育人初心，勇担教育使命，做到“责随职走，心随责走”，努力把工作标准调到最高、精神状态调到最佳、工作劲头调到最大，当好表率，做好示范。一要有求真的精神。所谓“求真”说到底是一种觉悟、一种境界、一种品德、一种精神，它是分析问题、研究问题、解决问题的有力武器，求真就要开动脑筋，勤于思考，学会用心，专心工作。我们把“双高校”建设作为第一要务，既要有加快发展的思想信心，又要有扎扎实实的工作态度，解决办学中的各种困难问题，切实增强加快发展的紧迫感、责任感，使“双高校”建设各项工作落细落实。二要有务实的作风。所谓“务实”，主要讲的是工作作风、工作态度、爱岗敬业，说老实话、办老实事、做实在人，既是干部为人的立身之本，也是干部处事的基本准则。一个人的能力有大小、职位有高低，但只要是踏踏实实做事、老老实实做人，就能干出名堂、干出实绩。如党建“一体两翼”、教育教学、科学研究、社会服务、思想政治、意识形态、文化育人、深改项目、教学诊改、新校区建设、智慧校园建设等都需要广大干部树立务实的作风，敢于担当，勇于负责，这样才能创造性开展好工作。工作中，根据学院发展定目标，根据师生期盼定要求，“将无望变成有望，将有望变成希望，将希望变成现实”，真正把心思用在工作上，身子扑在事业上，以实为本，以干为荣，聚精会神抓教学，一心一意谋管理，时刻做到脑中有全局、心中有大局、手中有布局，坚持一张“双高”蓝图干到底，不轻易“换频道”，不频繁“翻烧饼”，不因换人就“甩锅”，要以时不我待的精神、坚忍不拔的毅力和雷厉风行的作风，不折不扣抓好“双高校”建设指标的落实。

三、强创新，增加推动力

“创新是一个民族进步的灵魂，是国家兴旺发达的不竭动力。”当前学院正处于加快发展的关键期，“双高校”建设既是机遇，也是挑战，广大党员干部面对“双高校”建设这一新形势、新任务和新要求，要如期完成各项工作目标任务，关键在创新，出路在创新，希望也在创新。要确立创新的思维，不同的思维方式，决定着不同的行为过程和工作水平，也决定着不同的工作效果。一要有创新的思想。“空谈误国、实干兴邦”，是千百年来人们从治国历史经验教训中总结出来的一个重要结论，更是我们党在治国理政中反复强调的一个重要思想。干部就要干事，干事就要成事，苦干实干是铜职人的作风，扎实认真是铜职人的品格。工作中不能习惯于按模式办事、凭经验办事、靠感觉办事，坚持“创”字当头、“新”字为先，加大深化学院内部体制机制的改革力度，完成各项改革任务，遇到难题不缩手、出现问题不甩手，以实干求实绩、以实绩促发展。切实加强作风建设，增加推动力，干部崇尚实干精神，一级带着一级干，干部带着师生干，讲团结、讲奉献，只有这样，“双高校”建设目标才能早日成功。二要注重创新的效果。在“双高校”建设中，广大干部在熟知《铜仁职院建设方案》的基础上，吃透“上情”，摸透“下情”，掌握“行情”，干好“本职”，要营造一个宽松的创新氛围，激发广大干部的创新激情，使创新成为一种习惯、一种自觉、一种要求。学院近 20 年发展历史再一次证明，衡量工作的标准，主要是看创新、论实绩，不是评论怎么做法。今后只要是“双高校”建设的事情、上级布置的任务、领导安排的工作，都要按时、按质、按量完成。工作中，多做有利于“双高校”建设之事、多说有利于“双高校”建设之话、多谋有利于“双高校”建设之计、多献有利于“双高校”建设之策。总之，我们要强创新，增大推动力，精准定位、精准施策、精准发力，以“双高校”建设实绩论英雄、以“双高校”建设业绩用干部、以“双高校”建设成绩兑奖惩，不断推动学院快速发展。

四、强考核，增强督查力

古人云“矢不激不远，人不励不奋”。提高干部执行力只靠喊口号无济于事，必须坚持把干部考核作为引领学院发展、干部成长的标尺，让广大干部有干头、有甜头、有奔头。“双高校”建设工作，激发师生内生动力是关键，建立干部考核干预机制是保障。如果没有干部考核制度作保障，“双高校”建设效果将大打折扣。学院开展“三项”考核，增强督查力，确保“双高校”建设工作取得实效。一是对干部（部门）实行绩效目标考核。科学设定指标，用好“指挥棒”，将“双高校”建设指标列入干部考核指标体系，即实施市、院合一的年度目标考核。学院将每年“双高校”建设指标和重点工作分解到二级单位，制定具体的量化考核标准，建立工作台账和负面清单，每年考核一次，考核结果实行“双挂钩”，即与部门奖惩挂钩、与部门主要负责人年度考核挂钩。二是对教师（专业技术岗）实行积分制考核。学院以“双高校”建设为重点，制定初级、中级、高级专业技术岗最低积分标准，分别从教育教学、科学研究、社会服务、文化育人和行政管理和“双高校”任务等方面，规定积分的内容和分值比例，半年考核一次，年度公布结果，将结果作为教师绩效分配、职称申报、评先选优的重要依据。三是对党组织书记、全体党员实行“述职晒单”考核。即全院开展“三级书记述职，全体党员晒单”活动。在“双高校”建设中，充分发挥党组织书记的示范带头作用、党支部战斗的堡垒作用、党员的先锋模范作用，全年让每个党员定期将党内（外）工作积分情况进行晒单公布，接受监督，并将结果作为先进组织、优秀党员、民主评议的主要依据之一。同时，建立倒逼机制，注入“催化剂”。本着扩大民主的原则，多元设置考核评价主体，将上级、同级和下级，特别是师生代表、“两代表一委员”、民主党派代表、工会会员代表等纳入考核评价主体中来，形成“多层次、多方位、立体式”的干部评价机制，努力使结果客观公正。

树立“风向标”，强化结果运用。学院综合运用过程考核、年度考核、绩效目标考核、岗位竞聘考核，将考评情况及时反馈给考核对象并在一定范围内予以公开，让考评工作接受师生的监督和审查，使考核结果得到师生公认。依据考核评价结果，及时表扬干得好的，批评干得差的，做到是非分明、功过分明、赏罚分明。进一步完善内部绩效分配方案，加大“双高校”建设分配比例，严格兑现奖惩，激发干部队伍的生机与活力，增强学先进、赶先进的自觉性，真正杜绝奖罚不分、“老好人”“一团和气”“轮流坐庄”等现象，防止绩效考核“变味”走样，出现“干多干少、干与不干一个样”的怪象，让那些重执行、善执行的人“有位子”，让那些不作为、乱作为的人“丢帽子”，始终树立注重品行、崇尚实干、师生公认的正确选人用人导向，为按时建成全国“双高校”提供坚强的组织保证。

办好职业教育　强化地级统筹管理是关键

铜仁地区辖区八县一市一特区，168 个乡（镇）2945 个村，共 370 万人口，区内辖高等职业技术学院一所，中等职业技术学校 10 所。我区职业教育事业正在蓬勃发展，要进一步抓好职业教育，应从深化管理体制改革方面入手，其中强化地级统筹的力度是关键。

全国第四次职业教育工作会议提出，要推进职业教育管理体制改革，逐步建立“在国务院领导下，分级管理、地方为主、政府统筹、社会参与”的新的职业教育管理体制。各级政府要从统筹规划、统一政策、规范办学、整合资源等方面加强对职业教育的管理，进一步强化地级政府统筹职业教育发展方面的责任。

深化管理体制改革，是新形势下确保职业教育健康发展的前提条件，而强化地级政府的统筹作用是管理体制改革的重点。职业教育管理体制改革为什么要把地级作为改革的重点和切入点？它的理论根据是什么？统筹的范围是什么？对于上述问题，笔者提出以下的主张和观点。

一、地级统筹的必要性

（一）是我区教育结构调整的需要

我区职业教育发展总体缓慢，每年全区上万名初中生不能升入高中学习，近万名高中生不能上大学（每年录取率在 50%～60% 徘徊）。这些人流入社会后产生了一批“现代文盲”，他们既没有什么过硬的本领，又不懂什么技术，大多只能靠体力劳动吃饭（外出打工），他们大都没有一技之长，难以适应我区经济社会发展，根本无法为全面建成小康社会建功出力。为了解决这一突出的社会问题，必须加大职业技术教育的力度，通过职业技术教育使他们每个人都能在较短期内学会 1～2 门生存、致富的技术。因此，只有调整我区教育结构，加快职业教育发展，才能解决这一矛盾。

（二）是我区经济社会发展的需要

目前，我区正在全面建设小康社会，在各项工作中，万物人为本，凡事人所为。我区落后的关键原因是人才缺乏，全体农民的技能素质落后。农民自身的素质不能适应农村产业结构调整的要求，呈现了“时代在发展”与“技术在落后”并存的强烈反差现象，他们只能种地，但不能种好地，不能在有限的土地上产生很大的效益。因此，我区经济要发展，必须走“职教兴农”之路，社会进步要以“职教动力”为依托。

二、建立地级统筹的可能性

职业教育的一个明显特点就是具有鲜明的地方性区域性。一般来说，劳动力的流动率与教育程度、职业地位、技能水平成正相关，受过高等教育的专业人员的流动率要高于受中等职业技术教育的人员和普通工人的流动率。正因为如此，职业教育培养出来的庞大的劳动大军，从某种意义上说属于“地方部队”，是生于本乡、长于本地、服务于本土的“永久牌”人才，是地方经济建设的主力军，培养高素质的劳动力只能依靠本地自力更生，自我提供职业教育。只有培养出与地方经济建设的客观需要相适应的人才，才会真正促进地方经济的发展，也才会有自己广阔的发展空间。

特别是在农村，不管剩余劳动力是就地转移还是向其他地区转移，实现转移的关键都是劳动者要有专业技术和社会需要的劳动技能，即具有相应的职业资格。因此在劳动力转移中，不论是提供劳动力的地区还是吸纳劳动力的地区，都必须依靠职业教育来培养、培训转移者缺乏而社会又急需的基本劳动技能。即便一个地区的职业教育有相当一部分力量是在为劳动力的异地输出服务，但从某种意义上来说，这个地区的职业教育仍在为当地经济的振兴和发展服务，只不过不那么直接罢了。因为外出劳务人员不仅可以为家乡增加经济收入，如我区去年外出打工创收5.9亿元，而且还可以学到外地的先进技术，进一步提高自己的职业技能，将来一旦回乡，就可以为家乡的经济发展服务。如印江被评为全国“十大外出务工返乡青年”的杜鑫就是一个很好的例证。

发展职业教育的主要责任在地方。从中国地级行政区的地位与功能来看，地级政府位居国家行政管理体系的中间层次，是联结宏观管理（中央和省）与微观管理（县和乡）的中间环节，是上情下达、下情上通的枢纽与桥梁。因此，抓好职业教育，强化地级统筹是关键。

地级政府与县级政府相比较，具有更完善的管理手段，因而能发挥更强的管理功能。当然县级政府也应加大对职业教育的工作力度。地级政府在市场经济体制下能够充分运用法律的、经济的手段调控当地的职业教育，使职业教育走上更加健康、有序的发展道路。

三、地级统筹的主要内容

统筹是指政府为了保证事业的有序发展而制定规划并协调实施，提供促进其发展的有利条件。在教育管理体制中，地级政府的宏观调控与统筹协调为其主要内容。

（一）强化政府宏观调控的范围

职业技术学校必须在政府所制定的政策法规指导下运行，其办学质量要受到政府的检查和监督。如果没有统筹规划、规则等作为依据，宏观调控只能是盲目的。协调是政府为使某项工作顺利开展或获得满意的结果，对参与该工作的各部门之间的关系所进行的调节，其目的是使之既各司其职，又通力合作。

为落实我区地级政府在职业教育管理方面的统筹，行署应制订加快我区职业教育发展的规划，其中包括统筹投资、统筹补偿、追加拨款或财政补贴、统筹学校布局、统筹监督评估等。由于统筹内容涉及面较广，人们容易产生这样一种认识：一讲统筹似乎又恢复到过去的计划体制上去了，统筹似乎就是收权。其实这是一种误解，因为统筹只是政府实施宏观管理的一种方式，政府的统筹行为所操作的仅是政策、法规、规划、信息和契约等。统筹所要达到的目标最终要通过政府的宏观调控行为，主要运用法律、经济、信息等间接管理手段才能实现。因此，我们强调统筹，是强调政府的间接管理行为。这种统筹不可能导致学校自主权的重新收缩，更不可能使职业教育回到一切依靠行政性命令和计划才能运行的老路上去。

（二）地级政府在职教管理方面的协调

地级政府主要协调好教育、劳动、规划、财政和各行各业主管部门之间的关系，形成各负其责、齐抓共管的格局，真正体现举全区之力办好职业教育。从系统论角度来看，协调意味着建立起系统功能放大机制，通过这种机制使系统的整体功能大于各要素的局部功能之和，如当前的“劳动准入制”“双证制”等。如果缺乏协调，有时会因某一工作部门在某个工作环节上出现“阻塞”，影响整个职业教育工作的顺利开展或完成。对于出现的这种情况，地级政府能发挥自己的协调功能，除应按有关规定追究责任外，更重要的是从全局来进行“疏通”。因此，协调是任何一种管理组织系统为促进组织活动一体化，实现系统整体功能优化所必须实行的管理行为。一般而言，组织系统结构越复杂，工作职能越分化，协调行为也就越重要。作为一个职能高度分化又高度综合的复杂的组织系统，在管理职业教育这样涉及面十分宽广的事项时，地级政府的协调就显得尤为重要。

在进行地级统筹管理的实践中，地级政府应该因地制宜，以能调动各方面办学的积极性、取得最佳教育效益为前提，创造性地运用各种管理手段，并注意总结经验和教训，借鉴国内外的有效做法，形成适合我区实际的管理模式，为21世纪我国职业教育的发展作出新的贡献。

总之，抓好职业教育是一个庞大的社会系统工程，是一个长期的过程。在社会对职业教育认可度不高的今天，如何大力发展职业教育，除了要加大制定职业教育的有关政策，发挥地级政府行署的统筹功能是最重要的，否则，仅靠职业教育机构不能完成全民的职业教育任务。特别应指出的是，如果农民整体素质不能提高，我区就无法建成小康社会。

办学人民满意教育，助推地方经济社会发展

党的十九届五中全会全面总结我国“十三五”取得的伟大成就，对我国“十四五”期间和2035年的国民经济和社会发展进行了规划。习近平总书记的《关于〈中共中央关于制定国民经济和社会发展第十四个五年规划和二〇三五年远景目标的建议〉的说明》内容丰富，涉及政治、经济、军事、文化、外交等方方面面，其中，明确要建成文化强国、教育强国、人才强国，大力发展职业教育，实施提质扩容工程，助力国家发展战略。如何建设教育强国，不仅需要全社会的共同参与和共同努力，更需要我们职业教育人在这个过程中去勇挑重担、奋发有为、积极贡献。作为新时代的高校教育工作者，我们要清醒地认识到当前和今后一段时期高等教育改革发展所面临的新形势、新机遇和新挑战，抢抓“四新”，加快发展，以实际行动落实好党的十九届五中全会、省委、市委会议精神，努力办学人民满意教育，助推地方经济社会发展，开创办学治校新局面。

一、规划引领，明确办学“新目标”

铜仁职院在“十三五”期间成为全国省部共建校、全国优质院校、全国“双高校”建设单位。根据中央、省、市的要求，“十四五”期间，学院坚持立德树人，提高办学质量，以服务乡村振兴为己任，坚持为党育人、为国育才，加强内涵建设，全面建成全国“双高校”和试办职教本科专业，紧贴地方经济社会发展，努力打造“引领改革、支撑发展、世界水平、中国特色、铜仁标志”的全国“双高校”。

二、以群设置，建好党员“新家园”

党的力量来自组织。当前，铜仁职院在“双高计划”建设中，探索“以群建党”新模式，围绕高水平专业群建设，切实加强基层党组织建设，提高党建质量，为“十四五”期间建设全国“双高校”提供坚强组织保证。学校在“双高计划”建设中，坚持以党的创新理论指导工作，把党建工作贯穿到“双高计划”建设的全过程，确保“双高计划”建设落到实处。

立足实际，以群为主，优化设置，建好党员“新家园”。优化组织设置方面，围绕全国高水平畜牧兽医专业群建设，将群内 5 个专业，3 个部门、24 名教师党员，重新成立专业群联合党支部，由专业群群主兼任党支部书记，在履行专业建设、党的建设双重责任中彰显“头雁效应”，为“双高计划”建设提供坚强组织保证。

三、按群培养，探索学习“新方法”

学习是个人成长进步的根基。专业群是我国职业教育适应经济社会发展需要、满足学生可持续发展的重要载体。职业院校“双高计划”建设是一条改革之路、希望之路，也是一条艰难困苦之路。

完善培养制度，探索党员教育“新方法”。创新党员教育真学、深学、勤学的“新方法”，提高党员教书育人综合素质。党员练好扎实过硬的“基本功”，加强对专业建设、课程教学、科学研究、管理水平等办学治校各方面知识的学习，把学习成果体现在想干事、能干事、干成事、不出事上，把学习成效转化为谋划学院发展、促进教书育人上来，为建设“双高计划”建设添砖加瓦，努力办好人民满意的职业教育。

四、因群晒单，激发干事“新动力”

晒出“群”业绩。学院在“双高计划”建设中，激发干事创业“新动力”。党员根据自己承担的课程，制定个性化建设方案。开展“述职比贡献，争做优秀干部，晒单比业绩、争当优秀党员”活动（简称“双比双争”活动），充分发挥党组织书记的示范带头作用、党支部战斗的堡垒作用、党员的先锋模范作用，开展“群”考核。本着扩大民主的原则，多元设置考核评价主体，把师生代表、“两代表一委员”、民主党派代表、工会会员代表等纳入考核评价主体中来，形成“多层次、多方位、立体式”的党员干部评价机制，努力使结果客观公正。工作中，坚持一张“双高”蓝图干到底，不轻易“换频道”，不频繁“翻烧饼”，不因换人就“甩锅”，开展述职晒单，激发广大党员干事创业精气神。加强干部队伍建设，党建强引领“双高”重业绩，以“双高计划”建设实绩论英雄、以“双高计划”建设业绩用干部、以“双高计划”建设成绩兑奖惩，不断推动学院快速发展。

不忘育人初心　勇担党建使命

习近平总书记指出，“不忘初心，方得始终。中国共产党人的初心和使命，就是为中国人民谋幸福，为中华民族谋复兴。”“加强党对高校的领导，加强和改进高校党的建设，是办好中国特色社会主义大学的根本保证。”一个“初心与保证”为新时期高校党的建设工作指明了方向。这个初心就是努力办好人民满意的职业教育，而这个保证就是加强党对学校工作的全面领导，牢牢把握立德树人根本任务，并将之全方位贯穿到办学治校的全过程。

一、理论学习，提高思想认识

教育兴则国兴，教育强则国强。本人认真学习了习近平总书记关于教育的重要论述和对贵州工作指示精神，习近平总书记指出“教育是国之大计、党之大计”“坚持党对一切工作的领导”“加强党对高校的领导，加强和改进高校党的建设，是办好中国特色社会主义大学的根本保证。”这一系列的重要论述，进一步明确了我们的教育事业是党领导下的教育事业，我们的学校是党领导下的学校，高校党建事关高校的办学方向、事关高校的发展、事关高校的稳定，“一所学校一旦在办学方向上走错了，在培养人的问题上走偏了，那就像一株歪脖子树，无论如何也长不成参天大树。”因此，必须牢牢把握立德树人根本任务，加强党对高校的领导，保证高校正确的办学方向。

（一）坚持全面从严治党

把政治建设摆在首位，办中国特色社会主义高校，方向问题始终是根本问题。高校全面贯彻党的教育方针，必须坚持党对高校的领导，用习近平新时代中国特色社会主义思想武装师生，把正确的政治方向贯穿到办学育人的全过程。把提升基层党组织组织力作为重点，加强组织建设和党员队伍建设，夯实党建基础，强化党支部建设，确保学校工作推进到哪里，党的建设就跟进到哪里，党支部的战斗堡垒作用就体现在哪里，党旗就插到哪里，党员的先锋模范作用就体现在哪里。我们要寓党建于办学之中，厚植党建根基，将党建工作全方位贯穿到办学治校的全过程，进一步加强党委自身能力建设，将全面从严治党要求和立德树人根本任务落细落小落实，引领和保障高校健康科学发展。

（二）大力发展职业教育

2015 年，习近平总书记考察清镇职教城时再次指出，职业教育是我国教育体系中的重要组成部分，是培养高素质技能型人才的基础工程。同时，对职业教育功能作用的定位和进一步办好职业教育的明确要求，为我们做好当前和今后一个时期工作提供了根本遵循、理论指导和行动指南。我们要认真学习贯彻习近平总书记重要讲话精神，以扎实的工作作风加快发展具有贵州特色的现代职业教育。习近平总书记专门就加快职业教育发展作出重要指示，要求营造人人皆可成才、人人尽展其才的良好环境，努力培养数以亿计的高素质劳动者和技术技能人才。

（三）“小康不小康，关键看老乡”

脱贫攻坚、同步小康，是落实“四个全面”战略布局重中之重，也是中国共产党人兑现初心和使命的重要方式。习近平在北京师范大学与贵州国培计划培训班同学交流时强调，教育短板在西部地区、农村地区、老少边穷岛地区，尤其要加大扶持力度。他特别强调，要加大对农村地区、民族地区、贫困地区职业教育支持力度，努力让每个人都有人生出彩的机会。对于加大脱贫攻坚力度，本人在职业教育扶贫中工作不到位，到驻村解决问题少，为民服务解难题方面有差距，要向扶贫英雄文伟红等同志学习。

二、对照标准，检视存在问题

目前，学院党建工作做到“四个到位”：领导到位、组织到位、举措到位、保障到位；把握五个度：党委领导有力度、党建覆盖有广度、党建内涵有深度、党建效能有速度、党建考核有尺度；发挥好“四大作用”：党委领导核心、总支政治核心、支部战斗堡垒、党员先锋模范作用。党建工作有品牌、有特色、有亮点、有效果，涌现了“全国样板党支部”经济与管理学院第二党支部等典型，扎实推进“3116”党建品牌工程建设取得了一定的成效。广泛征求意见，认真检视问题，党建工作主要存在以下七个方面问题。

（一）理论武装不到位

本人在理论学习方面不到位，特别在学习贯彻习近平总书记关于开展主题教育的重要讲话精神做得不够。学院政治理论学习存在问题，主要表现在：一是理论学习形式单一，存在“一人讲，众人听”现象；二是学习质量不高，存在“指尖上的学习”，没有达到入目、入脑，入心；三是党员学习主动性不高，个别党员认为理论学习是负担，没有由“要我学”，转变为“我要学”。

（二）党组织活动不正常

一是少数支部“三会一课”质量不高，记录不规范。二是党员对活动参与度不高、积极性不高，少数党员多次不参加支部活动。三是党的活动针对性不强，如主题党日活动、“两学一做”学习教育的针对性、实效性有差距。

（三）发展党员力度不够

加强自身建设，把“双高”人才和优秀学生吸收到党的队伍中来，发展党员是基层党组织一项常规性工作，更是基层党组织书记必须抓好的重要工作，然而这项“重要工作”有些党总支就没有完成。如 2016 年至 2018 年，学院共发展党员 331 人，其中，教师党员 32 人，占总数的 9.7%。统计显示：3 年任务全部完成的有医学院，2 年任务完成的有护理学院、经管学院，3 年没有发展一名教师党员的有农学院、人文学院、国际教育学院。另外，少数机关总支和支部也没有完成发展党员任务。

（四）党支部标准化建设滞后

一是党员活动室没有全覆盖，标准化建设存有差距。二是“双培”工程推进不力。特别是教师党支部书记“党建带头人、学术带头人”（双带头人）培养工程推进不理想，有的总支工作滞后。三是制度执行不到位。对党员教育、管理、监督工作不到位，存在不愿管、不敢管、不会管的现象。少数支部开展工作的资料整理归档不及时、不规范。

（五）党政联席会制度执行不到位

一是会议内容不规范。少数二级学院没有严格按照制度办事，存在临时动议、准备不充分、讨论不深入等问题。二是会议形式需进一步整合。如整合关于学生资助、奖惩评定、资金使用、教材耗材采购等内容定期召开的会议。三是督办落实不力。有的二级学院（部门）对学院“两会”及领导安排工作落实不力，打折扣，个别二级学院对党政联席会议定事项没有跟踪问效。

（六）党建品牌建设效果不好

当前党建品牌工作存在问题：一是推进力度不够。大家要用心、用力推动工作，但个别党总支仍停留在方案阶段，没有实质性开展工作，书记抓品牌的思路不清、办法不多。二是效果不明显。特色作用发挥不好，亮点工作展示不够，表现在党员自身参与度、获得感不明显，工作中发挥的示范带头作用不理想。三是推进不平衡，建设进度相对滞后。此项工作从2018年开始实施，三年建设期，目前，时间已过半，任务完成度未过半，且还处于三个1/3现状（好、中、差）。四是党员晒单效果不好。主要是晒单内容针对性不强，没有具体量化打分标准、内容，晒单结果运用不好，党内晒单和党外专业技术积分有机结合不够。

（七）党务干部素质有待提高

一是配齐配强有差距，专职组织员变动频繁、发挥作用不好。二是班子建设不规范，如个别党总支、支部班委人员过多，存在“官多兵少”、人浮于事现象。三是党务干部工作作风不实，缺乏安、专、迷工作精神，少数干部仍然存在重业务、轻党建的思想，没有认真履行“一岗双责”“两个抓，两手都要硬”的要求。四是党务干部考核指标有待进一步量化，结果运用不好。

三、真抓实干，认真整改落实

（一）强化理论武装，提高政治素质

党务干部的能力决定党建工作质量，要做好学院党建工作关键在人，重点在书记。一是以考促学。加强理论学习，主要围绕“一章（党章）两文（教师党支部建设意见、学生党建标准）三条例（党支部工作、发展党员工作、党员教育管理工作条例）”进行业务学习考核，推动党员干部全面系统学、深入思考学、联系实际学。二是提高干部政治素质。教育引导党员干部坚定中国特色社会主义信念，增强“四个意识”、坚定“四个自信”、做到“两个维护”，实现思想政治受洗礼。三是师德师风建设。将师德师风建设融入主题教育，培养“四有”好老师。

（二）强化自身建设，提高党建品牌质量

一是加强制度建设。规范党政联席会、规范党的组织活动，提高“三会一课”质量。二是创新活动载体。提高党员活动的参与度，转变思路，打造特色，找准着力点，边推进，边总结，边优化方案。三是发展党员。建立党员发展工作奖惩制度，激活党员发展内生动力。四是党支部建设。加大党支部标准化建设的指导力度，推进基层党支部建设，丰富内涵，加大宣传。如医学院要加快丰富和完善积分制管理内容，及时总结成效，深挖典型经验，打造可复制的“活样板”。五是优化设置。深化党建品牌，探索党总支书记、副书记兼任党支部书记工作新模式。

（三）强化业务培训，提高党务干部能力

守初心、担使命，关键是提高自身能力素质，做好本职工作。如何提高党务干部素质呢？记住“四句话”、争做“五个手”：党务干部一定牢记四句话：“抓好党建是本职，抓不好党建是失职，不抓党建是渎职，做好党建工作是最大的政绩”。争做“五个手”：一是加强学习，争做党建工作参谋助手；二是熟悉业务，争做党建工作行家里手；三是把握全局，争做统筹各方的协调好手；四是注意实绩，争做跟踪问效的落实高手；五是率先垂范，争做遵规守纪的标杆旗手。

（四）强化作风建设，提高党建工作效率

“一分部署，九分落实”“细节决定成败”。作风建设十分重要，为什么党建工作做不好，关键是干部工作作风出了问题，有的干部没有把心思用在抓工作上。因此，要树立真抓实干的作风。一是用心谋事，不当二传手。二是专心干事，不当旁观者，依托自身资源优势，打造特色等；三是细心做事，不当评论家。结合实际开展工作，团结大家细心完成任务，把党建品牌打造与学院发展有机结合，如全国样板支部培育与优质校建设结合，打造可推广的党建支部“真样板”。

（五）强化目标考核，提高结果运用实效

一是进一步量化考核指标。进一步明确党建工作职责任务和评分标准，明确班子成员、支委工作量及积分标准。二是加大党支部书记述职考核力度。增强过程性考核，将平时完成常规党务工作情况融入党建考核。三是强化结果运用。党员积分实行内外排名、末位提醒制，党建工作没有完成，不得提拔干部、晋升职称、评先选优。

“不忘育人初心，勇担党建使命”。高校党务干部的初心和使命就是围绕立德树人根本任务，加强党的自身建设，坚持党对高校一切工作的领导，为培养社会主义合格建设者和接班人提供坚强政治保证。目前，学院处于创建全国“双高”计划关键时期，我们按照“守初心，担使命，找差距，抓落实”的要求，大胆创新，狠抓落实，不断总结经验，完善工作机制，努力提高党建工作质量和水平，为办学治校提供坚强的政治保证。

创新“一体两翼”高校党建工作模式

为了认真贯彻落实党的十九大精神和习近平总书记关于加强高等学校党建工作重要论述，切实抓好高校党的建设工作，贵州铜仁职业技术学院党委坚持以习近平新时代中国特色社会主义思想为指导，立足实际，大胆改革，创新“一体两翼”党建工作模式，构建“大党建”工作格局，使党建工作焕发出新的生机和活力，提升了党建工作质量，为学院改革发展提供坚强组织保证。

一、实施“一体两翼”党建工作的背景

办好人民满意的教育，关键在党。铜仁职业技术学院党委坚持创新发展理念，创新“一体两翼”党建工作新模式，即围绕党的自身建设，开展“三级书记述职、全体党员晒单”和“一总一特”工作，全面提升学院党建工作质量，探索一条具有地方特色的高校党建品牌之路。一方面这是加强高校党建工作的客观要求。习近平总书记指出：“加强党对高校的领导，加强和改进高校党的建设，是办好中国特色社会主义大学的根本保证。”为了加强党对高校全面工作的领导，切实加强高校党建工作，中央对做好高校党建工作提出具体要求，高校必须立足实际，创新载体，不断提升学院党建工作质量。另一方面这是学院党建和发展的现实需要。目前，铜仁职业技术学院正值创建全国特色高职院校的关键时期，院党委坚持“创特色高校、党建必先行”的原则，从党的自身建设抓起，落实全面从严治党各项任务，在办学治校中充分发挥“四大作用”，即学院党委的领导核心作用、党总支的政治核心作用、党支部的战斗堡垒作用、党员的先锋模范作用，通过实施“一体两翼”党建品牌工程，使党建工作焕发出新的生机和活力，为学院改革发展提供坚强组织保证。

二、创新“一体两翼”党建工作主要内容

为了打造高校党建工作品牌化、特色化，根据中央、省委关于进一步加强高等学校党建工作的意见，铜仁职业技术学院党委在广泛调研、考察学习的基础上，结合办学实际，制定“1+2”高校党建工作实施意见，即《中共铜仁职业技术学院委员会关于

创新“一体两翼”党建工作新模式实施意见》《中共铜仁职业技术学院委员会关于开展“书记述职、党员晒单”活动实施方案》《中共铜仁职业技术学院委员会关于“一总（支）一特（色）”党建品牌建设三年攻坚行动方案》，从而完成了关于创新“一体两翼”党建工作模式的顶层设计。其主要内容如下：

“一体”：坚持党对高校的领导，加强学院党的自身建设，坚持党要管党、全面从严治党，切实加强各级党组织建设，为培养社会主义合格建设者提供坚强的政治保证。

“两翼”：实施“书记述职、党员晒单”和“一总（支）一特（色）”品牌建设活动，丰富党建载体，创新基层党组织建设的模式，全面提升学院党建工作质量和水平。

（一）第一翼：扎实开展“书记述职、党员晒单”活动

完成高校立德树人的根本任务，一靠组织，二靠人员，而高校党建工作的重点在组织、关键在党员。如何牢牢抓住两个关键点，必须创新工作载体、改进工作方法、规范工作程序，通过开展“书记述职、党员晒单”活动，“评”出先进组织、“述”出优秀书记、“晒”出优秀党员、“带”出师资队伍、“育”出合格学生。

1. 关于如何开展“三级书记述职”

主要围绕三个方面开展工作。

（1）“书记述职”怎么述?

主要分三个层面进行集中述职，即学院党委书记、各党总支书记、各党支部书记每年一次向上级党组织开展党建工作述职，做到全覆盖。学院党委书记向省委、市委述职；党总支书记向学院党委述职，采取集中现场述职方式进行；党支部书记向党总支述职，按照党总支牵头、组织人事部协助、联系院党委领导现场指导、专家实地检查测评的方式进行。

（2）“书记述职”述什么?

根据工作职责要求，党总支书记有“十个必述”：一是抓学习教育情况；二是抓政治建设情况；三是抓作风建设情况；四是抓意识形态和思想政治教育工作；五是抓人才工作情况；六是抓安全管理情况；七是抓落实上级文件会议决定情况；八是抓党风廉政建设和反腐败工作情况；九是抓党建促中心工作情况；十是抓整改落实情况。党支部书记“十个必述”内容：一是抓学习教育情况；二是抓意识形态工作；三是抓作风建设情况；四是抓“两学一做”学习教育常态化制度化情况；五是抓“三会一课”“党员活动日”情况；六是抓党员发展、教育与管理、党费收缴与使用；七是抓党建创新工作；八是抓党建促中心工作；九是抓社会服务情况，十是抓整改落实情况。

（3）“书记述职”结果怎么用?

根据党建工作目标考核，各总支、支部实行述职现场测评，按照“好、较好、一般、差”四个等次作出综合评价。结果作为评先评优、干部选用的重要依据——述职

述出优秀书记、党务干部、先进党组织。评价为“好”的，年度考核才能确定为优秀等次；对综合评价为“一般”“差”的，要进行约谈、限期整改；对连续三年评价为“差”的总支书记、支部书记，进行党组织处理或党内就地免职，不得晋升行政职务、职称。

2. 如何开展“全体党员晒单”活动

主要把立德树人的各项任务落到每位党员身上，充分发挥党员的先锋模范作用，切实争当“四有”好老师和“五好带头人”，通过晒单激发教书育人、为人师表内生动力，晒出优秀党员。

（1）“全体党员晒单”怎么晒？

全体党员每年年底按照“八个必晒”的要求，本人主动亮晒个人工作成绩单，在民主评议党员大会上逐个晒单，采取“组织点评、党员互评、职工参评”的方式，综合评价每名党员等次。

（2）“全体党员晒单”晒什么？

根据党员职责和任务，每个党员“八个必晒”：一是参加和开展学习情况；二是参加“三会一课”“两学一做”情况；三是个人上党课情况；四是民主评议时开展交心谈心情况；五是参加培养和发展党员情况；六是个人交纳党费情况；七是开展教学、科研、管理、社会服务以及学院重点工作完成情况；八是个人整改落实情况。

（3）“全体党员晒单”等次如何定？

一是党员晒单实行积分制管理，考核采取百分制，即党务工作50%、业务工作50%。党内工作包含“八个必晒”内容，业务工作包含教学、科研、管理、社会服务以及学院重点工作完全情况。二是考核等次。采取“月报与年评”方式进行，即党员每月填报“党员工作情况记录表”，经党支部初审确认、党总支复核公示后统一报送组织人事部，年底对党员成绩进行汇总并公示，经支部党员大会评定出“优秀、合格、基本合格、不合格”四个等次，其结果作为评优选先、干部选用、职称评聘的重要依据。评价为“不合格”等次的党员，由支部书记进行约谈、分析原因，拟定整改方案，限期整改，主动申请接受组织再评。

（二）第二翼：实施“一总（支）一特（色）”党建工作

1. 总体要求

为了贯彻落实教育部关于教师党支部建设意见和学生党建工作标准，结合学院办学实际，创新党建工作新模式，彰显党建工作特色，学院党委决定开展“一总一特”党建项目工程，即一个党总支一个特色、一个品牌，努力开创全院党建工作新局面。

2. 特色项目

实施“一总一特”党建工作，既是党建工作创新，也是深化内部改革重点，既要有实践做法，又要有理论创新。通过前期申报、评审，确定“打造‘服务型’党组织，助推国际化办学”“创建‘引领型’党组织，开展‘健康铜仁·美丽乡村’公益培训”“关于高职院校‘智慧型’党建 + X 项目建设”等 16 个党建品牌。学院党委对每个项目给予 2 万元经费资助，建设时间三年，实施“三年百万”党建工程，构建学院党建工作“百花园”。

3. 加强考核

学院党委按照建设“施工图”定期进行工作进度检查，各党总支书认真履行党建工作第一责任人的职责，牢固树立“不抓党建是失职，抓不好党建是渎职”意识，一心一意谋发展，聚精会神抓党建，一定要亲自设计、亲自培训、亲自安排、亲自落实，完成情况列入年终党建述职和工作总结内容。

三、创新“一体两翼”党建工作考核方式

考核是评判工作效能的标尺，是构建创先争优、争比进位、奖优罚劣的管理新模式。为了确保“一体两翼”党建工作落到实处，学院对党总支、党支部实行基础积分 + 奖励积分 + 负面清单的考核。

一是基础积分。实行百分制，按照“基础工作要抓实、创新工作要抓好、特色亮点要突出”要求。基础积分范围包括落实党建责任、基础工作、年度共性工作三个部分。

二是奖励积分。包括党建创新、工作经验做法、宣传和典型培树等在全国、全省、全市报道、推广的奖励加分。

三是负面清单。采取倒扣年度积分方式进行。凡印证材料弄虚作假、党员和党组织出现违纪违法被立案查处、党建工作责任落实不力被通报都要扣分。

四是突出结果运用。积分作为各总支党建工作考核、党组织书记述职评议考核、先进党组织和优秀党务工作者评选的重要依据。

总之，高校党建工作只有遵循党建规律和学生成长规律，主动适应新形势、新任务的要求，坚持与时俱进，创新党建工作模式，才能开创高校党建工作新局面。

地方高校应强化创新型人才培养

（2020 年 9 月 20 日刊发于中国教育新闻网）

通过参加这次深入园区、企业进行科技创新专题调研，全市重视科技创新工作，明确创新主体、搭建创新平台、引进创新人才、加大创新投入，在科技创新方面取得较好的成绩，助推了铜仁经济社会转型发展和“一区五地”建设。但科技创新存在的主要问题是创新型人才的培养，因为科技创新关键是人才，铜仁没有地域优势、没有丰厚待遇、硬件设备又不足、投入研发资金有限，引进人才难、留住人才难、人才作用发挥不好，从而导致全市科技人员不足、创新动力不强、创新成效不理想等问题。

科技创新是经济发展的动力源泉。创新型人才是具备创新能力、拥有开拓精神、能够开拓新局面、可以对社会进步作出创造性贡献的人才。培养好新时代的创新型人才，是保证中国发展的底气。创新型人才的成长有两条途径：一是学校培养，二是社会锻造。学校培养是基础，社会锻造是条件，学校教育和社会环境都是创新型人才成长不可或缺的条件。因此，铜仁高校应该主动承担创新型人才培养的重任，不忘教育初心，牢记育人使命，围绕产业优化专业，围绕创新培养人才。只有培养一批自身素质高、创新能力强、具有奉献精神的“永久牌”创新型人才队伍，才能更好推动全市科技创新，加快科技进步，为铜仁经济转型和乡村振兴提供技术支撑。

一、创新教育，提高创新人才培养素养

人才是第一资源。科技创新是高质量发展第一动力，国家科技创新力的根本源泉在于人。十年树木，百年树人。要把教育摆在更加重要位置，全面提高教育质量，注重培养学生创新意识和创新能力。创新教育战略是系统化的整体工程。

一是完善办学理念。高校从理念到行动、从目标到手段、从实施到评价，需要全员参与，需要覆盖全部教学环节，需要从培养方案、课程设置、教学内容、教学方式、教学考核等方面全方位落实创新教育思想，把创新教育作为一门必修课，在教育改革中，牢牢把握服务发展、促进就业的办学方向，深化体制机制改革，坚持产教融合、校企合作，坚持工学结合、知行合一，为地方经济社会发展培养创新型人才。

二是注重培养。加强“四类生源”培训，各部门加强统筹，学校积极参与，开展

新型职业农民、退伍军人、农村创业致富带头人、返乡农民工等职业技能培训，重点推广和应用农民“一看就懂、一学就会、一用就灵”的先进生产技术，增强困难群众脱贫信心和能力。

三是坚持创新引领。深化高校科技体制改革，创新组织模式，加强协同创新，完善评价体系，针对企业发展、乡村振兴战略中的问题和关键核心技术集中攻关，充分发挥高校科技创新策源地作用。如铜仁学院、铜仁职院等应把创新型人才培养列入“十四五”规划，列入办学重点工作，紧扣产业、企业、行业脉搏，在培养学生创新精神、创新能力上下功夫，立足铜仁实际，坚持问题导向，重点围绕锰矿业、农产品精加工、中兽药、大数据与信息化、智能终端制造等方面开展自主研发、自主创新。

二、主动作为，提供乡村发展人才支撑

实施乡村振兴战略，人才是关键。习近平总书记近日在吉林考察时强调，“农业现代化，关键是农业科技现代化”“要抓住实施乡村振兴战略的重大机遇，坚持农业农村优先发展”。

一是主动作为。科技创新是推进农业农村现代化的根本动力，是乡村发展的“活力源泉”。地方高校作为服务地方经济社会发展的教育实体，对推进乡村振兴战略实施承担着义不容辞的责任，在人才培养、科技研发和社会服务、文化传承等方面必将发挥重要的助推作用。高校应该在学科设置、专业建设等方面进行改革，为乡村振兴培养各类急需的“下得去、用得上、留得住”的应用型创新技术人才，直接为乡村产业发展、生态文明和社会全面建设提供科技服务，为实现乡风文明提供文化引领。

二是搭建创新平台。各高校借助于现有的国家级、省级、市级科研平台搞好科技创新，如铜仁学院锰产业、生物多样研究、铜仁职院民族中兽药研发、铜仁幼专剪纸文化传承等。主动与企业实行“产教融合、校企合作”。对于应用型人才培养而言，加强“双师型”教师队伍建设是关键，围绕企业发展、学生成长，共同创新、共同攻关、协同育人，为地方经济社会发展培养应用型人才。帮助贫困家庭子女接受职业学历教育，着力提升贫困地区造血功能，有效阻断贫困代际传递。

三是开展智力支持。重点是如何延伸农业产业链、提升价值链、打造供应链，不断提高农业质量效益和竞争力。积极指导、培养一批家庭工场、手工作坊、乡村车间，促进农民持续增收，增强基础造血功能，积蓄乡村振兴后劲。

三、突出特色，培养“永久牌”乡土人才

“没有科技创新，高质量发展无从谈起”，发挥科技创新在乡村振兴中的支撑引领

作用。

一是突出办学特色。铜仁高校是随着铜仁地方经济社会发展需要应运而生的，“地方性”是其存在的主要依据，因此要打造地方高校“接地气”的特征。在创建“双一流”“双高校”工作中，要做好自身发展定位设计和特色培育，打造自己的特色专业、特色课程等，主动对接地方经济社会发展需求，既要培养市场需要、契合就业的人才，更要培养能够通过创新、核心技术研发带动产业升级的关键人才。

二是创新服务载体。全市形成以市场为导向，企业、高校、科研院所协同创新，服务乡村振兴的产学研合作机制。铜仁高校应开展“组团式、成建制”的人才“入园进企”“上山下乡”活动，加强创新人才队伍建设，把培养新型职业农民和农村实用人才作为一项重要任务，积极发现培养一批“土专家”“田秀才”。如铜仁职院打造一批“手上有茧、脚下有泥、心中有民”的创新型“蘑菇教授”“茶叶教授”“牛教授”“羊教授”，同时，大力培养“爱农业、懂农业、善管理、会经营”的新型职业农民，支持创新创业，加强人才实训基地建设，从而造就更多的爱农业、爱农村、有技术的现代农业带头人“永久牌”乡土人才。

三要完善激励机制。铜仁必须深化科研人才发展体制机制改革，完善创新型科技人才发现、培养、激励机制，吸引更多优秀人才进入铜仁的科研队伍，为他们脱颖而出创造条件。建议市人民政府出台加快科技创新的实施意见，恢复市级科技进步奖评选活动，制定专家创新创业激励政策，落实各种福利待遇，在职称评定、项目申报、专利申请等方面给予优先考虑、适当倾斜，在全社会形成关心科技创新、参与科技研发的“大众创业，万众创新”活动，树立“劳动光荣，技能宝贵”的伟大精神，形成支持人才到基层创新创业的良好氛围。

党建创品牌　育人提质量

（2020 年 9 月 25 日刊发于现代高等职业技术教育网）

加强党对高校的领导，加强和改进高校党的建设，是办好中国特色社会主义大学的根本保证，是保证高校正确办学方向的关键。如何创新高校党建工作品牌，提高育人质量？贵州铜仁职业技术学院立足高职教育实际，在“双高计划”建设中，构建“一体两翼”党建新模式，开展“双比双争”活动，学院党建工作有特色、有亮点、有品牌、有质量，为“双高计划”建设提供坚强组织保证。

一、创建“一体两翼”模式，提高党建工作质量

铜仁职业技术学院坚持全面从严治党，从 2018 年以来，创建“一体两翼”党建工作新模式。一体：加强学院党的自身建设，坚持党要管党，切实加强各级党组织建设，为办学治校提供坚强的政治保证。两翼：实施“书记述职党员晒单”和“一总一特”品牌建设，开展“三级书记述职、全体党员晒单”活动，通过述职“述出”先进党组织，通过晒单“晒出”优秀党员、党务工作者，全面提升党建工作质量，助力学院快速发展。

抓住“关键少数”，开展书记述职。党建工作必须坚持书记抓、抓书记，一级抓一级，层层抓落实的党建工作责任制。书记抓党建怎么抓，书记述职怎么述？学院党委书记、各党总支书记、各党支部书记每年一次向上级党组织开展党建工作述职，做到全覆盖。学院党委书记向省委、市委、市委教育工委述职；党总支书记向学院党委述职，党支部书记向党总支述职，采取集中现场述职、党委领导现场指导、专家实地检查测评的方式进行。同时，党总支、党支部每年向党委提交党建工作书面总结。

压实主体责任，明确述职内容。书记述职“十个必述”：学习教育情况、政治建设情况、作风建设情况、意识形态和思想政治教育工作、人才工作情况、安全管理情况、抓党员发展、教育与管理、党费收缴与使用、党风廉政建设和反腐败工作情况、党建促中心工作情况及整改落实情况。“全体党员晒单”把办好治校各项任务落到每位党员身上，充分发挥党员的先锋模范作用，通过晒单“晒出”优秀党员。党员晒单“八个必晒”：参加学习情况，参加“三会一课”“党员活动日”“两学一做”情况，个人上

党课情况及培养和发展党员情况，民主评议党员工作情况，个人交纳党费情况，完成教学、科研、管理、社会服务以及学院重点工作情况，个人整改落实情况，完成组织安排其他任务。同时，党员晒单实行积分制管理，考核采取百分制，在民主评议党员大会上逐个晒单，采取“组织点评、党员互评、服务对象参评”方式，综合评价每名党员的分值和等次。

严格目标考核，强化结果运用。学院每年开展书记述职考核，各总支、支部根据党建工作目标考核、述职现场测评打分，按照“好、较好、一般、差”作出综合评价，结果作为评先评优、干部选用的重要依据，通过述职“述”出优秀书记、党务干部、先进党组织。评价为“好”的，年度考核才能确定为优秀等次；对综合评价为“一般”“差”的，要进行约谈、限期整改。党员晒单结果分为“优秀、合格、基本合格、不合格”四个等次，其结果作为评优选先、干部选用、职称评聘的重要依据。评价为“基本合格、不合格”的，要进行约谈、限期整改；对连续两年“不合格”的，要停职整改，不得晋升职务职称；对连续三年“不合格”的，要给予纪律处分。

二、实施“一总一特”项目，打造党建“百花园”

立足实际，创新党建品牌。院党委坚持全面从严治党，加强组织建设和党员队伍建设，夯实党建基础，强化党支部建设，确保“双高计划”建设工作推进到哪里，党的建设就跟进到哪里，党支部的战斗堡垒作用就体现在哪里，党旗就插到哪里，党员的先锋模范作用就出现在哪里，寓党建于办学之中，厚植党建根基，将党建工作全方位贯穿到办学治校的全过程，创新党建工作新模式。结合办学实际，为了彰显党建工作特色，开展“一总一特”党建项目工程，即一个党总支一个特色、一个品牌。通过申报、评审，确定从党员培养发展、党员教育管理、“双带头人”党支部、“双培养”党支部、党员积分制管理、智慧党建等方面打造16个党建品牌，学院对每个建设项目预算经费，三年总投入100万元，称之为“百万党建工程”。

狠抓落实，凸显建设成效。学院党委探索“以群建党”模式，实现党建工作与“双高计划”建设双丰收。学院获“全国样板支部”建设单位。把党支部建设放在更加突出的位置，加强党支部标准化、规范化建设，不断提高党支部建设质量，力争全院党支部标准化达标率达100%。完善“一总一特”考核，本着扩大民主的原则，采取上级、同级、下级评价方式，特别是把师生代表、“两代表一委员”、民主党派代表、工会会员代表等纳入考核评价主体中来，形成“多层次、多方位、立体式”的评价机制，使结果客观公正。加强项目管理，组织专门力量按照建设“施工图”定期进行工作进度检查，对“较好”的，实行年度绩效目标考核加分奖励；对落实“较差”的，实行负面清单，绩效目标考核扣分；对工作推进落实“差”的，进行约谈、限期整改，将完成情况列入年终党建述职和工作总结内容。

三、开展“双比双争”活动，发挥示范带头作用

在“双高计划”建设中，开展“书记述职比贡献，争做优秀党务干部，党员晒单比业绩，争做优秀党员”（“双比双争”活动），通过“以比促建、以争促干”，发挥党员示范标杆作用，全面夯实组织基础，使党组织成为“双高计划”建设的坚强战斗堡垒。

述职比贡献，争做优秀党务干部。书记通过“十个必述”，争做优秀党务干部。实施“双带头人”工程，培养造就“双带头人”是“双高计划”建设中党建工作重点。高水平专业群建设是学院“双高计划”的重要内容，专业带头人影响乃至决定着专业建设的方向和内涵，专业带头人的地位和影响十分重要。工作中，实施“因群施教、按群管理、以群建党”三项改革，通过成立联合党支部，使教师党支部书记普遍成为“双带头人”，在履行党的建设和专业建设双重责任中彰显“头雁效应”，教师党支部书记“双带头人”达标率达100%。通过高水平专业群建设，按照“以群建党”要求，培养和造就一批政治强、业务精的高水平专业带头人和教师党支部书记的“双带头人”，助推学院高质量发展。

晒单比业绩，争做优秀党员。为提升党员队伍教育管理质量，充分发挥广大党员的先锋模范作用，全院在“双高计划”建设中开展党员“晒单比业绩，争做优秀党员”活动。党员主要从政治理论学习、教书育人、脱贫攻坚、“双高计划”建设、师德师风等五个方面进行晒单，每人必晒“双高计划”建设完成情况，开展“大比武、大体检”活动，发挥党员作用，切实解决党员意识淡薄、不作为、慢作为等问题，推动学院快速发展。强化监督，确保敢晒真晒。学院每年检查一次“晒单”，各总支将党员在支部理论学习、学习强国、铜仁智慧党建等三大学习平台的成绩列入晒单内容，其结果将在一定范围内进行公示，接受广大党员群众监督。晒单成绩作为党员评先选优的重要依据之一。

四、“三强化三提高”，党务干部提质增效

强化理论武装，提高干部政治素质。高校党务干部的能力决定高校党建工作的质量，党务干部增强“四个意识”、坚定“四个自信”、做到“两个维护”。工作中争当“五手”：加强学习，争做党建工作“参谋助手”；熟悉业务，争做党建工作“行家里手”；把握全局，争做统筹各方“协调好手”；注意实绩，争做跟踪问效“落实高手”；率先垂范，争做遵规守纪“标杆旗手”。不断提高党务干部抓党建工作的能力和水平。

强化作风建设，提高党建工作效率。“一分部署，九分落实”，高校党务干部的初心和使命就是落实立德树人根本任务。党务干部要用心谋事、专心干事、开心做事，认真做好大学生思想政治工作，依托已有资源，打造特色，推进基层党支部建设，及时总结成效，深挖典型经验。如人文学院“党建 + 旅游社会服务”项目，启动校内红色文化讲解服务等；经管学院把打造“全国样板支部”培育与“双高计划”建设有机结合，打造“铜仁样板”。

强化目标考核，提高结果运用实效。进一步明确工作职责，细化党组织书记年度党建工作考核指标；进一步将考核指标量化，加大述职考核力度，将述职晒单结果与评先选优、职称晋级挂钩。增强过程性考核，将平时完成常规党务工作情况融入党建考核，为办好人民满意的职业教育提供根本保证。

党建强引领“双高”重业绩

——铜仁职业技术学院在“双高计划”建设中探索“以群建党”新模式

（2020年10月8日刊发于天眼新闻）

为落实《国家职业教育改革实施方案》“集中力量建设一批引领改革、支撑发展、中国特色、世界水平的高职学校和专业群，带动职业教育持续深化改革，强化内涵建设，实现高质量发展”的要求，经过层层遴选，197所高职院校成功列入中国特色高水平学校和高水平专业群建设单位（简称“双高计划”），其中141所高职院校被列入高水平专业群建设单位。在“双高计划”建设中，如何建设好高水平专业群，是当前职业院校面临的共性问题，也是“双高计划”必须解决的难题。贵州铜仁职业技术学院探索“以群建党”新模式，围绕高水平专业群建设，切实加强基层党组织建设，充分发挥党组织的战斗堡垒作用和党员的先锋模范作用，为高水平专业群建设提供坚强组织保证。

一、以群设置，建好党员干部工作“新家园”

党的力量来自组织，规范组织设置是党员找到“新家园”的关键。铜仁职业技术学院在“双高计划”建设中，坚持以党的创新理论指导工作，坚持改革创新，围绕建成新型跨专业跨学院（系）教学组织（专业群）要求，夯实党建基础，强化党支部建设，确保“双高计划”建设工作推进到哪里，党的建设就跟进到哪里，党支部的战斗堡垒作用就体现在哪里，党旗就插到哪里，党员的先锋模范作用就出现在哪里。寓党建于办学之中，厚植党建根基，将党建工作全方位贯穿到“双高计划”建设的全过程，按照工作在一线落实、问题在一线解决、作风在一线转变，确保“双高计划”建设落到实处。学院立足办学实际，以群为主，优化组织设置，建好党员“新家园”，充分发挥党组织在专业建设中“突击队”作用，为高水平专业群建设提供坚强组织保证。学院坚持“以群建党”的办学模式，将40个专业优化为8个专业群，其中，国家级高水平专业群1个，省、院级专业群7个。“双高计划”建设以农学院中国特色高水平畜牧兽医专业群建设为重点，带动其他专业群全面发展。同时，开展以群建党支部，优化组织设置。畜牧兽医专业群由5个专业组成，跨2个学院（系）、1个中心，共有教师党员24人，通过成立专业群联合党支部，由专业群“群主”兼任党支部书记，在履行专业建设、党的建设双重责任中彰显“头雁效应”。在建好党员“新家园”方面，按照党员工作性质、作息规律，以项目为单元组建特色党小组，对党员实行全方位的管理和服务。通过高水平专业群建设，教师党支部书记普遍成为“双带头人”，为“双高计划”建设提供坚强组织保证。

二、按群培养，探索党员干部学习“新方法”

学习是个人成长进步的根基。专业群是我国职业教育适应经济社会发展需要、满足学生可持续发展的重要载体，是中国职业教育的特色所在，也是经济技术的快速变化背景下专业边界拓宽、治理形式变革的结果。职业院校“双高计划”建设是一条改革之路、希望之路，也是一条艰难困苦之路。因此“双高计划”建设，既是我们的承诺，更是我们的责任，党员干部必须带头学习、带头完成任务。坚持按群管理，完善培养制度，探索党员教育“新方法”。在按群管理方面，根据“双高计划”建设任务，群内教职工党员的人权、事权、财权、考核、绩效、晋升职务职称等由专业群党组织统一考核、统一管理。创新党员教育真学、深学、勤学的“新方法”，提高党员教书育人综合素质。一要围绕发展“真学”。党员干部进一步增强学习的紧迫感，坚持用习近平新时代中国特色社会主义思想武装头脑，指导实践，推动工作。利用“两学一做”“学习强国”平台，“三会一课”等阵地作用，围绕学院发展，打牢理论功底，增强“四个意识”、坚定“四个自信”、做到“两个维护”，提高办学治校水平和能力。二要紧扣职责“深学”。坚持学以致用，对照“双高计划”建设任务，“缺什么，补什么”，“需要什么，学什么”，重点是围绕“双高计划”建设中本人工作中重点、难点问题，开展调查研究，提高发现问题、解决问题的能力和水平。三要提高素质“勤学”。素质决定能力，能力决定工作效率，党员干部队伍素质影响着学院的发展、决定着“双高计划”建设的成败。党员练好扎实过硬的“基本功”，加强对专业建设、课程教学、科学研究、管理水平等办学治校各方面知识的学习，把学习成果体现在想干事、能干事、干成事、不出事上，把学习成效转化为谋划学院发展、促进教书育人上来，为建设“双高计划”建设添砖加瓦，努力办好人民满意的职业教育。

三、因群晒单，激发党员干事创业“新动力”

晒出“群”业绩。学院在“双高计划”建设中，坚持因群施策，述职晒单，激发干事创业“新动力”。专业群是办学的基本单元，是学校内跨专业、跨分院（系）、跨部门的教学组织，是办学治校的“新组织”，如何建好群、管好群，党员干部必须因群施策，根据自己承担的课程，制定个性化建设方案。开展“述职比贡献，争做优秀干部，晒单比业绩，争当优秀党员”活动（简称“双比双争”活动），充分发挥党组织书记的示范带头作用、党支部战斗的堡垒作用、党员的先锋模范作用，全年每个党员定期将党内（外）工作积分情况进行晒单公布，接受师生监督。

明确“群”内容。在“双高校”建设中，发挥党组织书记在专业建设中的生力军作用，按照专业群建设任务，开展“三级书记述职，全体党员晒单”活动，把完成“双高计划”建设任务作重点内容。“全体党员晒单”把办好治校各项任务落到每位党员身上，党员晒单“八个必晒”中主要晒完成教学、科研、管理、社会服务以及学院“双高计划”建设重点工作情况，充分发挥党员的先锋模范作用，通过晒单“晒出”优秀党员。同时，党员晒单实行积分制管理，考核采取百分制，在民主评议党员大会上逐个晒单，采取“组织点评、党员互评、服务对象参评”方式，综合评价每名党员的分值和等次。

开展“群”考核。本着扩大民主的原则，多元设置考核评价主体，把师生代表、“两代表一委员”、民主党派代表、工会会员代表等纳入考核评价主体中来，形成“多层次、多方位、立体式”的党员干部评价机制，努力使结果客观公正。工作中，坚持一张“双高”蓝图干到底，不轻易“换频道”，不频繁“翻烧饼”，不因换人就“甩锅”，开展述职晒单，激发广大党员干事创业精气神，全体党员多做有利于“双高计划”建设之事、多说有利于“双高计划”建设之话、多谋有利于“双高计划”建设之计、多献有利于“双高计划”建设之策。加强干部队伍建设，党建强引领“双高”重业绩，以“双高计划”建设实绩论英雄、以“双高计划”建设业绩用干部、以“双高计划”建设成绩兑奖惩，不断推动学院快速发展。

党建引领以群强院　建设高水平专业群

（2020年10月10日刊发于中国职业教育）

根据教育部、财政部关于中国特色高水平学校和高水平专业群建设（以下简称“双高计划”建设）工作通知，经过全国层层遴选，我院成功进入全国职业院校“双高计划”建设单位。在“双高计划”建设中，如何做好高水平专业群建设，学院立足实际，坚持“按群办学、以群强院、按群管理、以群建党”工作要求，紧紧围绕高水平专业群建设，树立“群”的意识、凸显“群”的优势、确保“群”的效果，切实加强学院内涵建设，为高水平专业群建设提供坚强组织保证。

一、“按群办学”，进一步厘清发展思路

重构教学组织，树立“群”的意识。专业群建设是职业院校适应经济发展模式的战略选择，是当前职业院校内涵建设中组织变革的创新。随着全国“双高计划”建设启动，“专业群”应运而生，职业院校的办学从以专业建设为主转向专业群为主，这是高职教育一场教育模式的革命。近年来，学院坚持“按群办学、以群强院”办学思路，主动服务乡村振兴战略，围绕产业办专业，围绕市场建专业群，围绕社会发展培养人才，办学组织由专业向专业群转变。通过重构教学组织，转变办学思路，进一步完善人才培养方案、修改专业建设内容，在课程建设、课堂教学、实习实训、教师队伍、学生评价考核等进行全面改革，进一步厘清发展思路，树立“群”的意识。

聚焦专业发展，凸显“群”的优势。高水平专业群建设是高职院校服务经济社会发展的基本载体，是学校高质量人才培养的重要单元。学院面向区域和行业重点产业，依托优势特色专业，聚焦专业发展，转变教学重心，凸显“群”的优势，健全对接产业、动态调整、自我完善的专业群建设发展机制，促进专业资源整合和结构优化，发挥专业群的集聚效应和服务功能。学院坚持立德树人，“按群办学”，处理“三大”关系，提高“六个”度，即正确处理好高水平学校与高水平专业群关系、高水平专业群与一般专业群建设关系、传统的专业教学模式与专业群教学方式关系，提高产业契合度、校企合作深度、企业行业认可度、广大师生认同度、学生就业满意度、社会美誉度。在打好“组合群”上下功夫，突出校企结合，厘清组群逻辑，明确专业群内容，

健全专业群建设制度，全面提升人才培养和社会服务质量。

加大保证力度，确保“群”的效果。地方政府是职业院校“双高计划”建设的“主角”。为扎实做好“双高计划”建设工作，铜仁市委、市政府坚持“三落实”，实行“四会制”，推进“双高计划”建设。市政府制定《关于支持铜仁职院”双高计划”建设实施意见》，成立市级“双高计划”建设领导小组，由市长担任组长，并将建设任务分解到 24 个部门和学院，列入年度考核内容，做到人员、经费、工作“三落实”。实行“四会制”抓好“双高计划”建设，即每周召开一次例会、每月召开一次推进会、市政府分管副市长每季度召开一次协调会、市政府市长每半年召开一次小结会，加大统筹力度，带头抓落实，确保“群”的建设取得实效。

二、“以群强院”，推动学院高质量发展

高水平专业群是高水平职业院校的基石，“以群强院”是职业院校提高人才培养质量的关键，高水平专业群建设可以有效激发学校办学活力，为学校改革发展提供内生动力，高水平专业群在学校教学建设中具有极强的示范与引领作用。学院坚持“按群办学、以群强院”办学思路，以专业群建设为抓手，以“双高”建设为平台，切实加强内涵建设，建立健全多方协同的专业群可持续发展保障机制。学院出台《关于实施“1 +7”专业群建设实施方案》，以 1 个高水平畜牧兽医专业群建设为重点，带动其他 7 个专业群发展。坚持以学生为中心的教学模式改革，建设高水平“双师型”队伍，提升信息化能力、社会服务能力，提高专业群服务“一带一路”国际化办学水平，充分发挥高水平畜牧兽医专业群的示范作用、带动作用、标杆作用、引领作用、黏合作用，助推学院全面发展。进一步优化专业群设置，根据省教育厅要求，三年内实现 5 个专业群、30 个专业的办学目标。

三、“按群管理”，完善内部质量保证体系

“按群管理”既是职业院校保证专业群建设的根本，更是学校发展的关键。围绕“群”深化体制改革，按照人、财、物相统一原则，调整办学组织，优化办群机构，完善内部运行机制，健全内部质量保证体系，形成学校“按群管理”的自主治理、自我约束的机制，推进治理能力现代化。学院在“双高计划”建设中，实行“按群管理”，健全制度保障体系，以畜牧兽医高水平专业群建设为重点，成立专业群建设领导小组，定期研究解决问题，加大工作推进力度，扎实推进，确保如期完成各项建设任务。组建专业群建设专家咨询小组，聘请院内、外知名专家为成员，适时对专业群建设的质量和水平进行指导。实行柔性组织管理，强化专业群内人员管理，对参加专业群建设

的教师实行“集中使用、集中管理、集中考核”，通过“教师积分制、党员晒单制”途径，对教师的德、能、勤、绩、廉等方面进行严格考核，定期通报建设任务完成情况，专业群内所有教师的绩效分配、职称申报、职务晋升、评先选优等均由专业群建设领导小组进行考核把关，实行双高建设“一票否决”。学院对“双高计划”建设实行重点奖励，按照“强信心、攻难点、抓落实、解难题”的要求，加大工作推进力度。严格干部管理，实行“双向”考核，提高干部解决问题的七种能力，以“双高计划”建设实绩论英雄、以“双高计划”建设业绩用干部、以“双高计划”建设成绩兑奖惩，充分调动广大教职工的积极性。

四、“以群建党”，为办学提供组织保证

“党的力量来自组织”。围绕专业群建设，夯实党建基础，加强党的建设既是“双高计划”建设的任务，也是“双高计划”建设的组织保证。学院用党的创新理论指导“双高计划”建设，确保“双高计划”建设工作推进到哪里，党的建设就跟进到哪里，党支部的战斗堡垒作用就体现在哪里，党旗就插到哪里，党员的先锋模范作用就出现在哪里，将党建工作全方位贯穿到办学治校全过程。在“双高计划”建设中，以农学院高水平畜牧兽医专业群建设为重点，实施“以群建党”改革试点，优化组织设置。畜牧兽医专业群有教师党员 24 人（共 3 个部门），成立高水平“专业群”党支部，由专业群“群主”兼任党支部书记，经过高水平专业群建设，教师党支部书记成为“双带头人”，充分发挥支部战斗堡垒作用。在工作中，优化组织设置，建立党员“新家园”，发挥党建引领作用；完善管理制度，探索支部建设“新方法”，发挥支部战斗堡垒作用；通过“双比双争”，激发干事创业“新动力”，发挥党员先锋模范作用。

创新引领模式　探索党建育人之路

（2020 年 10 月 26 日刊发于人民网）

加强和改进高校党的建设，是办好中国特色社会主义大学的根本保证。新时期如何加强高职院校党的建设，充分发挥党组织在办学治校中的领导作用？贵州铜仁职业技术学院坚持用党的创新理论为指导，以建设全国党建工作样板支部为契机、以增强党组织战斗力为重点、以提高人才培养质量为目的，构建“三全育人”体系，创新党建引领模式，实施“夯实基础、亮明身份、名师带生、铸造品牌”等工程，打造“样板党支部”，探索“四个三”的高职院校党建育人之路。

一、强化“三个”建设，筑牢固本强基之路

铸魂育人，强化政治建设。强化党的政治建设，是高校实现内涵式发展的命脉所在。学院围绕立德树人、铸魂育人，以“两学一做”学习教育和“不忘初心、牢记使命”主题教育为载体，以“学习强国、智慧党建、三会一课”等为平台，借助“两微一端”新媒体，通过“易班 + 大思政”活动，深入系统地向广大师生开展政治教育，让党的政治建设内容走进师生头脑，全体师生增强“四个意识”、坚定“四个自信”、做到“两个维护”，不断提高自己的政治能力和水平。

搭建载体，强化阵地建设。阵地建设是基层党建工作的重要平台和载体，直接影响着基层党组织活动的吸引力和影响力。学院实施“3116”党建品牌工程（即 3 年时间，投入 100 万资金、打造 16 个党建品牌），构建党建工作“百花园”。学院 43 个党支部通过市级标准化验收，全部成为市级标准化、规范化示范党支部，支部“标准化”率 100% 。各支部充分发挥“一室多用”的综合效用，把党员活动室打造为党员活动中心、学习培训中心以及师生服务中心，真正使党支部活动阵地“活”起来、功能“强”起来。

提高质量，强化队伍建设。高校党建的核心是“人”，党务干部的能力决定高校党建工作的质量，党建队伍建设的基点是“专业化”建设。学院在配齐配强党务干部基础上，通过争做“五手”活动，不断提高党务干部抓党建工作的能力和水平。即加强学习，争做党建工作“参谋助手”；熟悉业务，争做党建工作“行家里手”；把握全局，争做统筹各方“协调好手”；注意实绩，争做跟踪问效“落实高手”；率先垂范，

争做遵规守纪“标杆旗手”。同时，加大干部述职考核力度，努力打造一支高素质、专业化的党务干部。

二、实施“三亮”工程，铺设党建引领之路

亮党徽，教书育人“展风采”。党徽是党的象征，是党员身份的标志。学院根据共产党员佩戴党徽的规定，全体党员在重大活动、上班期间佩戴党徽，增强党员身份意识，自觉接受党内外群众的监督。党徽在教书育人中闪烁，党员争做“五带头人”，展示党员风采，为党徽增值、为党旗添彩。近年来获国家、省、市表彰共 20 余人次，顾昌华教授获“全国教书育人楷模”荣誉称号。通过亮党徽，“亮”出爱党爱国、爱校爱生的“好榜样”。

亮岗位，脱贫攻坚“练真功”。让党旗在脱贫攻坚中飘扬。学院设置党员岗位牌，明确工作职责、流程、要求，切实方便服务对象，提高办事效率和透明度。开展“党建 + 创业 + 学生”，助力“黔货出山”活动。如经济与管理学院电商专业 2019 届学生承担了贵州邮政农村电商精准扶贫项目“黔邮乡情”，为贫困户销售冬枣、香柚等农特产品，仅 2 个月销售额超过 10 万元，成为带动“黔货出山”的主力军。学院为乡村振兴培养一批“素质强、业务精、懂管理、有技术”的实用型农村实用人才，获省市表彰 8 项。通过亮岗位，“亮”出乐于奉献、爱岗敬业的“好标杆”。

亮实绩，抗击疫情“显本色”。抗击疫情，方显党员本色。自疫情发生以来，学院广大党员主动参战，涌现一大批“战武汉、攻贵阳、守铜仁”的抗疫师生，确保学校安全。如翟晓琳老师在湖北方舱医院连续奋战近 50 天，事迹突出，表现优秀，火线申请入党，被省级表彰。在办学治校中，通过“书记述职制、教师积分制、党员晒单制”亮实绩，党员教师八个必晒，“晒”出优秀党员、优秀党务工作者。通过亮实绩，“亮”出为人师表、服务社会的“好典型”。

三、实行“三导”培养，拓展党建育人之路

学院党委以“为国育才、为党育人”为己任，拓展党建育人之路，实施“名师带名生”工程，选拔政治素质高、业务能力强，具有硕士、高级职称的党员名师，通过实行“三导式、导师制、个性化”培养，全面提升学生综合素质和能力。

政治引导，培养合格人才。学院坚持“大党建”格局、强化“大思政”理念，践行社会主义核心价值观，围绕“五元文化”（先进文化、红色文化、传统优秀文化、职业文化、民族文化），开展“四项主题”教育（热爱生命、感恩奋进、艰苦创业、立志成才），使师生树立正确的人生观、世界观、价值观。通过开展“爱国情、强国志、报

国行”征文活动，引导学生树立爱国情怀、提高政治觉悟，入党入团人数增加，涌现一大批品学兼优的学生。近年来，发展党员近300名，培养入党积极分子近1000人，改善党员队伍结构，增添新活力。

学习指导、争做技能标兵。为提高学生的知识和技能水平，学院以“专业老师带技能创新型学生”为抓手，以提升学习能力为重点，开展实践性教学活动，培养学生的技能创新思维，参加专业技能竞赛，加强实践锻炼。开展“教师下企业、学生三下乡”活动，促进产教融合，提升学生服务脱贫攻坚和乡村振兴的能力素质。近年来，获国家级技能大赛奖项83项，省、市级奖500余项。

生活辅导，提升就业能力。党员教师做学生学习的良师、生活的益友。学院通过“诚实做人、守信办事”活动，提高师生职业能力和服务社会能力，开展“组团式”的“入园进企”“上山下乡”活动，打造一批“手上有茧、脚下有泥、心中有民”的党员队伍，被老百姓尊称“蘑菇教授、茶叶教授、西瓜教授、羊教授”。为乡村振兴，培养“爱农业、懂农业、善管理、会经营”的技术技能型人才，学生就业能力明显提升，学院毕业生就业率连续8年达95%以上，获“全国毕业生就业典型经验高校”称号。

四、铸造“三新”品牌，开创党建特色之路

学院坚持改革创新，党建工作有特色、有亮点，做到“常规工作标准化，样板支部特色化”，达成“党建内涵有深度、党建品牌有亮度、党建育人有高度“的目标。

构建“一体两翼”新模式。开展“书记述职、党员晒单”活动，通过述职“述”出先进党组织，通过晒单“晒”出优秀党员、党务工作者，“带”出优秀教师，“培”出合格学生。在“双高计划”建设中，开展“书记述职比贡献，争做优秀党务干部，党员晒单比业绩，争做优秀党员”（“双比双争”），发挥党员示范标杆作用。

创建“以群建党”新方式。学院在“双高计划”建设中，为高质量建成高水平专业群，按照“做示范、探新路、走前列、出经验”的要求，创新党建模式，开展“以群建党”工作，成立专业群党支部，由“群主”兼任支部书记，发挥“双带头人”作用，党支部“七个有力”，为专业群建设提供坚强组织保证。

健全“党建体检”新制度。为确保党建工作取得实效，学院建立考核制度，每年一次“党建体检”，院党委对各总支工作实行目标考核、民主评议，把党员“理论学习、教书育人、科学研究、服务社会”等工作列入评议内容，公示结果，接受群众监督。“体检”结果作为党员晋级晋职、评先选优的重要依据之一。通过“大比武、大体检”活动，达到“以比促建、以争促干”，切实解决党员意识淡薄、不作为、慢作为等问题，发挥党员示范标杆作用，夯实党建基础，使党组织成为“双高计划”建设的坚强战斗堡垒。

强化制度建设　确保“诊改”落地见效

（2020 年 11 月 10 日刊发于中国教育新闻网）

没有规矩，不能成方圆。制度建设具有根本性，是学校发展的基础，制度稳则学校兴，建设高水平职业院校必须靠制度作保障。贵州省铜仁职业技术学院以实施全国职业院校内部质量保证体系诊断与改进工作（以下简称“诊改”）试点为契机、以完善现代大学制度为重点、以信息化平台为支撑，创新办学治理模式。通过强化“四个三”制度建设，切实发挥学校教育质量保证主体作用，不断完善内部质量保证制度体系运行机制，确保“诊改”落地见效，实现了学校高质量发展。

一、实行“三层”分解，确保“诊改”目标落地

目标定位是“诊改”工作基础。学院以创建全国优质校、“双高计划”为目标，以服务脱贫攻坚、乡村振兴为己任，举农字旗、打生态牌、走服务路，充分发挥“五大”兴农作为。学院将《十三五事业发展规划》，按照学院总规划、部门（院、系）子规划、年度工作要点“三层”分解的原则，层层传递至专业、课程、教师、学生层面，上下衔接成链。工作中，把学院总规划变为二级单位的行动计划，再列入每年工作要点之中逐条加以落实，使学院规划具有科学性、系统性、操作性、可控性，确保办学目标落地落细，助推学院科学发展。

明确质量主体是“诊改”关键。学院从学院、专业、课程、教师、学生五个层面明确质量责任。学院主要从办学定位、发展规划、年度任务等提出工作目标和标准，并为专业、课程、教师、学生建设发展提供服务和资源保障。专业、课程根据学院建设目标和标准、企业行业工作标准、社会需求，教师根据学校—专业—课程建设目标和标准，以及自我发展需求，学生根据专业人才培养方案要求与自我发展需求，自主制定符合自身发展的建设目标和任务。通过目标任务的层层分解落地，学院各项工作执行力明显提升，目标达成度高。专业建设完成率 100%，畜牧兽医等 5 个专业为国家级骨干专业，课程规划完成率平均达 135%，精品在线开放课程 60 门，特色课 3 门，出版教材 30 部，开发教学资源 1 万余个，技能大赛获省级以上教学能力赛奖项 32 项。

二、实施“三定”改革，明晰“诊改”职责任务

一是深化“三定”改革，明晰各岗位职责任务。为了加强内部质量保证体系建设，厘清内部各部门之间的职责、任务，提高工作效率，学院从2018年开始实施定岗、定员、定任务（职责）“三定”改革，分别制定管理岗、专业技术岗、工勤岗、教辅岗、科研岗等岗位职责任务，确定276个管理岗位，1270多项职责任务。经过三轮双向竞聘，大批教师安心回归到教学一线，做到“人员、岗位、任务”三落实，充分调动了大家工作积极性，保证学院教学、科研、管理、服务等各项工作事事有人管，件件有着落。二是实施“二级管理”，调动基层办学积极性。由于办学规模不断扩大，学院根据各二级学院（校）的办学规模，按照人、财、物与责、权、利相统一的原则，完善修订200多项制度，将人权、事权、财权下放给二级学院（校），实行绩效目标管理，强化二次分配，体现效率优先、多劳多得，充分调动广大教职工办学积极性、主动性。实施教学“诊改”以来，学院连续3年获得全国高职院校“国际影响力50强”，获国家教学成果奖二等奖3项。

三、开展“三项”考核，激发“诊改”内生活力

做好“诊改”工作，激发师生内生动力是关键，建立外部干预机制是保障。没有外部制度保障，“诊改”效果将大打折扣。学院立足办学实际，开展“三项”考核诊断，确保内部质量保证体系诊断与改进工作取得实效。一是二级单位“目标”考核。即实施省市、学院合一的年度目标考核工作，学院每年工作要点分解到二级单位，制定具体的量化考核标准，建立工作台账和负面清单，每年考核一次，考核结果实行“双挂钩”，即与部门奖惩挂钩、与部门主要负责人年度考核挂钩。二是专业技术人员“积分”考核。学院制定初级、中级、高级专业技术岗最低积分标准，分别从教育教学、科学研究、社会服务、文化育人和行政管理等方面，规定积分的十大内容和分值比例，半年考核一次，年度公布结果，将结果列为教师绩效分配、职称申报、评先选优的重要依据。三是全体党员“晒单”考核。即全院开展了“三级书记述职，全体党员晒单”“双比双争”活动，探索“以群建党，按群管理”新模式，充分发挥党员先锋模范带头作用，全年让每个党员定期将党内、党外工作积分情况进行晒单公布，接受监督，并将结果列为先进组织、优秀党员、民主评议的主要依据之一。

激活办学的内生动力。学院通过建立与内部质量保证体系相适应的考核激励制度，激活了全体教职工干事创业积极性，社会服务能力不断增强。广大教职工“教书育人展风采、脱贫攻坚练真功、抗击疫情显本色”，通过实施“一村一品”“一师一班一

村”等帮扶计划，帮助贫困农户实现科学养殖和种植，近年来共指导十万多农户发展农业生产，受益人口达几十万人。

四、搭建“三大”平台，助力“诊改”运行有效

平台建设是“诊改”载体。职业院校“诊改”工作必须以现代信息技术为支撑，依托信息化平台对各种数据实时采集、自动生成，及时监测预警。学院紧扣贵州省大力发展“三大战略”（大数据、大扶贫、大生态）的发展机遇，根据办学需要搭建“三大”平台，助推“诊改”运行见效。一是搭建学习平台。全体师生链接学习 APP，及时学习有关知识，定期公布学习成绩，提高师生学习能力。二是搭建智慧党团平台。通过开展网上党课、学习大讲堂、易班 + 思政等一系列活动，提高师生思想政治素质。三是建立 AIC 信息化平台。学院投入 5000 万元建设智能校园，建成大数据分析平台（校情分析与诊断平台），可实现教学、科研、教师、学生、招生、就业等 14 类系统数据的挖掘、采集和分析；实现了数据实时采集、自动生成，监测预警的目的，简化工作流程，提高办事效率，助推“诊改”运行见成效，学院被中国高等教育学会评为全国首批“一平三端”智能教学示范基地。

“诊改”彰显特色。学院紧紧围绕提升办学治校能力，通过“强制度、重内涵、提质量、铸品牌”，构建“一体五化”治理体系，提升治理水平和能力，增强学院的核心竞争力。即制度建设“标准化”，实现用制度管人、流程管事、标准做事，各项工作有章可循。党的建设“品牌化”，凸显党建工作亮点，构成学院“党建百花园”。绩效考核“常态化”，做到科学合理、真实管用，优劳多得，让实干者实惠。内部治理“规范化”。学院探索“党委统一领导，校长依法负责、工会民主监督、专家潜心治学”内部治理体系，促进学院科学发展。管理手段“信息化”，借助网络建设和使用，使用信息化工具和数字化资源，实现“数据多跑路，师生少跑腿”的目的。

总之，铜仁职业技术学院通过“诊改”，制度建设不断完善、内涵建设不断加强、办学质量不断提高、办学活力不断增强，充分激活了教职工干事创业内生动力，过去大家不愿干，现在大家抢着干，从“要我干”变为“我要干”，实现了管理水平和人才培养质量持续提升，加快推进学院校治理体系和治理能力现代化建设的步伐。

创新党建品牌　提高党建质量

按照中央、省委、市委关于“不忘初心、牢记使命”主题教育的工作要求，根据学院党委关于开展专题调研的安排，为深入了解学院党建工作，特别是“一体两翼”党建品牌建设情况，我们认真制定调研方案，深入各二级学院党总支及机关党支部开展专题调研，围绕党建基本现状、存在问题及下步打算撰写《创新党建品牌，提高党建质量》的调研报告，具体内容如下。

一、理论学习有收获

本人认真学习了习近平总书记关于教育的重要论述，习近平总书记指出“坚持党对一切工作的领导”，“加强党对高校的领导，加强和改进高校党的建设，是办好中国特色社会主义大学的根本保证。”这一重要论述，进一步明确了我们的教育事业是党领导下的教育事业，是新时代中国特色社会主义教育事业，我们的学校是党领导下的学校，是新时代中国特色社会主义学校，牢牢把握立德树人根本任务。一所学校一旦在办学方向上走错了，在培养人的问题上走偏了，那就像一株歪脖子树，无论如何也长不成参天大树。因此，必须加强党对高校的领导，保证其正确的办学方向。学校党委要坚持全面从严治党，加强组织建设和党员队伍建设，夯实党建基础，强化党支部建设，确保学校工作推进到哪里，党的建设就跟进到哪里，党支部的战斗堡垒作用就体现在哪里，党旗就插到哪里，党员的先锋模范作用就出现在哪里，寓党建于办学之中，厚植党建根基，将党建工作全方位贯穿到办学治校的全过程，为办好人民满意的职业教育提供根本保证。

二、党建基本情况

（一）选题初衷

为落实中央、省委关于高校开展主题教育重点解决的“党委领导下的校长负责制”和“加强基层党组织建设”等方面存在的突出问题的规定，结合学院党建工作的实际，根据市委巡察反馈的存在党的基层组织党的领导弱化、党的建设缺失、全面从严治党不力等18个问题，通过调研检视问题，分析问题症结，找准解决问题的办法，切实加强我院党建品牌建设，提高学院党建工作的质量。

（二）调研形式

调研工作以座谈会形式为主，10月11日至12日，调研组由党委副书记覃礼涛带队，党委办公室副主任杨海昆、督导室主任徐友英、督导室综合科科长徐元青及办公室孟艳林一行先后深入二级学院和机关党总支调研党建工作、党政联席会执行情况及党建品牌“一体两翼”品牌实施情况。调研过程中，听取了党总支书记和支部书记汇报，与党务工作者和党员代表进行深入交流，探讨党建工作存在的问题及改进措施。共召开座谈会2场次，50余名党务干部参加座谈，20余名党务干部进行现场交流发言。调研中共收集到问题84条，经梳理归类23条，其中涉及党政联席会问题5条、党务工作问题14条、“一体两翼”品牌工作4条。

（三）党建工作评价

通过调研及对平时党建工作开展情况的了解，目前我院党建工作总体上“领导到位、组织到位、举措到位、保障到位”，做到了五个度，即党委领导有力度，党建覆盖有广度，党建内涵有深度，党建效能有速度，党建考核有尺度，党建工作有品牌、有特色、有亮点、有效果，涌现了“全国样板党支部”经济与管理学院第二党支部等典型。各总支、支部均按照学院党委要求，把全面从严治党落在实处，九个二级学院认真执行党政联席会制度、“三会一课”“两学一做”及开展“不忘初心、牢记使命”主题教育，组织建设、党员发展效果明显，充分发挥基层党组织战斗堡垒作用和党员先锋模范作用。品牌化建设取得阶段成效：16个总支扎实推进“3116”党建品牌工程建设，各党总支均有各自的特色和亮点，党建品牌方面取得了一定的成效。

三、存在的问题

通过调研，广泛征求意见，认真检视问题，党建工作主要存在以下七个方面问题。

（一）理论武装不到位

全院政治理论学习存在问题，主要表现在：一是理论学习形式单一，存在“一人讲，众人听”现象；二是学习质量不高，存在“指尖上的学习”，没有达到入目、入脑，入心；三是党员学习主动性不高，个别党员认为理论学习是负担，没有由“要我学”，转变为“我要学”。

（二）党组织活动不正常

一是少数支部“三会一课”质量不高，记录不规范；二是党员对活动参与度不高、积极性不高，少数党员多次不参加支部活动；三是党的活动针对性不强，如主题党日活动、“两学一做”学习教育常态化制度化有差距。

（三）发展党员力度不够

加强自身建设，把“双高”人才和优秀学生吸收到党的队伍中来，发展党员是基层党组织一项常规性工作，更是基层党组织书记必须抓好重要工作，然而这项“重要工作”有些党总支就没有完成。如2016年至2018年，学院共发展党员331人，其中，教师党员32人，占总数的9.7%。3年任务全部完成的有医学院，2年任务完成的有护理学院、经管学院，3年没有发展一名教师党员的有农学院、人文学院、国际教育学院。另外，少数机关总支和支部也没有完成发展党员任务。

（四）党支部标准化建设滞后

一是党员活动室没有全覆盖，标准化建设存有差距；二是“双培”工程推进不力，特别是教师党支部书记“党建带头人、学术带头人”（双带头人）培养工程推进不理想，有的总支工作滞后；三是制度执行不到位，对党员教育、管理、监督工作不到位，存在不愿管、不敢管、不会管的现象，少数支部工作资料的整理归档不及时、不规范。

（五）党政联席会制度执行不到位

一是会议内容不规范。少数二级学院没有严格按照制度办事，存在临时动议、准备不充分、讨论不深入等问题。二是会议形式需进一步整合。如整合关于学生资助、奖惩评定、资金使用、教材耗材采购等内容定期召开的会议。三是督办落实不力。有的二级学院（部门）对学院“两会”及领导安排工作落实不力，打折扣，个别二级学院对党政联席会议定事项没有跟踪问效。记录不全，资料归档不及时等问题，需进一步规范。

（六）党建品牌建设效果不好

学院党建品牌建设总体情况：各二级学院党总支、直属支部均按照《关于印发〈铜仁职业技术学院探索“一体两翼”党建新模式的行动方案〉的通知》（铜职党发〔2018〕22号文件）精神，扎实推进“一总一特”品牌建设，品牌建设工作有特色、有亮点、有举措、有成效。其中，医学院、经济与管理学院、机关一总支品牌建设成效突出；继续教育学院、药学院、农学院推进较好；人文学院、信息工程学院推进相对滞后。

当前党建品牌工作存在问题：一是推进不平衡。有的推进得好，有的推进得慢，少数总支根本不重视此项工作。二是推进力度不够。大家要用心、用力推动工作，但个别党总支仍停留在方案阶段，没有实质性开展工作，书记抓品牌的思路不清、办法不多。三是效果不明显。特色作用发挥不好，亮点工作展示不够，表现在党员自身参与度、获得感不明显，助推学院工作方面发挥的示范带头作用不理想。四是建设进度相对滞后。此项工作从2018年开始实施，三年建设期，目前，时间已过半，任务完成度未过半，且还处于三个1/3现状（好、中、差）。五是党员晒单效果不好。主要是晒单内容针对性不强，没有具体量化打分标准、内容，晒单结果运用不好，党内晒单和党外专业技术积分有机结合不够。上半年有91人未达标，是否有党员？

（七）党务干部素质有待提高

一是配齐配强有差距。如护理学院党总支缺一名副书记，部分党总支的专职组织员变动频繁、发挥作用不好。二是班子建设不规范。如个别党总支、支部班委人员过多，存在“官多兵少”、人浮于事现象（18个党员，15个官）。三是党务干部安、专、迷工作精神不足。少数干部仍然存在重业务、轻党建的思想，没有认真履行“一岗双责”“两个抓，两手都要硬”的要求。四是党务干部考核指标有待进一步量化，结果运用不好。

四、下步整改措施

（一）强化理论武装，提高政治素质

党务干部的能力决定党建工作质量，要做好学院党建工作关键在人，重点在书记。一是以考促学，加强理论学习。主要围绕“一章（党章）两文（教师党支部建设、学生党建标准）三条例（党支部工作、发展党员工作、问责条例）”进行业务学习考核，推动党员干部全面系统学、深入思考学、联系实际学。二是提高干部政治素质。教育引导党员干部坚定中国特色社会主义信念，增强“四个意识”、坚定“四个自信”、做到“两个维护”，实现思想政治受洗礼。三是将师德师风建设融入主题教育，培养“四有”好老师。

（二）强化自身建设，提高党建品牌质量

一是加强制度建设，规范党政联席会、规范党的组织活动，提高“三会一课”质量。二是创新活动载体，提高党员活动的参与度，转变思路，打造特色，找准着力点，

边推进，边总结，边优化方案。三是建立党员发展工作奖惩制度，激活党员发展内生动力。四是加大党支部标准化建设的指导力度，推进基层党支部建设，丰富内涵，加大宣传。如医学院要加快丰富和完善积分制管理内容，及时总结成效，深挖典型经验，打造可复制的“活样板”。五是优化组织设置，深化党建品牌。探索试行党总支书记或专职副书记兼任党支部书记工作新模式。

（三）强化业务培训，提高党务干部能力

高校党务干部的初心和使命就是围绕立德树人根本任务，加强党的自身建设，坚持党对高校一切工作的领导，为培养社会主义合格建设者和接班人提供坚强政治保证。守初心、担使命，关键是提高自身能力素质。如何提高党务干部素质呢？争做“五手”：一是加强学习，争做党建工作参谋助手；二是熟悉业务，争做党建工作行家里手；三是把握全局，争做统筹各方的协调好手；四是注意实绩，争做跟踪问效的落实高手；五是率先垂范，争做遵规守纪的标杆旗手。因此，创新举措，推进党支部书记“双带头人”培养；依托“网络党校”平台，对二级学院党组织书记开展网络培训全员覆盖，强化学习结果运用。

（四）强化作风建设，提高党建工作效率

“一分部署，九分落实”，作风建设十分重要，为什么党建工作做不好，关键是干部工作作风出了问题，有人没有把心思用在抓工作上。因此，要树立真抓实干作风，做到：一是用心谋事，二是专心干事，三是开心做事。依托已有资源，打造特色，如人文学院总支“党建＋旅游社会服务”项目，启动校内红色文化讲解服务等。品牌打造与学院发展有机结合，如全国样板支部培育与优质校建设结合，打造可推广的党建支部“真样板”。

（五）强化目标考核，提高结果运用实效

一是进一步明确工作职责。一要加大党总支年度党建工作考核指标具细化；二要加大党支部书记述职考核力度；三要将党员“晒单”工作与评先选优、职称晋级挂钩。二是进一步将考核指标量化。明确班子成员、支委工作量及积分标准。三是增强过程性考核。将平时完成常规党务工作情况融入党建考核。四是强化结果运用。党建工作考核与个人评先选优职称晋级挂钩。

总之，目前学院处于创建全国“双高”计划关键时期，我们按照守初心、担使命、找差距、抓落实的要求，大胆创新，狠抓落实，不断总结经验，完善工作机制，努力提高党建工作质量和水平，为办学治校提供坚强的政治保证。

高校党建把握“五个度”

本人按照“不忘初心、牢记使命”主题教育要求，认真学习了党的十九大报告和习近平总书记在全国教育大会上的讲话。习近平总书记指出，“不忘初心，方得始终。中国共产党人的初心和使命，就是为中国人民谋幸福，为中华民族谋复兴。”“加强党对高校的领导，加强和改进高校党的建设，是办好中国特色社会主义大学的根本保证。”一个“初心与保证”为新时期高校党建工作指明了方向。这个初心就是努力办好人民满意的教育，而这个保证就是坚持和加强党对学校的全面领导，牢牢把握立德树人根本任务，并将之全方位贯穿到办学治校的全过程。高校党建必须把握“五个度”，才能发挥坚强战斗堡垒的作用，才能为办好中国特色社会主义教育提供根本保证。

一、党委领导有“力度”

习近平指出，办好中国特色社会主义大学，要坚持立德树人，坚持和完善党委领导下的校长负责制，不断改革和完善高校体制机制。党委领导下的校长负责制是中国特色社会主义大学治理的最大优势。在新时代，加强和改进党对高校的全面领导，就是要坚持党委领导下的校长负责制，切实发挥党在学校治理中的领导作用、师生员工在学校治理中的主体作用。其中，党委领导下的校长负责制是根本制度，在这一制度基础上形成了以“党委领导、校长负责、专家治学、民主管理”为核心治理元素的具体制度。党委领导下的校长负责制强调坚持党的领导和师生主体地位的有机统一，使广大师生员工成为行为共同体，成为学校治理的主体。凡属重大问题都由学校党委集体讨论决定，有利于保证依法科学民主决策和民主监督，并保证决策迅速有效地贯彻执行。在治理机制上，党委领导下的校长负责制把党的领导地位、师生主体地位与内部治理方式结合起来，体现治理过程的公开化、透明化，使决策能够得到广泛拥护和有效落实。当前，高校要进一步完善各项制度，严格执行各项议事规则，特别是一些事关全院的大事和教职工切身利益的问题必须党委会集体研究，不能以经费额度来划定事情轻重。各总支坚持党政联席会制度，认真落实有关规定，切实做到党委领导有“力度”。

二、党建覆盖有“广度”

习近平总书记指出，全面推进党的建设各项工作，有效发挥基层党组织战斗堡垒作用和共产党员先锋模范作用。党支部是学校党组织建设的基石，是保障党组织面向全校师生党员以及社会服务的抓手。我们要按照“五个有力”要求，坚持党组织全覆盖。把党支部建在教研团队上、建在班级课堂上、建在学生社区上、建在学生社团上，确保教育教学科研推进到哪里、党支部建设就跟进到哪里、共产党员的先锋模范作用就体现在哪里。党支部尤其要注意覆盖和照亮新形势下出现的“盲区”，机关总支、支部覆盖所有部门，实现党政工作“双肩挑，双促进”。积极适应学校组织结构、管理模式、学科设置、办学形式的新变化和新需求，探索依托项目组、学科组、课题组、创新团队、科研平台、中外合作办学项目和机构、学生公寓、学生社区、社团组织等设置教师党支部或学生党支部，探索基层党建工作向最活跃、最具创新能力的组织拓展，可以成立临时党支部，扩大党的覆盖面，使高校党建覆盖有“广度”。

三、党建内涵有“深度”

高校深化党建工作模式，创新品牌，提高质量，要抓住教师党支部和学生党支部两个关键点。一是强化教师党支部建设。教工党支部是教育、管理、监督和服务广大教师党员的基本单位，是党团结和联系广大教师的桥梁纽带。在教师党支部工作中，实行政治与业务的双考核，融合发展，坚持课程思政，促进广大教师党员把践行社会主义核心价值观贯穿教育教学的全过程，处处育人、时时育人，引导学生把握好人生方向；坚持把解决实际问题、增强教师归属感获得感以及促进教师成长发展作为教师党支部工作的重要落脚点。二是学生党支部是发挥广大党员学生先锋模范作用的组织保障，是营造良好学风、班风和校风的重要依托。在学生支部工作中，要坚持面向广大党员学生和群众，解决思想问题与实际问题相结合，注重人文关怀和心理疏导，在引领优良班风、校风、学风，践行社会主义核心价值观和维护学校改革发展稳定大局中发挥战斗堡垒作用；要善于运用学生互动社区、主题教育网站和“两微一端”等网络新媒体推进广大学生专业学习、志愿服务、社会实践、就业创业等方面的工作，从而使高校党建内涵有“深度”。

四、党建效能有“速度”

党建工作提质增效，效率要“快”。只争朝夕提高效率。工作中掌握“加减乘除”

法，即按照“团结协作做加法、审批程序做减法、服务师生做乘法、责任追究做除法”要求，提高工作效率。首先，支部书记“双带头人”建设。在两年内完成教师党支部书记“双带头人”建设任务。选优配强支部书记，充分发挥党支部书记“领头羊”的作用。要选优配强教师党支部书记，推进教师党支部书记党务、业务“双肩挑”，消除重业务轻党务的思想；要选优配强学生党支部书记，注重从优秀辅导员、骨干教师、优秀大学生党员中选拔学生党支部书记。其次，支部标准化建设。在规定时间内完成党支部标准化建设任务，同时，加快完善推进党建工作制度和方法。学校党建主动适应新常态，探索学校党组织建设长效机制以及党建工作优化、创新机制。随着职业教育改革和发展进入新时代，各级党组织要因时而进、因势而新，广泛运用大数据，构建网络化、智能化、数据化、个性化的党建工作机制，增强学校基层党组织建设科学化、现代化和信息化水平，使高校党建工作效能有“速度”。

五、党建考核有“尺度”

高校是人才培养、知识创新的重要阵地，肩负着立德树人的重任。党务工作是做人的工作，是一项十分复杂、十分辛苦的工作，没有固定的时间和方式，如培养“双高”人才和学生入党、思政工作、意识形态、宗教、党风廉政建设等都需要耐心细致的思想工作，只有默默耕耘，才能有收获，才有实效。党务干部一定牢记四句话，“抓好党建是本职，抓不好党建是失职，不抓党建是渎职，做好党建工作是最大的政绩”，认识到位，思想到位、行动到位，种好党建工作“责任地”。如铜仁职业技术学院党委创新“一体两翼”党建工作新模式，实施“三级书记述职、全体党员晒单”工程，通过述职“述出”先进党组织，通过晒单“晒出”优秀党员、党务工作者。学院经过十多年发展，已成为国家骨干校、全国优质校、省部共建校，学院党建工作获“全国样板党支部”建设，思想政治工作获贵州省“十年三优”的好成绩。同时，学院每年召开党建工作会议，严格按照党建工作目标任务进行考核，通过专项检查、巡察等方式，对学校的党建工作进行量化考评，提高党建工作质量，为推动学院发展提供坚强组织保证，做到高校党建考核有“尺度”。

高校干部执行力“五要五不要”

今年是新中国成立70周年，也是铜仁职业技术学院办学取得丰硕成果之年，更是载入学院发展史册之年。国家优质高职院校、全国职业院校“双高”校、国家民委三大研究平台等纷纷落户学院，全国职业院校内部质量保证体系诊断与改进试点工作（教学“诊改”工作）顺利通过全国诊改委的现场复核工作，高职扩招、四类生源学生超额完成任务，学院服务“一带一路”国际化办学取得历史性突破——铜仁职业技术学院老挝分校正式挂牌成立……

为政之要，贵在落实；落实之要，重在执行。所谓干部执行力，就是按时、按质、按量完成工作任务的能力。有人说：一个好校长就代表一个好学校，此话就办学理念上说不无道理。但一个人力量确实有限，办好一所学校光有一个好的决策班子远远不行，还需要一个优秀团队，需要一支爱岗敬业的优秀教师队伍，更离不开一支高素质、能干事、会干事的中层干部队伍，学院办学崛起，正是得利于此。目前铜仁职业技术学院正值创建全国“双高”校关键时期，要高质量完成好建设任务，对于领导干部而言，执行力是最关键的考量。实践证明，没有务实高效、不折不扣的执行力，再好的政策、思路、蓝图都是镜中花、水中月，再难得的机遇、再好的思路、再鼓舞人心的目标，离开了执行都将是空中楼阁。为切实增强干部执行力和落实力，工作中必须做到“五要五不要”。

一、管理要“严”，不要宽

俗语说：严是爱、宽是害。严，就是党员干部要严守政治纪律和政治规矩，落实好职业教育的大政方针，同时，模范执行各项规章制度。当干部违反了规章制度时，要主动承担责任，不能徇私情，不能开后门，做到制度面前人人平等，树立良好的榜样，按本色做人，按角色办事，按岗位履行好职责。铜仁职业技术学院实施“三大”考核管理，打造一支干事创业的教职工队伍：一是对干部实行年度绩效目标考核管理。即实施市、院合一的年度目标考核工作，学院每年工作要点分解到二级单位，制定具体的量化考核标准，建立工作台账和负面清单，每年考核一次，考核结果实行“双挂钩”，即与部门奖惩挂钩、与部门主要负责人年度考核挂钩。二是教师实行专业技术人员积分制考核管理。学院制定初级、中级、高级专业技术岗最低积分标准，分别从教育教学、科学研究、社会服务、文化育人和行政管理等方面，规定积分的十大内容和分值比例，半年考核一次，年度公布结果，将结果列为教师绩效分配、职称申报、评先选优的重要依据。三是对党员实行全体党员晒单考核管理。即全院开展“三级书记述职，全体党员晒单”活动，充分发挥党员先锋模范带头作用，全年让每个党员定期将党内、党外工作积分情况进行晒单公布，接受监督，并将结果列为先进组织、优秀党员、民主评议的主要依据之一。通过“三大”考核管理，使广大教职工树立加快发展的强烈责任意识和进取精神，克服不思进取、得过且过的心态，严格要求自己，尽心尽力、不折不扣地履行好工作职责，完成办学治校各项任务，激发了他们的干事创业内生动力，营造“为职院谋发展、为办学作贡献”干事创业良好氛围。如当班主任、辅导员及社会服务工作，过去没人愿干，现在大家抢着干，从“要我干”变为“我要干”。

二、作风要“实”，不要虚

幸福是干出来的，成绩是拼出来的，脚踏实地、扎实肯干是干部的基本要求。实，就是抓好党员干部责任制的落实，以严谨的工作作风，落实好办学治校各项任务。铜仁职业技术学院领导班子以开展“不忘初心、牢记使命”主题教育为契机，扎实开展“两反三转”实践教育活动，切实转变干部工作作风，深入一线搞调研、扎根乡村战脱贫、走进山村做服务；特别是书记、院长领衔调研，亲自到松桃、沿河、江口等县驻村帮扶点解决扶贫难题，还组织三支宣传队伍进村入户开展了党的十九届四中全会精神宣讲。学院在加强内涵建设方面，发扬严谨务实、勤勉刻苦的精神，从小事做起，从点滴做起，一件一件抓落实，一项一项抓成效，干一件成一件。如在实施省级人才培养质量提升工程中，严格标准，确保质量，圆满完成贵州省教育厅下达的各项任务。在思政育人方面，围绕立德树人，做好高校思想政治工作，因事而化、因时而进、因势而新，遵循思想政治工作规律，遵循教书育人规律，遵循学生成长规律，构建“十大育人”体系，不断提高思政人员的工作能力和水平，扎扎实实把每项工作抓好、抓出成效。

三、心要“细”，不要粗

天下大事必作于细，用心去做才能成功，细节决定成败。细，就是党员干部工作要细心细致，落实工作要想得周全仔细，识大体，顾大局，认真负责，注重细节，避免粗心大意、虎头蛇尾、敷衍了事。特别是关系到师生利益的大事，工作上更应该细致入微，在制定措施和制度时，要反复思考和调研，做到切实可行，切不可脱离实际凭空想象。如学院在开展基层党支部标准化建设工作中，通过检查发现会议记录不规范、内容不全、材料质量不好，这些简单的事情都做不好，证明有些党务干部没有用心去干，心思不在工作上，抓不住关键，没有从细节入手。又如在诊改中，要抓住细节、抓好关键，通过搭建三大平台，提升师生综合素质。一是搭建学习平台。全体师生链接学习 APP，及时学习有关知识，定期公布学习成绩，提高师生学习能力。二是搭建智慧党团平台。通过开展网上党团知识培训、上党课、学习大讲堂、易班 + 思政等一系列活动，要求入党入团积极分子增多，提高了师生思想政治素质。三是建立 AIC 信息系统。完善实时采集、自动生成、监测预警三大功能，简化工作流程，提高办事效率。

四、效率要“高”，不要拖

工作效率高是工作能力强的一个重要指标。提高工作效率，可以让我们在工作中拥有更多自行支配的时间。提高干部的执行力和落实力就是提高团队的战斗力，强化时间观念和效率意识，弘扬“立即行动、马上就办”的工作理念。特别是学院机关部门要坚决克服工作懒散、办事拖拉、推诿塞责的恶习，当天事，当天完，抓紧时机，加快节奏，把握进度，争分夺秒，提高服务师生工作效率。如在加强支部书记“双带头人”建设方面，首先要选优配强教师党支部书记，推进教师党支部书记党务、业务“双肩挑”，消除重业务轻党务的思想；选优配强学生党支部书记，注重从优秀辅导员、骨干教师、优秀大学生党员中选拔学生党支部书记。其次，要在规定时间内完成党支部标准化建设任务。学院党建要主动适应新常态，探索学院党组织建设长效机制以及党建工作优化、创新机制，各级党组织要因时而进、因势而新，广泛运用大数据，构建网络化、智能化、数据化、个性化的党建工作机制，增强学院基层党组织建设科学化、现代化和信息化水平，使学院党建工作效率更高。

五、方法要“新”，不要守旧

思路决定出路，方法决定结果，领导干部要勇于谋划新思路、创造新方法。在创建全国优质高校中，要进一步增强创新和应变的能力，坚决克服不用心、生搬硬套的问题，充分发挥主观能动性，不断寻求新思路、新方法，创造性地开展工作。如学院的深化改革项目和“一体两翼”党建品牌工作，既是特色，又是创新。我们要始终保持一种积极向上、奋发有为的精神状态，不甘人后，拼搏进取，不断追求工作的高标准、高质量，勇于谋划新思路、创造新方法，开创工作新局面。要做到工作方法新，首先要学习。学习是做好工作的基础，学习是个人成长进步的根基，干部应该切实提高对学习重要性的认识，进一步增强学习的紧迫感，把学习当作一种责任、一种义务，养成勤于学习、善于学习的习惯，结合岗位工作要求，虚心向书本学习、向领导学习、向同志学习、向实践学习。其次要有工匠精神。干一行、爱一行、钻一行、精一行，着力加强对工作业务、政策法规和现代科技知识的学习，大力提高公文写作能力、语言表达能力和实际工作能力，努力成为办学治校工作的“业务通”“多面手”。

高校意识形态工作必须“强起来”

意识形态工作是一项战略工程、固本工程、铸魂工程。加强高校意识形态建设，事关党对高校的领导，事关全面贯彻党的教育方针，事关新时代中国特色社会主义事业后继有人。学院党委坚持以习近平新时代中国特色社会主义思想为指导，牢牢把握意识形态工作领导权、主动权和话语权，践行社会主义核心价值观，按照“提高政治站位是基础、压实‘四个责任’是关键、管好‘六大阵地’是重点、健全‘四项机制’是保障、杜绝‘十种情况’确保校园意识形态安全是目的”要求，通过提高认识、真抓实干、明确责任、强化督查，让学院意识形态工作“强起来”。

一、提高认识，意识“强起来”

中央巡视工作条例把意识形态工作列入巡视内容。高校意识形态工作，具体地说：坚持立德树人，把培育和践行社会主义核心价值观融入教书育人全过程；强化思想引领，牢牢把握高校意识形态工作领导权；坚持和完善党委领导下的校长负责制，全面推进党的建设各项工作，有效发挥基层党组织战斗堡垒作用和共产党员先锋模范作用。因此，学院党委要从战略高度增强紧迫性和责任感，坚持内紧外松，定期研判意识形态工作，明确工作重点，狠抓意识形态工作责任制的落实，确保“课堂讲授守纪律、公开言论守规矩”，提高意识形态工作认识，让思想“强起来”，确保校园意识形态工作绝对安全。

二、真抓实干，工作“强起来”

一是明确任务。在工作中做到意识形态工作“三个纳入”：纳入党委会议内容，定期研判，部署工作；纳入学校工作总体布局，把意识形态工作与教学、科研和管理工作同安排、同检查、同考核；纳入领导班子和领导干部目标考核及述职内容，全面落实意识形态工作责任制党委十项职责、七大任务、十个不准。二是加强阵地管理。紧扣师生思想、网络监控、讲座审批三个重点，提高认识，筑牢思想防线。加强师生教育，课堂无杂音、校内无邪说。充分依托校报、网站、新媒体等平台，强化各种校园文化阵地建设，传播社会主义核心价值观，引导校园思想舆论，牢牢掌握意识形态工作的主导权、话语权和管理权，加强各类出版物和文艺作品及学生社团管理。强化网络舆情监控：大力传播健康文化，打击有害不良信息，净化网络文化环境。按照“谁建群，谁负责”的原则，加强网站、微博、微信群管理（与群主签订责任状）。严格审批：按照“谁举办，谁负责”的规定，所有讲座、论坛、座谈、交流等由牵头部门负责，由分管领导、部室、分院主要负责人审核把关（与部门签订责任状），确保校园意识形态的绝对安全。三是加强网络队伍建设。做好意识形态工作，归根到底靠队伍、靠人才，高度重视意识形态工作队伍建设，按照政治强、业务精、纪律严、作风正的要求，努力打造一支思想理论好、综合素质高、具有丰富意识形态工作经验的干部队伍，做到守土有责、守土负责、守土尽责。

三、明确责任，合力“强起来”

学院领导干部要站在事关党和国家发展的战略高度，深刻认识意识形态工作的重要性，努力健全完善党委统一领导、党政齐抓共管、宣传部门组织协调、各相关部门配合，共同做好意识形态工作的格局。一是构建工作格局。按照“党政同责”“一岗双责”的要求，党委班子成员对分管部门或业务领域的意识形态工作负主要领导责任。党委宣传部作为高校意识形态工作的主要承担部门，也是协调管理部门，构建由宣传部牵头、各职能部门协同配合的联动机制，随时通报情况，研判形势，布置任务。同时，宣传部应该细化意识形态工作举措，逐一明确责任单位，形成责任清单，定期督查各职能部门意识形态工作的落实。二是加强互联网思想政治工作载体建设。加强学生互动社区、主题教育网站、专业学术网站和“两微一端”建设，运用大学生喜欢的表达方式开展思想政治教育。推动思想政治工作传统优势与信息技术高度融合，使互联网成为开展思想政治教育的新平台。编制《高校师生网络素养指南》，加强校园网络安全管理，落实校园网络使用实名制和用网责任制度，营造风清气正的网络环境。二是强化工作考核。一方面，领导班子成员要结合自身分管工作，把其中的意识形态情况纳入民主生活会和述职报告的重要内容；另一方面，各职能部门必须把意识形态工作情况纳入考核管理，特别是对落实不力、不予配合者，坚决实施“一票否决”，确保意识形态工作有“分工”但不“分家”。

四、强化问责，督查“强起来”

高校肩负着培养社会主义事业合格建设者和可靠接班人的重大任务，必须做好意识形态工作。一是建立动态考核机制。逐条对照意识形态工作责任制的内容，定期排查、强化督查，如有不力或存在问题，提出限期整改要求。二是加大问责力度。建立健全相关问责制度，特别是“失职追责”机制，加大对意识形态工作监督监管力度，出现严重问题和负面社会影响，按照“谁主管、谁负责，谁分管、谁担责”的原则，严肃追究主要领导、分管领导、部门负责人和当事人的责任。三是严格执行制度。党委一班人要以身作则，抓住“关键少数”，领导干部带头执行各项制度，亲自安排，靠前指挥。各总支、各部门加强师生管理，严格执行“一事一报、一会一审”的审批制度，确保意识形态领导权牢牢掌握在忠于马克思主义的人手里。

关于深化校企合作、产教融合的建议

我市职业教育校企合作、产教融合取得了一定成绩，但目前还存在“政府主导轻心、学校合作热心、企业参与冷心、行业指导不用心”以及“学校热、行业温、企业冷”现象，不仅影响着职业教育高质量发展，而且影响了服务铜仁经济社会发展能力。为全面贯彻落实《国务院办公厅关于深化产教融合的若干意见》（国办发〔2017〕95号）精神，现就如何深化产教融合、校企合作，培养铜仁“一区五地”技术技能人才，提出以下建议。

一、校企合作、产教融合的重要性

党中央、国务院历来高度重视职业教育工作，把校企合作、产教融合确定为职业教育的基本办学模式，坚持“政府主导、行业指导”、校企“双主体”、“社会参与”的运行机制，按照“政府主导出实招、行业指导有举措、职业院校强功能、企业主体要发挥、社会参与有机制”要求，加强顶层设计，加大主导力度，严格兑现政策，实行责任追究，把校企合作、产教融合作为加快职业教育现代化建设，助力经济社会健康发展的“助推器”。

二、政府主导加大“三个力度”

（一）加大顶层设计力度

校企合作、产教融合，政府主导是基础。各级政府及有关部门加大顶层设计力度，在制定产业发展规划、产业激励政策、土地利用总体规划、城乡规划时，应当将促进企业参与校企合作、培养技术技能人才作为重要内容，加强指导支持，在提供服务上下功夫。行业主管部门指导企业把校企合作列入规划，并督促落实；教育部门牵头制定产教融合平台；工信、人社部门对企业实施产教融合、校企合作制定考核指标，定期开展检查。

（二）加大政策落实力度

出台铜仁市《深化职业院校校企合作、产教融合实施细则》，明确深化校企合作、产教融合是突出职业教育特色、加强职业技能培训的重要抓手，是培养专业技能人才、提高教育教学质量的长效机制，必须作为一项基本制度长期坚持。在校企合作、产教融合中，职业院校、企业是主体，承担“双主体”责任，因此要健全完善校企协同育人机制。政府要融合资源，构建起校企发展命运共同体，合理进行人才流通，发挥“双主体”育人优势。鼓励有关部门、行业、企业共同建设合作信息化平台，实现信息共享，严格兑现政策。

（三）加大激励机制力度

政府制定专项考核办法，对职业院校和企业协同育人工作进行考核，对在校企合作中作出突出贡献的单位和个人进行表彰奖励，积极营造全社会充分理解、大力支持、深度参与校企合作的良好氛围。

三、职业院校主体责任做到“四个坚持”

（一）坚持走产教融合之路

职业院校要把校企合作、产教融合作为办学的基本制度，根据自身特点和人才培养需要，主动与具备条件的企业在人才培养、技术创新、就业创业、社会服务、文化传承等方面开展合作，主动与企业在学生实习、专业设置与课程开发、订单式教育与就业推荐、师资交流与培训、职工培训与继续教育、产品研发、技术创新与应用、科技成果转化等方面开展合作。

（二）坚持校企合作育人模式

职业院校在制定培养目标、设置专业、课程改革、教材开发、教学评价等人才培养过程中，要推进招生与招工一体化、学生与学徒双重身份的现代学徒制办学模式，推进订单式人才培养，以订单式培养、委培、冠名等方式定向招生、定向培养，解决院校招生难和企业用工难的“两难”问题。

（三）坚持开展企业实践工程

推行企业实践制度，职业院校教职工人员编制总量的20%可面向企业聘用高技能人才担任兼职教师。职业院校教师、企业技术和经营管理人员根据合作协议，分别到企业、学校兼职的，可根据有关规定双方约定薪酬。

（四）坚持“工匠精神”进校园

职业院校要将先进企业的文化引入校园，把职业素养、“工匠精神”作为校园文化建设的核心内容，努力营造与企业生产、经营、服务场所一致的教学环境，使校园文化与企业文化相互融通，并将职业道德、职业规范、职业情感培养纳入课程内容和教学过程，培养受企业欢迎的具有良好职业素养的技术技能人才。

四、企业重要主体发挥“四大作用”

企业是职业教育的目的和归宿，高水平技能人才必须在企业真实生产实践中才能锻炼成长出来。

（一）凸显主体作用

企业把校企合作、产教融合作为一项政治任务，发挥企业主体作用，建立合作融合机制，开展深度融合。企业明确机构、配备人员、投入经费、考核工作，深度参与职业教育人才培养模式改革，引导职业院校按照行业企业需要培养技能人才，真正与职业院校形成“双主体”育人格局。

（二）主动参与教学作用

企业要根据岗位规范、质量标准、产品标准等，参与制定职业院校人才培养方案、企业职工培训方案，与学校合作开办和建设专业，完善职业院校课程体系，制定实践教学标准，开发专业教材和教学设备，参与职业院校专业实践教学，及时为职业院校专业建设、人才培养和实践教学提供指导，提高人才培养质量。

（三）发挥培育场所作用

企业要为职业院校学生提供实习场地、设施设备，安排带教师傅，做好岗前培训、安全教育，提供劳动保护、技能培训保障和资金支持。要根据职业院校专业教学需求，定期指派企业技师进校园担任实践教学指导教师，提高职业院校专业教学水平。

（四）实习就业“一条龙”作用

企业主动接收学生就业，实现实习就业“一条龙”。企业要接收职业院校教师进企业实践锻炼，实现“理实一体化”，提升职业院校教师实践教学能力。

五、行业（部门）指导落实“六大政策”

（一）强化行业协会的服务功能

针对行业指导不力、激励政策措施落实不到位等问题，应成立由行业主管部门、企业、职业院校组成的职业教育行业协会。行业协会要发挥在信息、人才和技术等方面的综合优势，发布和预测本行业用人信息，引导、协调、指导本行业的校企合作；参与职业教育校企合作项目评估、职业技能鉴定及相关管理工作，充分利用“放管服”政策，开展项目评估。

（二）支持校企人员双向流动

相关部门要制定相应措施，促进职业院校和企业人才资源合理流动、有效配置。职业院校专业教师到企业挂职或者参与项目合作期间，与人事关系所在单位在岗人员享有参加职称评审的同等权利。支持职业院校面向合作企业设置“产业教授”“技术特派员”等创新型岗位或特设岗位。

（三）保障职业院校收入支配权

各相关部门依法支持职业院校为开展企业培训、技术开发、咨询服务、继续教育、学术交流等变更业务范围。职业院校教师根据相关规定取得的科技成果转化现金奖励计入当年本单位绩效工资总量，但不受总量控制，不作为调控基数。企业人员在校企合作中取得的教育教学成果，可视为企业相应的技术或科研成果，按规定予以奖励。

（四）加大公共财政投入

市财政每年设立校企合作、产教融合专项经费，各县市区也要不断加大投入，通过专项支持、购买服务、贴息贷款等形式支持校企合作、产教融合。对参与校企合作、产教融合成效显著的企业，按规定给予相应的优惠政策或一定奖励。实施现代学徒制的学校和企业，当地政府要利用财政资金或职工培训经费按规定给予补助。职业院校学生在校企合作、产教融合企业实习实训期间，提供不低于当地最低工资标准的基本生活补助，所需经费由实习实训基地和职业院校所在地财政按比例分担。

（五）落实财税保险优惠政策

职业院校通过场地、设备租赁等方式与企业共建生产型实训基地，按规定给予相应政策优惠。对进入产教融合型企业目录的给予“项目 + 财政 + 土地 + 税收 + 金融 + 信用”的组合式激励，并按规定落实相关税收优惠政策。强化保险金融服务，职业院校和实习单位应当为实习学生投保实习责任保险，支持保险公司针对现代学徒制、企业新型学徒制等开发保险产品。

（六）加强督导评估，严格责任追究

建立校企合作、产教融合专项工作督导评估制度，并将它纳入各县市区政府年度责任目标考核。引入社会第三方评估机构，定期评价校企合作、产教融合效能，健全统计评价体系。强化监测评价结果运用，将它作为绩效考核重要依据。职业学校和企业在合作过程中要保护学生、教师、企业员工等的合法权益，对违反相关法律法规规定的，由相关主管部门责令整改，并依法依规追究相关单位和人员的责任。

关于做好高职院校学生工作的几点思考

（2007年4月刊发于《国家教育行政学院学报》）

要做好高职院校的学生工作，需要增强使命感和责任感，需要切实加强学生工作队伍建设，需要不断加强和完善制度建设，需要建立良好的师生关系。

高职院校是国家职业教育的主要阵地，其办学目的是为社会培养合格的技能人才和劳动者。因此，高职院校办学必须树立以学生为中心的观念。而学生工作是一项专业化的管理事业，应该和教学、科研并重，共同围绕学生这个“根本”共同发展。笔者认为做好高职院校的学生工作，需要从以下几个方面着手：

一、增强做好学生工作的使命感和责任感

高职院校的学生工作具有教育、管理、服务三大职能。如果我们把生活在学校中的群体进行划分，则构成该群体的主体应由两部分组成，一是学生，二是教师。从这个角度看，学校的工作应该由学生工作和教师工作两部分组成。众所周知，办学是为了培养人才，其对象就是学生，因此学校的一切工作都要围绕学生来开展。一个学校要是没有学生，就不需要教师；没有学生和教师就不需要干部和职工。干部和职工归根到底都是为了学生而存在的。在培养学生方面，不仅要传授专业理论知识和实践动手能力（技能），而且更重要的是要教育他们如何做人。因此，我们必须充分认识到学生工作的重要性，增强使命感和责任感。

在新的时期，学生工作能不能坚持与时俱进、能不能实现创新、能不能做到以学生为本，准确把握学生工作的内在规律，有针对性地促进学生全面发展，关系到高职院校的科学发展。为此，要坚持用科学发展观来指导高职院校学生工作的理论与实践，研究探讨学生工作的新理念、新制度、新程序、新方法。在开展学生工作的过程中，要善待学生、关爱学生、尊重学生，始终把学生看作自己的朋友、亲人，以平等、信任、友爱、宽容的态度与学生对话。要用“学生”的心和眼去体验和看待所发生的一切，不断满足学生的发展需求，让他们在开放、发展的环境中健康成长，使他们真正地学到更多的知识和技能。

二、切实加强学生工作队伍建设

高职院校学工干部是做好学生工作的中坚力量。这支队伍素质的高低，决定着一所高职院校学生工作的整体水平。因此，高职院校必须切实加强学生工作队伍建设。

（一）学生工作队伍要有一定的数量

面对高职院校日益发展和学生规模不断扩大的实际，这支队伍的数量还略显不足。例如，在现有的高职院校中，存在个别班级学生人数达 100 人以上的大班，可以说，这在学校管理中是很不合理的。因此，应该逐步充实并增强学生工作队伍的人数（可按 1∶40 人分配），力争学生工作队伍达到一定数量，从而为做好学生工作提供人员保障。

（二）学生工作队伍要提高素质

从事学生工作的同志要有一定的专业水平，要具备搞好学生工作的能力。目前，高职院校还存在学生管理工作没有专人负责、队伍还不能完全适应高职教育发展要求的现象。仅以我院为例，由于我院是由原五所中专学校合并升格而成的，因此学生工作队伍大多数只有担当中职班主任的工作经验，还有一部分则是刚刚本科毕业后就从事学生工作的人员，存在着专业化水平低、经验不足等问题。因此，培养学生工作的专门人才是当务之急。

（三）学生管理要刚柔结合

刚性学生管理是一种通过各种规章制度的制订和实施，使用控制、监督、惩罚等强制手段，迫使学生以某种固定的行为模式去完成学业的方式。柔性学生管理则是运用以激励为主的管理方式和手段，把学校的意志转变为学生自觉行动的管理模式。管理实践证明，刚性与柔性管理要结合起来，按照“严”而有度、刚柔相济、分类指导的办法来开展工作。一般来说，对于中职学生管理，要以刚性为主、柔性为辅；对高职学生，应该以柔性为主、刚性为辅。

三、不断加强和完善制度建设

高职院校学生工作是一个系统工程，它不仅仅是某个部门的职责所在，因此要树立“全员育人”的教育理念，形成“人人皆教育之人，处处皆教育之地”“教学育人、科研育人、管理育人、服务育人”的一个工作大格局。

（一）要有完善的工作制度

俗话说得好：没有规矩，不成方圆。高职院校学生工作也要靠制度来管理。近几年来，高职院校学生工作的规章制度得到了完善，在学生教育和管理中发挥了重要的作用，但离科学、规范、完整的学生工作规章制度体系还有很大距离。如校内理论课时怎样安排、校外实训时又怎么引导，等等。只有制订了一套完整的、可操作性强的程序、步骤和规章制度，才能很好地规范高职院校的各项工作和学生行为、行使有效的管理。有了这样规范、完整的制度，学生就会明白学校要他做什么和怎么做，也会十分明白违纪的后果，进而用此约束自己的行为。

（二）执行和监督的力度要加大

学生工作人员在贯彻执行学校规章制度时，不能抱着“运动式”“突击式”的思想，要更加注重常规性、针对性和系统性。讲针对性，就是要紧密联系各自实际，做到因地制宜、有的放矢；讲系统性，就是要把制度的执行作为一个系统来对待，而不能零敲碎打、东一榔头西一棒子。要讲究“短、平、快”的工作方法。短，就是解决问题的周期不能拉得太长，要及时处理、讲求实效，以防积累成患；平，就是注重上、下之间及左、右之间的双向交流；快，就是对一些倾向性问题、突发性问题要主动出击、快速反应、防微杜渐，力争把各种隐患消灭在萌芽状态。

（三）学生工作要注重效率

学生工作要摒弃“低效能”“慢节奏”的习惯，注重效益和效率。新形势下，高职院校工作的节奏加快了，一些突发性的问题增多了。在这种情况下，如果反应不灵敏、措施不及时，工作就会陷入被动的局面。对此，要经常深入学生中去了解情况、发现问题，按照“学生工作无小事”的要求解决问题。此外，要建立健全学生工作监督机制，不断完善监控措施，建立有效的制度实施机制，并把制度执行与各项量化考核挂钩。

（四）建立符合本校实际的学生工作体系

学生管理是对在校学生的全方位管理。它的内容比较宽泛，涉及学校多个部门，要求各部门协调一致、齐抓共管。比如，我院在实施学生工作管理的过程中就形成了“三层”“四级”学生工作体系。这里的“三层”是指“上”“中”“下”三层。上有“决策层”，即院级层，总揽全院学生工作全局，把握带有基础性、全局性、前瞻性的大问题，坚持社会主义办学方向和育人原则；“中”有“协调层和监控层”，即处（系）层，对全院学生工作进行具体指导、协调和监控；“下”有“责任层和落实层”，即科（班）层，充分发挥基层组织和班主任工作的积极性，各部门都为学生提供优质服务。特别是教务、总务、团委等部门，要推行目标管理、量化考核的评价制度，建立竞争机制。这样，学院的整个工作网络就会形成一个动态、灵活高效的“金字塔”形体系。“四级”是指“院领导—学生处（系）—学生科—班级”四级管理体制。在工作中，各级、各部门各司其职，充分发挥自身的作用。

四、以班级管理为基础，建立起良好的师生关系

高职院校学生管理必须坚持以班级管理为基础的理念，和谐校园的构建也必须从班级着手，建立良好的师生关系。

（一）掌握班级情况，区别对待每一个学生

高职院校的学生来自千家万户，他们的家庭环境不同，因而学生在性格、思想、道德、情操、习惯等方面都有不同的表现。如果高职院校班主任对这些不了解，就不能对学生进行实事求是和恰如其分的教育和引导，就不能找到打开学生心灵的钥匙。对待学习困难的学生，班主任应该首先树立起他们的自信心，鼓起他们的勇气，多跟他们接触交流，有空的时候常跟他们谈心。这些有意无意的谈心，往往会增进师生的感情，使学生觉得老师很在乎他们、很看重他们，从而有一种心灵的归属感。

（二）充分发挥班干部的作用

班主任是人，精力总是有限的。因此，班主任必须使每个学生都参与集体建设，给他们施展才干的机会，并充分发挥班干部的作用。为此，要选好班长、配好班委，并发挥其带头作用，用班干部的思想行为去感染、带动班上的同学。

（三）为人师表，树立威信

在学生成长过程中，高职院校班主任的一言一行都会对学生产生重大影响。所以，高职院校班主任要以身作则、率先垂范、为人师表，要切实地履行好自己的职责，认真做好教育学生的各项工作。正如老子在《道德经》中所言：“太上，下知有知；其次，亲而誉之；其次，畏之；其次，侮之。”也就是说，高职院校班主任要做到让学生自觉地感觉老师的存在，这是班主任工作的最高境界。如果第一种境界达不到，退而求其次，能使学生在背后称赞自己，也算是一位好的班主任。到了学生害怕自己的程度，就无法与学生保持一种和谐的关系。当然，到了学生在背后骂自己的地步，就不配做一名高职院校班主任或辅导员了。

（四）高职院校班主任要有大爱之心

“爱心”是指爱班级的每一个学生，即对每一个学生都要宽容，就像对自己的孩子一样。为此，要重视学生的个性差异；要以平和的心态看待学生，不能用成人的眼光去衡量学生，不能把成人的标准强加给学生，不能对学生过分求全责备。“大爱之心”是指不管对自己班级还是其他班级的学生，都要付出爱心、耐心、关心，做学生的知心朋友，以心换心。这样，学生就会把他们的内心世界展示给你，并会努力地配合高职院校的学生管理工作。

坚定理想信念教育　实现学生素质倍增

为了认真贯彻落实党的十九大精神和全国高校思想政治工作会议精神，铜仁职业技术学院始终坚持“立德树人”根本任务，把大学生思想政治教育工作放在首位，以人才培养质量为着力点，以文化育人为主线，通过十多年实践，打造特色鲜明的“五元文化”育人模式，深化“五元文化”内涵，坚定理想信念教育，实现学生综合素质倍增，大学生思想政治教育工作再上新台阶。2014 年被评为贵州省首批“特色文化学校”，2017 年在贵州省高校思想政治工作会议上作经验交流发言，受到好评。

一、与时俱进，深化“五元文化”内涵

铜仁职业技术学院经过十多年努力，打造了特色鲜明的“五元文化”育人模式，即先进文化引导人、红色文化鼓舞人、职业文化塑造人、优秀传统文化浸润人、民族文化熏陶人，与时俱进，不断深化内涵、丰富内容，发挥文化育人作用。

（一）先进文化武装人——坚定理想信念

学习贯彻党的十八大、十九大精神，以习近平新时代中国特色社会主义思想武装头脑，指导实践，引领大学生树立正确的人生理想，确立科学的世界观、人生观和价值观。实践社会主义核心价值观，通过党团课传授先进文化，党建带团建，加大学生党建工作力度，培养他们树立“四个意识”，坚定“四个自信”，坚定理想信念，扣好“人生第一颗扣子”，做政治上的“明白人”，为实现中国梦而努力奋斗。

（二）红色文化鼓舞人——传承红色精神

一是宣传“红色”人物。以创立黔东革命根据地的贺龙、关向应、周逸群等革命历史人物为榜样，定期组织学生尤其是入党积极分子参观周逸群历史故居，让革命历史人物的光辉形象、丰功伟绩永驻学生心中，激励学生养成艰苦朴素的良好习惯，练就坚忍不拔的意志。二是讲好“红色”故事。充分利用学院思政课、道德讲堂等主阵地，讲好铜仁“红色”故事，在趣味性的学习中让学生了解历史，铭记历史。三是传承“红色”精神。开展艰苦朴素、学会感恩等主题教育，让红色的精神入脑入心，时

刻牢记自己作为中国人的重任与担当。

（三）职业文化塑造人——培养良好职业道德

树立文化育人理念，以职业素养养成为核心，以技能竞赛为载体，不断提高学生对职业文化的认同感，达到职业文化塑造人的目的。一是引企业文化入课堂，构建职业文化育人主渠道，用职业理念育人，让学生在校初步接受职业文化教育。二是引企业文化入教室，营造浓郁的职业氛围，用职业氛围育人。三是引企业文化入“厂中校”，创设真实职场环境，用职业规范育人。四是以职业技能竞赛为载体，推动职业素养的养成，提高学生对职业的认同感。如 2017 年学生参加国家级省级技能大赛，荣获一等奖的有 8 人，二等奖 15 人，三等奖 29 人。

（四）优秀传统文化浸润人——弘扬中华文化

把优秀传统文化融入大学生活，是传承历史、素质教育、塑造学生人格的重要途径。紧紧围绕“弘扬中华优秀传统文化”这一主题，挖掘传统文化的当代价值，寻找传统文化与大学生思想政治教育的契合点，提升大学生的人文素养和综合素质，实现以文化人的目的。医学院把传统中医药文化的营养融入思政课堂，形成了独具特色的思政课“双结合”教学模式。农学院的农耕文化已成为深受大学生欢迎的文化品牌。工学院从 2014 年教师开展“清明诗会”经典诵读活动，现已成为一张亮丽的名片。近四年来，我院共举办优秀传统文化等活动 30 余项，成为了解中国、感受中华优秀传统文化的好平台。

（五）民族文化熏陶人——促进民族和谐

一是把民族文化融入校园环境建设。把优秀的民族文化资源留在校园，使校园环境形成显著的民族特色，以土家摆手舞、玉屏箫笛、松桃四面鼓、思南花灯、德江傩戏等为主。二建立傩文化研究机构。联合国家民委、中南民大、地方民族研究学会建立傩文化研究机构，不断加强傩文化等传统文化资源的开发。三是将民族文化教育纳入大学生课外活动。对少数民族学生开展爱党爱国爱社会主义教育，培育理性平和的健康心态，加强人文关怀和心理疏导，把学院建设成为民族安定团结的模范之地。2017 年 12 月学院被国家民委命名为“全国民族团结进步示范单位”。

二、创新载体，开展“五元文化”育人

（一）固化环境　立足渗透育人

1. 校园标识，镌刻“五元文化”

学院楼馆道路命名及标识都有深刻的文化寓意，暗含“五元文化”因子。校徽寓

意办学理念，“格物”“致知”楼、“明德路”“笃行桥”取义《大学》《礼记》等儒家经典，“逸群广场”，取黔东革命先烈之名，“寅亮厅”摘铜仁书法圣手之号，都深深地烙上了“五元文化”的印记。学院还建设400多米长的景观栈道和桃源山薰衣草种植项目，与逸群广场、孔子广场、苏格拉底广场、照壁广场、文化长廊等构成了集生态与人文于一体的魅力校园，渲染了浓郁优良的思政教育氛围，激发了师生的爱校热情，陶冶了学生关爱自然、关爱社会、关爱他人的情操，形成了环境育人的氛围。

2. 场馆长廊，灵动“五元文化”

持续加强环境育人。学院始终秉持“高起点规划，高标准建设，高水平管理”原则，努力建设以人为本的生态型信息化智慧校园，实施校园美化、绿化、亮化系统工程，创造了良好的校园环境。学院精心打造了“一墙（‘五元文化’文化墙，投入400万元修建了138米长的文化墙，将‘五元文化’以图文的形式镌刻于上）、二馆（校史馆、农耕文化馆）、三中心（心理健康教育咨询中心、就业指导中心、学生事务服务中心）”，以及“一园（陶园）、三场（逸群广场、孔子广场、苏格拉底广场）、四长廊（中华诗歌文化长廊、人文铜仁文化长廊、职业技术文化长廊、‘我们的城市·我们的学院’文化长廊）”，形成了环境育人的办学亮点。

3. 墙壁栏牌，渲染“五元文化”

为了让“五元文化”入心入脑，学院让“墙壁说话”“走廊育人”，打造“五元文化”育人环境。学院将社会主义核心价值观内容做成永久性标识；学院每年都会举办寝室文化节，每个班级、每个宿舍都按照专业特色进行文化布置，评选出优秀教室和寝室；专业知识、名人格言、名师风采、优秀学生、精彩活动、工作特色，装点在各分院各专业的教学阵地的走廊过道上；实验室、实训室行业气氛浓郁，像医院、药厂、车间一样，墙上张贴有产品（服务）介绍、工作流程、注意事项、企业文化等，走入其中，学生很快感觉由课堂走进了职场。

（二）三大阵地，传播“五元文化”

1. 课堂教学，传授“五元文化”内容

学院将“五元文化”贯穿于文化素质教育理论课教学的全过程，渗透于专业课教学的各环节。通过整合文化素质教育理论内容，开发校本特色教材，把新农村政策、职业文化、传统文化、红色文化、黔东文化等内容融入文化素质教育理论课教学内容。学院编撰《知识铜仁》《大学生人文素质教育》《黔东当代作品选》《铜仁·五溪生界古文化》《铜仁职院党团知识培训教材》《校园文化学导论》《校园文化略论》《大学生文化修养》《铜仁职业技术学院校史》《桃源在武陵　深处是铜仁》等校本教材，深化教学改革，传授“五元文化”内容，效果明显，得到国家民委肯定，正在申报国家级教学成果奖。

2. 校外实践，感悟“五元文化”魅力

近年来，学院利用社会文化资源，定期组织学生到碧江区周逸群故居陈列馆、文笔峰革命烈士陵园、印江木黄会师纪念馆为代表的12个红色文化教育基地开展学习教育，到国家级自然保护区梵净山为代表的20个生态自然文化教育基地，感受生态文明教育，对学生进行全方位的思想文化教育。钟灵毓秀的黔东自然风光、淳朴独特的黔东民风民俗、波澜壮阔激人奋进的黔东革命历程以鲜活的面目呈现在广大学生眼前，在震动、感触、领悟中，“璀璨黔东文化”深深烙在了学生心中。

3. 理论研究，探讨“五元文化”理论

学院成立“‘五元文化’德育研究所”，加强“五元文化”德育相关课题的申报和成果评选。发表《重视德育载体建设　加强高校思政教育》《高职教育应该坚持完整人的教育观》《论高校校园文化的本质》《高职院校文化育人模式初探》等相关论文100余篇；同时，成立社科联，争取省、市一批人文社科项目，加强了理论研究。

（三）三节展示，实践“五元文化”

为了丰富“五元文化”载体，学院每年举办一次长征火炬节、优秀传统文化艺术节和技能展示节，展示“五元文化”魅力。

1. 长征火炬节，校准正确航向

大学期间是广大学生价值观形成的“灌浆期”，为了培养学生跟党走，走好“人生第一步”，学院定于每年的3—4月举办长征火炬节。通过开展红歌演唱、红剧展播、重走长征路等一系列活动，建立以红二、红六军团木黄会师纪念馆为代表的长征教育基地，充分发挥环境育人功能，引导学生深刻认识并领会长征的现实意义，激励学生继承和弘扬长征精神，培养学生爱党、爱国的情感，树立艰苦奋斗的优良作风，坚定跟党走中国特色社会主义道路的信念，以革命先辈为榜样服务奉献社会。

2. 优秀传统文化艺术节，培育爱国的情怀

为培育学生爱国情怀，学院定于每年的9—12月举办优秀传统文化艺术节。通过开展文化沙龙、读书活动、歌手大赛、寝室文化节等活动，弘扬祖国优秀的传统民族文化和渲染地方人文生态文化，培养铜仁职院学子的人文素养，加深学生对祖国优秀传统民族文化的理解和对生活的热爱，促进学生的健康成长，活跃校园文化氛围。

3. 技能展示节，提升职业素养

学院定于每年5—6月举办技能展示节，以专业为基础，学生人人有项目、个个都参与。通过开展多种形式的技能竞赛和展示活动，如“5·12”护理技能操作比赛（护理学院），外科急救技术竞赛、康复治疗技术竞赛（医学院），营销策划大赛（经济与管理学院），FLASH网页制作大赛（信息技术学院），农技科技活动月活动、专业核心技能比赛（农学院），中草药识别比赛（药学院），数控编程与金属加工技术比赛、电子电工技能竞赛（工学院），酒店服务技能大赛、应用文技能比赛（人文学院）、英语口语技能大赛（国际教育学院），强化学生行业意识，提升学生职业素质。在专业技能大赛中遴选出一批技能过硬的优秀选手参加国家、省、市层面组织的各类竞赛，通过参与竞赛引导学生掌握专业行业标准。

（四）四项主题，丰厚“五元文化”

1. 热爱生命教育，培养心理品质

通过举办热爱生命主题班会、演讲比赛、知识讲座、心理健康教育，开展“珍爱生命　远离毒品”主题教育、防火防灾演练及安全知识教育，引导学生树立正确的生命观，培养对自己和他人生命珍惜和尊重的态度，增强爱心和社会责任感，提高思想道德素养，培养学生乐观向上的心理品质。

2. 艰苦奋斗教育，树立吃苦精神

在学生中开展“每天节约一元钱，每次节约一滴水”“餐厅的光盘行动”“勤工俭学”等活动，培养学生艰苦奋斗的精神。农学院师生赴铜仁市老年活动中心开展绿地剪枝、草坪的修剪、绿地的养护，农学院学生利用暑假社会实践活动协助松桃县正大镇政府深入所辖村贫困户逐家逐户开展固定财产统计录入工作，社团学生利用课余时间赴学院周边村寨开展动物疾病的春秋两防等公益劳动。

3. 立志成才教育，激励早立大志

开展“感动校园十大人物评选”活动，以身边的榜样激励学生立志成才；开展大学生职业生涯规划大赛和大学生创业设计大赛，激励学生明确奋斗目标，早立大志。学院成立心理健康教育指导中心，搭建师生交流窗口，排解学生思想和心理障碍。通过“奖、助、贷、减（免）、补”多元助学体系，以及介绍兼职、与企业联合办班、企业设置助学金等措施，解决贫困学生后顾之忧，鼓励他们穷且益坚，不坠青云之志。

4. 感恩教育，用爱回报社会

加强感恩教育，感亲恩，感师恩，感友恩，感恩党和社会，开展感恩主题班会、红歌颂党恩歌咏比赛、学雷锋公益活动、无偿献血活动，以及进敬老院、进孤儿院、“三下乡”等志愿服务活动，用奉献报答党恩，用知识回报社会。

三、铸就精品，打造“五元文化”特色

（一）以文化人，开展精品活动

在长期的实践中，学院形成了新时期大学生思想政治教育工作“五元文化”德育模式，形成了系列精品活动和文化品牌以及具有特色鲜明的工作品牌，开展了社团文

化艺术节、校园文化活动、廉政文化进校园、社团电影节、长征火炬节、优秀传统文化艺术节以及“多彩校园·闪亮青春”大学生校园文化活动月等系列活动。通过开展形式多样、健康向上、格调高雅的校园文化活动和各类社会实践，达到以文化人目的，学院也连续多年获省级表彰。

（二）以文育人，打造精品社团

为了拓展学生素质，学院注重社团建设，工作重实效、有特色、多样化，出台了《关于进一步加强社团工作的意见》，有效指导了各社团紧扣民族地区高职学生实际，扎实开展工作，打造了“心理健康协会”“同心养殖协会”“青年励志创业社”等一批精品社团，通过大学生社团文化活动，实现了以文育人的目的。

（三）以文惠人，培养精品师生

以培育“三好”学生、“四有”好老师为要求，学院以“教学诊改”试点为载体，构建立体化的校风学风建设体系，营造了“比、学、赶、帮、超”的浓厚学习氛围。在学生中开展“立德树人做合格学生、以技立业做优秀学生、服务社会做精品学生”活动；在教师中扎实开展“教学名师”“优秀教师”“先进教育工作者”等选优活动。滕树成老师入围贵州省道德模范候选人和“中国好人榜”，青年教师王雅婧参加全省高校辅导员大赛并荣获三等奖，涌现贵州省“感动校园十大人物”刘建英等一大批精品学生，达到以文惠人的目的。

（四）国际育人，传播中国文化

做好留学生的思想文化教育工作，是一项特殊任务，传播中国文化，传递中国好声音、中国正能量，培养中国情感。学院 2012 年成立了国际教育学院，现有来自美国、俄罗斯等 12 个国家的 320 名留学生。随着“一带一路”建设，来华留学生逐渐增加。做好留学生管理工作的关键，也是稳定学生情绪、完成学习任务的重要环节。在实际工作中，通过“知识的学习、技能的传授、文化的传播、生活的关心、情感的交流”等多种举措对留学生的思想施以一定影响，使他们能客观公正地认识中国的文化、法律、制度，从而培育他们的中国情怀。学院培养了一批思想素质、道德素质、文化素质良好的留学生，他们在参加国家、省、市比赛和重大活动（教育周）中取得了优异成绩。2016 年学院获全国高职院校国际化办学竞争力 50 强。

四、人才培养，凸显“五元文化”成效

学院坚持因事而化、因时而进、因势而新的方法，深化“五元文化”内容，围绕

学生、关照学生、服务学生，不断提高学生思想水平、政治觉悟、道德品质、文化素养，让学生成为德才兼备、全面发展的人才，凸显“五元文化”成效，实现学生综合素质“六提高六倍增”，2018 年 3 月被《贵州日报》进行报道。

（一）政治觉悟提高，理想价值倍增

工作中，把准学生的思想脉搏，积极回应学生思想关切，帮助学生解疑释惑，引领学生成长成才，坚定理想信念。做好在教师和学生中发展党员工作，加强党员队伍教育管理，使每个师生党员都做到在党爱党、在党言党、在党为党。每年大批学生主动申请入党入团，近几年发展学生党员 540 人，团青比达 85%，实现理想价值倍增。

（二）学习主动性提高，学习能力倍增

学生的学习能力始终是民族地区高职院校关注的重点，也是难点。学院紧扣时代脉搏、顺应时代潮流、反映时代要求，捕捉合乎学生思想认识接受特点的时机相机而动，激发学生内心学习动力。三年来，呈现“两高两少”良好态势，即到课率高、学习积极性高，补考少、不合格少。

（三）技能水平提高，资格证率倍增

严格按照理论与实际相结合的要求，强化活动针对性、专业性，让学生在活动中领技术，在学习中悟水平。如护理专业资格证考试一次性通过率达 95% 左右，高于全国、全省的同类平均水平，有的班级一次性通过率达 100%。近三年来，学院获省、部级表彰先进集体 5 个、学生 428 人，获国家级奖学金 1096 人，获国家级、省级技能大赛奖 159 人。

（四）文化素养提高，实践能力倍增

通过“三下乡、扶贫考核、实地调研”等文化活动，学生深入农村、社区开展社会服务和爱心活动，不仅锻造自我社会服务能力和吃苦精神，而且体验生活、关爱他人。2017 年，学院参加铜仁市脱贫攻坚、轨道建设等项目调查工作。在 2015 年全国大学生“互联网 +”文化创新大赛中，电商创意项目以总分第一名荣获全国一等奖。

（五）就业能力提高，自我价值倍增

经过入学三年分段式创业就业能力培训，每个学生有职业规划及其具体措施，能准确定位、积极就业，实现自我价值能力倍增。学院连续 8 年毕业生就业率均在 95% 以上，高于全国、全省的平均水平，因此，学院获“全国毕业生就业典型经验高校 50 强”，实现“职教一人，就业一个，脱贫一家”，涌现了全国十佳大学生村官——张阳

等一批就业典型。

（六）社会能力提高，生存能力倍增

学院强化学生实习管理，让学生主动接触社会环境、积极适应社会环境；有目的地进行“三下乡”等一些有益的社会实践活动，有意识地锻炼学生，认清自己在社会环境中所处的位置。主动适应社会能发挥自己的主观能动性和无限的创造力，努力克服各种困难，从而产生积极向上、愉快、满意、充实的情绪，这不仅能够使学生很好地适应环境，也有利于身心健康。学院每年开展毕业生就业用人单位满意度调查，用人单位评价好，满意度90%左右，实现学生生存能力倍增。

总之，学院立足于办学实践，构建了“五元文化”育人模式，创新和丰富了大学生思想政治教育工作新内容，为社会培养了一大批合格技术技能人才，助推了贵州乃至武陵山区脱贫攻坚。

健全内部质量保证体系　提升职业院校治理水平

“没有国家治理体系和治理能力现代化，就没有真正意义上的中国特色社会主义的现代化。”党的十九届四中全会审议通过了《中共中央关于坚持和完善中国特色社会主义制度、推进国家治理体系和治理能力现代化若干重大问题的决定》，可以说，此次全会为未来中国的治理体系和治理能力现代化描绘了一个蓝图，擘画了一个总纲领，开启了国家治理体系和治理现代化的航程。

现代大学治理是实现教育现代化的关键。职业院校应贯彻落实党的十九届四中全会精神，健全职业院校内部质量保证体系，提升学校治理水平，助力推进国家治理体系和治理能力现代化，到2035年，建成完善的现代职业制度，职业院校治理水平极大提升，实现治理体系和治理能力现代化。

一、以章治校，建立“三大”治理机制

大学章程是大学形成自主发展与自我约束机制的关键。章程建设是完善中国特色现代大学制度的核心内容之一，它有益于推进依法办学，推进现代大学制度建设，形成新的治理结构，有利于理顺学校内外部的权利，形成自我发展自我约束的机制。职业院校以章治校，建立“三大”治理机制：一是以章治校机制。职业院校为规范学校内部管理体制和运行机制，依法自主办学，建立现代大学制度，根据《中华人民共和国教育法》《中华人民共和国高等教育法》《高等学校章程制定暂行办法》等法律法规，结合学校实际，制定章程。办学中以《职业院校办学章程》为根本，健全“四位一体”的内部治理体系；以“八制”为重点，构建完善的现代职业院校制度体系。二是专家治学机制。发挥学术委员会、专业建设委员会和教材选用委员会作用，完善学术权力制度体系。三是民主参与机制。发挥教职工代表大会、学生代表大会作用，实现内部决策的科学化与民主化。通过理事会建设，建成新型跨专业教学组织，形成多元化办学格局。职业院校构建“四位一体”（党委统一领导、校长依法负责、理事会民主监督、专家潜心治学）的内部治理结构体系，坚持党委领导核心地位，严格执行党委领导下的校长负责制，保障专家治学，完善民主监督。

二、通过“五大”举措，建立质量内控体系

职业院校结合办学实际，通过“五大”举措，建成规范、科学、完善的现代职业教育制度体系。同时，切实强化制度意识，带头维护制度权威，做制度执行的表率，带动学校自觉遵守制度、严格执行制度、坚决维护制度，保证办学效果。

（一）实施教学诊断与改进，形成完善的内控体系

构建内部质量保障体系是职业院校办学的核心。其工作目标是：实现学校治理体系最优化、管理工作标准化、教学秩序正规化，实现手段信息化、质量保障可控化、治理能力现代化。诊改的具体任务：一是完善高职院校内部质量保证体系，二是提升教育教学管理信息化水平，三是树立现代质量文化。诊改的工作方针：需求导向、自我保证，多元诊断、重在改进。学校层面的质量主体是学校；专业层面的质量主体是各专业建设团队；课程层面的质量主体是各课程建设团队；教师层面的质量主体是教师个人；学生层面的质量主体是学生个人。诊改遵循的原则：社会主义核心价值观是教育质量唯一坐标系。教育质量是指对发展需求的满足程度；教育质量是在计划、实施、诊改的过程中形成的；质量没有最好只有更好；质量归根到底要靠自身保证；质量提升必须依靠共创共治共享。诊改必须坚持促发展与保底线相结合；诊改必须以现代信息技术为支撑，通过制度、规章、方法、程序和机构等把质量保证活动加以系统化、标准化及制度化。

职业院校建设以教学“诊改”为契机、以物联网为基础、以信息化服务系统平台为载体，按照“五横五纵一平台”的教学“诊改”建设内容，构建校内“全员、全过程、全方位”的质量保证体系平台，充分发挥决策指挥、质量生成、资源建设、支持服务、监督控制五个纵向系统的作用，形成完善的内控体系。

职业院校以目标考核为载体，形成外部干预机制。通过基本工作考核、年度考核、绩效目标考核、岗位竞聘考核，保障“学校、专业、课程、教师、学生”五个层面的自我诊断、预警和改进，推进职业院校内部质量“8”字螺旋上升，形成重业绩、重贡献的外部考核干预机制，实现自主管理、自我约束常态化，构建内部质量保障体系。

（二）完善理事会治校模式，形成开放办学新格局

建立健全行业企业参与职业院校治理模式，修订《职业院校理事会章程》，完善理事会架构，明确理事会职权，形成理事会工作、议事规则，加强理事会自身制度建设。将教育主管部门代表、教育专家、行业企业精英代表、学校党政领导、教职工代表和学生代表纳入职业院校理事会；组建产学研联盟，创新产教融合校企合作的体制机制，

充分发挥理事会在争取政府政策支持、筹措办学经费、营造良好社会舆论、争取广泛社会资源、深化产学研合作方面的作用；定期召开理事会会议，对职业院校的发展规划、年度工作计划、重大发展项目、重大改革项目、基础建设等重大事项进行讨论审议，对职业院校的办学行为开展监督。

（三）健全“三委会”功能，提升专家治学水平

职业院校贯彻学术自由、专家治学、民主管理、共同治理理念。一是学术委员会功能：完善《学术委员会章程》，规范学术委员会的设立、运行、管理和监督考核；构建学术委员会民主协商和科学研讨机制，提高委员个人治理能力和委员会协商决策能力。二是专业建设委员会功能：设立校院二级专业建设委员会，制定专业建设委员会制度、与校外委员定期联系制度、会议议事规则。三是教材选用委员会功能：设立教材选用委员会，制定教材准入制度，明确教材选用标准。贯彻学术自由、专家治学、民主管理、共同治理理念，正确处理行政权力和学术权力的关系，营造有利于委员会工作环境。

定期召开三个“委员会”会议，对职责权限内的相关学术事务作出决策，指导职业院校教育教学改革、专业调整、课程建设、实训建设、团队建设、产学研合作和社会服务，对教材使用情况进行政治立场、价值导向、意识形态审查，严把政治观，加强专业核心课程教材选用标准审核，提升专家治学的专业化水平。

（四）发挥“两会”作用，实现办学治校民主化

发挥教职工代表大会作用。职工代表大会是教职工依法行使民主权利，履行民主管理、民主监督职责的基本制度和形式，进一步完善教代会具体工作制度，建立完善教师权益申诉制度。重视发挥以学生为主体的学生代表大会作用。制定学生代表大会制度，建立完善学生申诉制度，明确学生的发展权、知情权、民主权、批评建议权、困难帮助权等实体性权利，以及申辩、申诉权和权利救济权等程序性权利。

职业院校定期召开教职工代表大会和学生代表大会，听取职业院校年度工作报告，讨论与师生利益直接相关的提案，坚持问题导向，为师生解决关系切身利益的重大问题，对学校工作提出整改意见和建议，监督学校章程、规章制度和决策的落实，调动师生参与学校管理与建设的积极性和创造性。

（五）优化结构，扩大二级院（系）办学自主权

职业院校依据章程，优化二级院（系）内部治理结构，明晰二级院（系）治理框架，修订二级院（系）规章制度，健全二级院（系）内部组织和决策程序，特别是党政联席会制度，形成二级院（系）科学、全面、规范的内部组织运行机制。

深化职业院校二级管理内部体制机制改革。扩大二级管理人事调配、干部推荐使用权、绩效分配权，厘清职责，构建提升二级院（系）自主权的制度保障。引入社会参与，拓展二级院（系）治理渠道，指导二级院（系）成立校友会、产学研合作联盟、社区参与委员会等组织，健全社会参与的规章制度，遴选社会参与人员，保证社会参与的有效性和实际作用的发挥，形成良性互动的共同参与治理模式。

三、理顺“六大”关系，推进职业院校治理能力现代化

根据国家“十三五”发展规划，进一步理顺“六大”关系：一是职业院校发展规划与区域经济发展规划关系；二是职业院校与政府、行业企业关系，创新产教融合校企合作的体制机制；三是内部上下关系，根据职业院校章程和内部治理需要理顺学校与二级院（系）的关系，激发二级院（系）创新发展的积极性和潜力；四是探索“一带一路”背景下校企协同海外办学模式，理顺学校与海外办学机构之间的关系；五是依托产业办学，理顺专业群内部各专业以及专业群与专业之间的关系，优化资源整合与提升资源效能；六是完善内部质量保证体系和诊断改进机制，理顺自我约束与自我发展之间的关系。

总之，职业院校要坚持以习近平新时代中国特色社会主义思想为指导，认真贯彻落实《中共中央关于坚持和完善中国特色社会主义制度、推进国家治理体系和治理能力现代化若干重大问题的决定》，以制度建设为重点，健全现代职业院校制度体系，提升理事会治校能力，形成多元化办学格局，优化校院两级内部治理结构，使内部质量保证体系诊断与改进常态化，实现治理水平和治理能力显著提升。

发挥高校党组织“三大战役”作为

2020年春节来临之际，一场百年不遇“鼠疫”如期而至，那一刻全国人民都在挥动“鼠”标，看疫情、查数据，关心新冠肺炎疫情防控工作，可以说新冠肺炎疫情牵动着14亿国人之心。中国能不能战胜“鼠疫”？防疫工作路在何方……在中华民族危难之时，以习近平同志为核心的党中央始终把人民群众生命安全和身体健康放在第一位，采取最全面、最严格、最彻底的防控举措，打响了疫情防控的人民战争、总体战、阻击战，经过近3个月浴血奋战，新冠肺炎疫情防控阻击战取得了阶段性胜利。目前，中国面临疫情防控、经济发展、脱贫攻坚三大考验，如何发挥高校党组织在疫情防控、复学工作、脱贫攻坚“三大战役”中的作为，笔者认为要“做好操盘手、下好先手棋、当好狙击手”。

一、做好“操盘手”，精准施策打赢疫情防控“阻击战”

“疫情就是命令，防控就是责任。”抗击新冠整个战“疫”贯穿着“党政军民学，东西南北中，党是领导一切”治国理政思想，体现“人民至上”的执政理念。自疫情发生以来，高校党委高度重视，提高政治站位，深化思想认识，周密部署安排，制定有效措施，强化教育、精心组织，成立专班、明确专人、明确任务，主动作为、精准防控，确保各项防控措施的落实，高校所有党组织都成为疫情防控的坚强战斗堡垒、所有的党员、师生都成为防“疫”战士。日前，新冠肺炎疫情防控工作取得了阶段性成果。在战“疫”中，既有冲锋陷阵的医务工作者，也有数不清的社区工作人员，共同筑起了抵御病毒的坚实堤坝，更离不开各级党组织的领导核心作用。高校党组织发挥“操盘手”作用，精准防控，打好疫情阻击战，确保师生员工和校园平安。

（一）思想教育，筑牢防疫意识

高校党组织以抗击疫情为契机，通过“线上+线下”“有形+无形”等教育方式，有针对性地开展大学生思想政治教育，高校党委书记、校长带头上好师生思想政治第一课，班子成员、中层干部分别开展形式多样的教育工作。重点宣讲党中央在战“疫”中，调派340多支医疗队42000多名医护人员驰援抗疫最前线，迅速开设火神山、雷神山等集中收治医院和方舱医院，组织19个省份对口支援武汉，同时，应邀支援世界各国抗疫工作……一项项看似不可能完成的任务在短时间内顺利完成，彰显了中国共产党的执政能力，也充分展现了中国的大国本色和担当。这是构建人类命运共同体的生动事例，是很多国家都做不到的。事实再一次证明，中国共产党领导坚强有力、社会主义制度务实管用、中国人民毅力坚不可摧、中华民族团结牢不可破。通过思想教育，厚植广大师生的爱国情怀，树立远大理想，筑牢师生的防疫意识。

（二）真抓实干，打好防疫“阻击战”

疾风知劲草，烈火炼真金。习近平总书记强调，这次疫情防控斗争是对各地区各单位管党治党水平、领导班子和党员干部队伍建设水平实打实的考验。在抗疫一线，高校各级党组织和广大党员、干部在这场大考中磨砺责任担当之勇、科学防控之智、统筹兼顾之谋、组织实施之能，在大战中践行初心使命，在大考中交出合格答卷。实践证明，越是重要关头和关键时刻，越能锻炼一个干部，考验一个干部，也越能识别一个干部。自疫情发生以来，贵州铜仁职业技术学院高度重视疫情防控工作，党委书记、院长深入一线指导工作，班子成员分工协作，认真履职，守好一段“渠”。广大师生严格要求自己，积极参与国家、省、市的防控工作，特别党员干部主动与医务人员一起，守路口、测体温、轮流值班、普及防控知识、消毒杀菌，涌现出了翟晓琳、王正琼等一大批“战武汉、攻贵阳、守铜仁”的优秀志愿者，为疫情防控作出了贡献。

新冠肺炎未灭，防控力度不减。虽然目前疫情蔓延势头得到初步遏制，防控工作取得阶段性成效，但是依然不能放松警惕，我们要坚决按照习近平总书记的要求，把各项防控工作抓细抓实，打赢疫情防控阻击战。抓好“外防输入、内防扩散”工作，严把重点关口，控制源头、切断传播，坚决防止疫情死灰复燃，特别是开学以后的疫情防控工作，责任重大，任务十分艰巨。

二、下好“先手棋”，精心策划做好开学工作“准备战”

在新冠肺炎疫情防控最吃劲的关键阶段，习近平总书记强调毫不放松抓紧抓实抓细防控工作，统筹做好经济社会发展各项工作。由于疫情影响，今年开学和毕业生就业出现了一定困难。高校党组织当好棋盘人，下好“先手棋”，确保开学及就业工作“双丰收”，助推高校科学发展。

（一）精心策划，确保按时复学

兵马未动，粮草先行。为了保障学生有序开学，高校认真做好各项工作，严格落实“到位”措施，周密闭环做好开学准备工作，为学校开学提供充足保障，确保正常教学生活秩序有序恢复。按照三个“不允许”开学要求，统筹抓好疫情防控和高校开学各项工作，确保防疫复工复学两不误。按照教育部的具体要求，遵照“科学精准研判、超前谋划准备、审慎稳妥推进”和“一校一策”“一地一策”“错时错峰”的原则，做好开学准备工作，制定开学方案，对组织领导、疫情防控、知识宣传、场地消毒、应对措施等方面进行细化，加强口罩等防控物资保障、加强疫情防控、上好“复学第一课”，确保平安开学、顺利开学。目前，高校均已制定开学工作方案，各部门细化了方案，工作正常、高效开展，做到了万事俱备，只欠（开学）东风。

（二）压实责任，确保校园绝对安全

开学难，开学以后疫情防控更难。高校要深入学习贯彻习近平总书记重要讲话和指示精神，按照上级部署要求，把师生的健康安全放在第一位，履职担责，精准施策，细心用心精心做好各项工作。各级领导干部尤其是负责人，要强化责任担当，牢固树立“预防为主、防微杜渐”的思想，坚决克服麻痹、松懈和侥幸心理，严格按照学校防控工作要求，各司其职，靠前指挥，以上率下，全面防控，严格落实领导干部带班值班制度，严格遵守工作纪律，认真落实防控工作各项任务，助力打赢疫情防控阻击战。同时各专项工作组和各级党组织、各部门、各分院（校），特别是党政“一把手”要压紧压实主体责任，坚持“谁主管谁负责”和分级管理的原则，制定详细的工作方案，完善防范措施，细化工作流程，落实专人负责，科学规范操作，确保有人管理、有人联络、有人落实，统一指挥、统一行动、不留死角、不留遗憾。学校对存在落实工作不力、推诿扯皮、敷衍塞责的单位和个人，严肃问责处理，绝不姑息，确保校园绝对安全。

三、当好“狙击手”，精准落实打好脱贫攻坚“歼灭战”

贫困不除，愧对历史，群众不富、寝食难安。消除贫困、改善民生、实现共同富裕，是社会主义制度的本质要求，更是高校始终不渝的奋斗目标。今年是脱贫攻坚的收官之年，高校要围绕脱贫攻坚，当好“狙击手”，集中技术力量，攻坚拔寨，精准歼灭，以“驻村帮扶、贫困生就业”为重点，实施校内外“两大”工程，开展技术服务，做好贫困生就业工作，打好脱贫攻坚“歼灭战”，为全国决战脱贫攻坚作出贡献。

（一）增强服务意识，主动融入脱贫攻坚战场

职业教育就是就业教育。高校始终把脱贫攻坚作为一项政治任务，紧紧抓住政治建设这个统领、思想建设这个灵魂、脱贫攻坚这个大局，以制度建设为关键，打牢组织建设基础，全面落实各项重点任务，为打赢两场战役（疫情防控、脱贫攻坚）、夺取两

个胜利提供强大人才智力支撑。如贵州铜仁职业技术学院坚持“立德树人、以技立业、服务社会”的办学理念，以服务脱贫攻坚、乡村振兴为己任，举农字旗、打生态牌、走服务路，围绕产业办专业、围绕职业强技能、围绕民生搞科研、围绕脱贫送技术，服务“三农”发展，助推脱贫攻坚和乡村振兴，增强“贴农”意识、加大“惠农”力度、注入“援农”力量、开展“校农”结合、传播“兴农”文化，助推乡村振兴。同时，主动融入农村产业革命和实体经济建设，牵头组织和参与实施贵州省食用菌、中药材等16个产业链人才培养和专业建设，实现服务铜仁农村产业革命的无缝对接，成为服务贵州脱贫攻坚和铜仁农村产业革命的主力军。

（二）实施“贫困生就业”工程，确保贫困生有业可就

就业是民生之本，高校毕业生就业，一头连着家庭的期盼，一头连着社会的稳定。高校坚持“保就业、稳就业、促就业、能就业”的思想，把贫困学生就业工作列为重点工作，创新工作模式，搭建“云平台”，打好“精准牌”，全面提升网上就业服务能力，拓宽毕业生就业渠道。建立“一对一”“一生一策”的帮扶工作台账，构建“高校、企业、学生”的毕业生就业工作“三方联动”机制。通过“订单分配、企业招聘、自主创业、公益性岗位、应征入伍、升本学习”等多种形式，让每一位贫困学生有岗位、有业就、有收入、能脱贫。同时，面对建档立卡贫困毕业生不同的就业需求和就业目标，着力在“精准”上下功夫，点对点靶向帮扶，按照专业对口、岗位适应、待遇从优的要求，确保建档立卡贫困毕业生“精准就业”，助力贫困毕业生找到心仪的工作，精准脱贫。

（三）实施“贫困村服务”工程，确保帮扶村按时脱贫

脱贫攻坚是一个庞大的系统工程，需要政府、行业、部门和社会个人等积极参与，更需要高校支持，形成强大合力。如贵州铜仁职业技术学院选派近20名优秀干部、教师参加“驻村帮扶、脱贫督察、挂职服务、精准培养”工作，派遣教师轮换驻村帮扶等，在生活上关心、工作上支持、思想上鼓励他们，深入一线搞调研，围绕难点推工作，确保按时打赢脱贫攻坚战。开展“技术服务”行动，助力脱贫攻坚。学院发挥国家、省、市级科研平台作用，通过“人才培养、技术培训、成功就业”等形式，组建了47个科研团队，17个技术服务“博士团、教授团”深入黔东大地和帮扶村，问诊把脉产业选择和产业发展问题，科研团队、科技服务队按照“培训到村、服务到户、要领到人、指导到田”要求，将科技成果转化在产业革命中，将科技论文写在田园大地上。如“全国育人楷模”——顾昌华教授，是百姓心中的“顾仙菇”，她把食用菌科研成果“种”在脱贫攻坚一线，为当地脱贫攻坚和农村产业革命提供了技术支撑，指导帮扶食用菌产业1100万棒，累计实现产值9000多万元，辐射带动1000多名贫困群众

增收致富。

总之，突如其来的新冠肺炎疫情，使得脱贫攻坚的困难增加，疫情防控是特殊大考，脱贫攻坚是时代使命。脱贫攻坚在路上，乡村振兴再出发，高校坚守立德树人初心，牢记“四为”服务使命，主动担当作为，为决战脱贫攻坚、助推乡村振兴作出新的更大的贡献！

强化学生实习管理　提高校企育人质量

学生实习是实现职业教育培养目标、增强学生综合能力的基本环节，是教育教学的核心部分，是提高校企育人质量的关键。铜仁职业技术学院围绕“强化学生实习管理，提高校企育人质量”主题，抓牢“四个环节”，注重“四个结合”，建立“四个保障”，凸显“四大成效”，成功探索了一条共管共育的“铜仁经验”，不断深化产教融合，构建校企协同育人的机制，提升办学质量和水平。

一、科学管理，抓牢“四个环节”

（一）抓学生实习组织

实习组织是做好学生实习管理的基础。一是设计方案。学生实习方案由实验实训中心统筹，其他部门按工作分工各司其职，严格审核各专业上报的实习计划、实习方案。二是确定单位。学院每年都对实习单位进行实地考察评估，重点了解单位资质、诚信状况、管理水平、实习岗位性质、工作环境、生活环境，以及健康保障、安全防护等方面。三是计划培训。学院根据专业人才培养方案，与实习单位共同制订实习计划，学生了解各实习阶段的学习目标、任务和考核标准。大胆探索工学交替、分段式的实践性教学改革。四是强化管理。学院和实习单位选派经验丰富、业务素质好、责任心强、安全防范意识高的指导教师和专门人员全程指导、共同管理学生实习，确保实习各环节有部门抓、有人管、落到实处。

（二）抓实习管理

实习管理是做好学生实习工作的重点。一是过程监管。学院制定学生实习工作具体管理办法和安全管理规定，对实习工作和学生实习过程进行监管，构建实习信息化管理平台，与实习单位共同加强实习过程管理。二是明确责任。学生参加实习前，学校、实习单位、学生三方应签订实习协议，杜绝“六个不得”。三是加强指导。实习指导教师负责定期检查学生实习情况，指导学生撰写实习报告和做好检查鉴定。建立学生实习信息通报制度，避免了学生“放羊式”实习，保证了学生实习质量。

（三）抓实习考核

实习考核是做好学生实习管理的关键。一是制定考核标准。学院建立以育人为目标的实习考核标准，学生实习考核实行双重考核。二是注重结果。对学生实习过程及完成的实习相关任务进行考核，考核结果分四个等次，考核合格以上等次的学生获得学分，并纳入学籍档案。对实习考核不合格学生，不予毕业。三是做好学生实习情况的立卷归档工作。

（四）抓实习安全

安全不保，何谈实习，实习安全是做好学生实习管理的保障。一是安全第一。按照科学组织、依法实施、注重安全的要求，学生实习前，对实习学生进行安全防护知识、岗位操作规程教育和培训考核，未经教育培训和未通过考核的学生不得参加实习。二是建立保险制度。为实习学生投保实习责任保险，覆盖实习活动的全过程，学生实习责任保险的经费从学费中列支，切实保障学生实习期间的人身安全和健康。

二、校企共育，注重“四个结合”

在校企共育实习管理中，为了提高技术技能人才培养质量，增强学生社会责任感、创新精神和实践能力，更好服务铜仁地方产业转型升级需要，强化“四个结合”，提高实习质量。

（一）实习与人才培养方案相结合

各专业根据人才培养方案的目标要求，学生一年级认识实习，二、三年级跟岗或顶岗实习，并与实习单位共同制订实习计划、实习方案，明确实习目标、实习任务、考核标准等；选择的实习岗位完全符合专业培养目标要求，与学生所学专业对口或相近。

（二）实习与职业岗位相结合

学生在实习中，严格安排在所学专业知识的职业岗位，进行职业岗位实战练习，这不仅使学生学有所获，进入社会就能很快适应职业岗位的需要，而且增强了学生的后续职业发展能力。

（三）实习与技能训练相结合

在实习中着力强化技能训练，由指导教师对实习学生实行手把手的教，然后逐渐到放开手，直到最后能甩开手。正是这种技能传授方式，才让学生掌握过硬本领，护士资格证通过率达 95% 左右，学生每年在各级技能竞赛中获奖人数不断增多。

（四）实习与就业创业相结合

以技能为目标，以就业为目的，在学生实习中，有充分的岗位接收学生实习，让学生了解人才需求标准，搭建实习与就业创业直通车，学院毕业生初次就业率连续 8 年在 95% 以上。如药学专业学生实习后，有的实习结束就有企业就业，有的自己创业种植药材。

三、加强领导，建立“四个保障”

（一）组织保障

学院成立学生实习管理工作委员会，由分管教学副院长任主任，负责实习工作的具体组织、实施及全过程管理。将实习工作纳入年度绩效目标考核内容，强化工作落实和提高管理绩效。

（二）人员保障

学院各部门工作人员和各专业教师，实习单位指导教师和管理人员，对学生实习管理工作都各有其责，确保每个人身上都有实习责任，将实习管理工作情况作为教师的年度教学绩效考核内容、评先选优和职称晋升的依据。

（三）制度保障

完善学生实习管理制度，为保证人才培养质量提供了保障。修订《铜仁职业技术学院学生实习管理办法》等系列制度，确保学生实习科学组织、依法实施，保护学生合法权益，为学生完成实习提供制度保障，为创建全国优质高职院校夯实基础。

（四）经费保障

学院每年都将学生实习所需的实习组织、实习检查、实习保险、实习指导教师费用等列入年初预算，给予专项资金，以保证学生实习各环节所需经费。仅 2016 年学院就投入学生实习管理资金 200 多万元。

四、完善机制，凸显“四大成效”

（一）建立共同育人培养机制

一是学院以提高质量为重点，构建“校企双主体育人、学校教师和企业师傅双导师教学、学校学生和企业准员工双重身份”的现代学徒制培养模式，实现联合招生、共建专业、多方参与评价的双主体协同育人机制。二是实现招生招工一体化，搭建实习与就业创业直通车。实习期间，明确学徒的企业员工和职业院校学生双重身份，在企业（园区）上课期间实行双辅导员制，由学校班主任和企业指导教师共同担任辅导工作。三是建立校企“共享”的师资队伍。完善双导师制，使学生在专业发展上能更快更好。双方按照企业工作岗位所需知识、能力和素质，与企业共同编写核心岗位能力课程教材。

（二）树立“三个意识”，明确实习管理目标

一是树立底线意识。不折不扣地落实《职业学校学生实习管理规定》中的“五不要”、学生权利保障“六不得”、工作岗位及工作时间“三不得”等规定。二是注重质量意识。选择高水平的实习单位，共同制订实习计划，提高实习岗位专业对口率，为学生提供合理的实习报酬，落实学生实习强制保险制度等。三是强化纪律意识。严格学生实习纪律，建立实习指导教师制度，将学生纪律表现记入学生学业成绩，有效填补“八小时”外的管理“真空”。

（三）抓好“四个融合”，确保实习质量

按照产教融合、提高育人质量要求，注重学生实习与人才培养方案相融合，学生实习与职业岗位相融合，学生实习与技能训练相融合，学生实习与就业、创业相融合，实现实习、就业一条龙。

（四）构建“五位一体”评价和监督体系

构建学院统筹、分学院组织、企业指导、班级协作、家长配合、学生自我管理等多方联动评价和监督体系，实现学生实习管理人人肩上有责任、实习学生争上进的良好实习氛围。

总之，强化学生实习管理、提高校企协同育人工作是关系职业教育人才培养目标能否实现的一件大事，也是一项涉及面广的重要工作，必须建立“政府高度重视、企业共同参与、学校精心组织，各部门积极支持”的齐抓共管的工作格局，才能真正实现共同育人的目标。

深化内部改革　提升治理水平

——职业院校“双高计划”治理体系建设探析

职业院校要以“双高计划”建设为契机，认真贯彻落实党的十九届四中全会精神，以章治校，深化内部改革，切实发挥“四委”“两会”“一理事”作用，健全多元化办学体制，优化内部治理机构，提升二级管理水平，探索跨专业教学组织（产业学院）模式机制，完善治理结构体系，提升治理水平，构建现代职业教育制度体系。到2023年，职业院校治理水平得到全面提升，基本实现治理体系与治理能力现代化。

一、坚持依法治校，构建现代职业院校制度体系

依法办学、依规治校是职业院校办学的基本遵循。落实以章治校，根据国家法律法规，结合学校实际，启动新一轮《学院办学章程》修订工作，把习近平新时代中国特色社会主义思想，习近平关于教育特别是职业教育的重要论述，新时代对职业教育的新要求、新职教理念等写入《学院办学章程》。坚持党委领导下的校长负责制，完善“校长依法负责、理事会民主监督、专家潜心治学、师生民主参与”的学校治理体系，修订完善专业教学制度、人事管理制度、绩效管理制度、科研管理制度、学生管理制度、信息管理制度、二级管理制度以及各类实施细则、管理办法，建立和完善现代职业院校制度。

二、树立质量意识，形成职业院校内部质量保证体系

职业院校要坚持质量标准，完善质量自治体系。以智能化校园为基础，以学院规划为引领，确立质量目标和标准，建成“五纵五横一平台”为基本框架的质量保证体系，形成完善的质量自治体系。通过教师工作量考核、部门绩效目标考核、党员晒单考核的外部干预，保障学校、专业、课程、教师、学生五个层面的自我诊断、预警和改进，推进学院内部质量螺旋上升，激发师生内生发展动力，形成自主管理、自我约束的质量自治体制机制。

三、健全“理事会”功能，构建多元化办学新格局

职业院校要紧贴地方经济发展需要，围绕产业链、创新链关键技术和核心需求，探索与龙头企业深度合作，打破传统院系、专业、师资条块分割，以产业链（集群）构建新模式。要修订《职业院校政校行企理事会章程》，完善理事会架构，明确理事会职权，形成理事会工作、议事规则，加强理事会自身制度建设，发挥理事会作用。每学年召开政校行企合作理事会会议，充分发挥理事会“咨询、协商、议事、监督”四大作用，对学院的发展规划开展咨询，对学院重大发展改革项目、基础建设等重大事项进行讨论审议，对学院的办学行为开展监督；同时充分发挥理事会在争取政府政策支持、筹措办学经费、营造良好社会舆论、争取广泛社会资源、深化产学研合作方面的作用。

四、完善“四委”制度，提升专家治学专业化水平

职业院校要完善《职业院校学术委员会章程》，规范学术委员会决策、审议、评定和咨询等职权；构建学术委员会民主协商和科学研讨机制，提高委员个人治理能力和委员会协商决策能力。设立院级专业建设委员会、教材建设及选用委员会，完善院级教学指导委员会，制定完善《职业院校专业建设委员会制度》《职业院校教材建设及选用委员会制度》《职业院校教学指导委员会制度》、会议议事规则及教材准入和选用标准等制度。

职业院校每学年召开专业建设委员会会议、教材建设及选用委员会会议、教学指导委员会会议，根据需要及时召开学术委员会会议，对职责权限内的相关学术事务作出决策，指导学院教育教学改革、专业调整、课程建设、实训建设、团队建设、产学研合作和社会服务，对教材选用情况进行政治立场、价值导向、意识形态审查，严把政治观，加强专业核心课程教材选用标准审核，提升专家治学专业化水平。

五、发挥“两会”作用，提升办学治校民主化水平

职业院校进一步完善教代会具体工作制度，建立完善教师权益申诉制度。制定学生代表大会制度，建立完善学生申诉制度，明确学生的发展权、知情权、民主权、批评建议权、困难帮助权等实体性权利，以及申辩、申诉权和权利救济权等程序性权利。

职业院校每年召开教职工代表大会和学生代表大会，听取学院年度工作报告，讨论与师生利益直接相关的提案，坚持问题导向，为师生解决关系切身利益的重大问题，

对学院工作提出整改意见和建议，监督学院章程、规章制度和决策的落实，调动师生参与学院管理与建设的积极性和创造性。

六、深化内部改革，调动二级院（系）办学积极性

职业院校要优化二级院（系）内部治理结构，调动二级院（系）办学积极性，完善二级院（系）党政联席会议制度；提升干部队伍管理水平，实施管理干部队伍能力提升工程，每年认真开展管理干部培训，打造一支素质过硬的高水平管理队伍。实现学校从直接管理向宏观管理、目标管理和政策调控的转变，职能部门从管理职能向协调和服务职能转变。在人事调配、干部推荐使用、专业设置、合作办学、科研管理、人员聘用、团队管理、资产管理方面赋予二级学院更大自主权，构建提升二级学院自主权的制度保障。完善二级学院监督机制，充分发挥二级学院教代会作用，履行民主管理和民主监督。引入社会参与，拓展二级学院治理渠道，指导二级学院成立校友会、产学研合作联盟、社区参与委员会组织，健全社会参与的规章制度，遴选社会参与人员，保证社会参与的有效性和实际作用的发挥，形成良性互动的共同参与治理模式。同时，赋予产业院（系）在内设机构、人员聘用、团队管理、专业设置方面更大自主权，使办学资源优先聚集，探索搭建跨专业教学团队、跨专业科研团队、跨专业技术服务团队和跨专业创新创业实训基地等多种类型的跨专业教学组织运行机制。

总之，职业院校要坚持以习近平新时代中国特色社会主义思想为指导，以“双高计划”建设为契机、以制度建设为重点，探索多元化办学格局，使学校内部治理结构不断优化，学校的治理水平和治理能力显著提升。

走好贫困地区职业教育崛起之路

（2020 年 5 月 6 日刊发于《贵州日报》）

职业教育就是就业教育，党的十八大以来，以习近平同志为核心的党中央十分重视职业教育发展，出台一系列重要政策，职业教育迎来了发展“春天”。铜仁职业技术学院按照“强党建、重教改、提质量、善治理”的发展理念，深化改革，开拓创新，闯出一条“不同于东部、有别于西部其他省区”的贫困地区职业教育成功崛起之路。

一、铸魂育人，党建思政创特色之路

学院以立德树人为根本，以政治建设为重点，创新党建模式，夯实党建基础，为人才培养提供组织保障。

党建工作有品牌。学院构建“一体两翼”党建新模式，通过“述职晒单”比贡献，“一总一特”创品牌，强化基层组织建设，充分发挥党员作用，学校获“全国样板党支部”建设单位。

思想教育有特色。认真践行社会主义核心价值观，开展“五元文化”教育，探索“易班＋思政”工作模式，以疫情防控为契机，通过“线上＋线下”“有形＋无形”等方式，有针对性地开展大学生思想政治教育，院党委书记、院长带头上好思想政治第一课。

二、教学改革，人才培养提质量之路

学院按照“强内涵、创模式、重教改、提质量”的思路，强化内涵建设，现成为国家优质高职院校和全国“双高”校建设单位。

探索“四方育人”新模式。按照“政府搭台、校企联手”的发展思路，形成了“政行校企”人才培养模式。近三年，累计培养政府、企业订单生近 5000 名，4 个专业成为国家、省学徒制试点，3 个项目 2019 年获国家教学成果二等奖。

建立“同频共振”管理体系。紧贴贵州省三大战略，紧扣农业特色优势产业的发展，建立“七位一体”专业动态调整机制。近三年，专业与重点产业链契合度为 99%；

“双高”专业群1个、国家、省骨干专业10个，国家、省级教学名师（大师）15人。

构建“三方联动”就业机制。学校建立“一对一”“一生一策”帮扶工作台账，构建“学院、企业、学生”的毕业生就业机制。通过“企业招聘、自主创业、应征入伍、升本学习”等形式，确保贫困毕业生“精准就业”，荣获“全国毕业生就业典型经验高校”称号。

三、强化科研，技术服务助脱贫之路

学院围绕产业办专业、围绕职业强技能、围绕民生搞科研、围绕脱贫送服务，为贵州省决战脱贫攻坚作出了贡献。

服务定位准确。学院以服务脱贫攻坚为己任，举农字旗、打生态牌、走服务路，增强“贴农”意识、加大“惠农”力度、注入“援农”力量、开展“校农”结合、传播“兴农”文化，助推乡村振兴。主动融入农村产业革命，牵头组织和参与贵州省食用菌、中药材等16个产业链人才培养和专业建设，实现服务农村产业革命“无缝”对接。近三年培训新型职业农民近10万人次，成为服务贵州脱贫攻坚和农村产业革命的主力军。

助脱贫见成效。以“省部共建”为平台，通过“校农结合、定点培训”技术服务，组建47个科研团队，17个“博士团、教授团”深入黔东大地问诊把脉，将科技成果转化到产业革命中，将科技论文写在田园大地上。

四、服务战略，国际化办学显担当之路

学院围绕“一带一路”建设，主动走出去，传播中国文化，让世界了解中国，办学得到40多个生源国认可。

学院招收留学生十年之久，已累计招收老挝、美国、俄罗斯等40多个国家的900余名留学生。学院依托国家汉语水平考试（HSK）考点等优势，国际学生稳步增长，人才培养质量持续提高，为服务国家“一带一路”建设提供了有力的人才支撑。

学院坚持“走出去”“引进来”，开展全方位、多层次的国际交流与合作。“引进来”：承办“中·荷高职教育论坛”、开展NIIT培训合作项目，为铜仁市培养2000名大数据和软件工程师，开启职业教育国际化办学的4.0时代。“走出去”：派出200余名师生赴美国、英国等国家知名高校交流学习、技能培训，开阔国际视野。开办“海外分校”，促进“一带一路”中外人文交流，构建中国—东盟职业教育命运共同体。学院连续三年荣获全国高职院校“国际影响力50强”，打造高职教育国际化办学的“贵州样板”。

五、制度建设，办学治校善治理之路

学院构建内部质量保证体系，助推治理体系和治理能力现代化建设。

规划引领、目标明确。学院以国家优质校、全国“双高”校为目标，规划引领发展，按照总规划、子规划、工作要点的分解体系，层层传递、分解落实，使规划具有操作性、可控性。

明确主体、建立机制。分别制定管理岗、专业技术岗、科研岗等岗位职责，明确质量主体。学院从办学定位、年度任务等提出目标和标准，而专业、课程质量主体是专业带头人及课程团队，师生发展质量主体是全体教师和学生。建立“三大”考核机制。一是“目标考核”，每年将工作分解到二级单位，建立工作台账和负面清单，考核结果实行“双挂钩”。二是“积分考核”。学院从教育教学、科学研究、社会服务、文化育人和行政管理等方面，制定专业技术人员积分内容，年度公布积分，结果作为职称申报的重要依据。三是“晒单考核”。开展“全体党员晒单”活动，让每个党员定期将党内、外工作积分进行公布，接受监督，结果作为评先选优的主要依据，过去没人愿干工作，现在大家抢着干、争着做，从“要我干”变为“我要干”。

铜仁职院：“三督四导”党史学习教育走深走实

（2021 年 8 月 18 日刊发于天眼新闻网）

在党史学习教育中，为了提高学习教育实效，铜仁职业技术学院党委高度重视，精心谋划，制定党史学习教育督导方案，强化督导督查问责，坚持“三督四导”，确保党史学习教育走深走实，助推学院高质量发展。

一、督顶层设计，确保工作落细

做好顶层设计是党史学习教育的前提。为了保证党史学习教育落实有方、举措有力、结果显效，高质量统筹推进，学院制定《铜仁职业技术学院党委党史学习教育实施方案》，在领导小组办公室下设党史学习教育督查组和督导组“双督”组，精准制定督查督导工作具体方案。工作中，全面加强学院党史学习教育的督促、巡回指导，适时强化工作进度与成效，确保党史学习教育工作有方案、有举措、有过程、有效果，使党史学习教育高质量开展。

二、督党课质量，发挥示范作用

在党史学习教育中，发挥领导干部“关键少数”示范作用。6 月 4 日，市委副书记、市长皮贵怀来学院讲授思想政治理论课暨开展党史学习教育辅导报告，省委第二十二巡回指导组组长邓惠宾、组副组长余文到会指导。院党委书记杨春光、院长张命华、副厅长级干部张景春教授带头上党课，确保了党课质量。思政课理论教师积极走到学生中去讲党课。督促各党总支、直属党支部书记带头讲党课，其他班子成员到自己所在支部或学生党支部讲党课，各党支部书记在党史学习教育中讲 1 次专题党课，或者在党支部报告 2 次个人学习体会，党课突出党史学习教育的主题主线，突出针对性，讲学习体会收获，讲工作存在的差距和改进工作的思路措施。督导组对学院每个党总支、直属党支部书记的专题党课主题和内容进行审阅把关。

三、督任务清单，破解发展难题

为群众办实事是党史学习教育的关键。通过实地走访、召开座谈会、发放征求意见表、设置征求意见箱、开设网络平台，充分听取广大师生员工反映的56个突出问题，已经整改44个。督导组根据学院整改任务清单，督促指导各部门、各党总支、直属党支部开展工作，从广大师生急切期盼的问题入手，全力解决好师生关心关注的“难”问题；同时，查找工作短板，开展课题攻关、技术帮扶与指导、职业技能培训等工作。如在“我为群众办实事”实践活动中，市政府牵头成立了铜仁职业教育集团第二届理事会，学院围绕“四新”服务“四化”，奋力打造“双元”育人主阵地、技术服务新高地和校企命运共同体，推动铜仁职业教育不断闯新路、开新局、抢新机、出新绩，为服务贵州“三大战略”和铜仁“一区五地”建设贡献更大力量。

四、导重点提示，提升督导水平

督学先自学、督人先督己。督导组成员深入学习领会习近平总书记在党史学习教育动员大会和视察贵州重要讲话精神以及习近平总书记对贵州对铜仁工作系列重要指示批示精神，学习王瑞军在全省党史学习教育巡回指导培训会议的讲话精神，学习学院党委书记杨春光动员讲话以及《学院党史学习教育实施方案》，正确掌握党史学习教育的具体要求、重要意义、基本环节、方法步骤。工作中，拟定督导方案，严格落实每月工作重点提示制度，制作简报65期，督导组成员做到心中有数、心中有尺，准确把握学习重点难点，确保学院党史学习教育不偏离正确轨道。

五、导全员覆盖，做到“四个一”

学院党委坚持集中学习与个人自学、专题讨论和现场教学相结合的学习方式，每位党员做到“四个一”，即有一本记录、有一篇心得、有一次发言、参与解决一个问题，确保学习教育质量。同时，督导各党总支、直属党支部列出学习计划和时间安排，明确必学内容，组织党员领导干部认真学习习近平总书记在党史学习教育动员大会、全国脱贫攻坚总结表彰大会、庆祝中国共产党成立100周年大会上的重要讲话精神。如农学院党总支组建“兴黔馨”党员志愿服务队，以“学党史，办实事，送温暖，助成长”为主题，前往贵州省铜仁市玉屏县新店镇丙溪村丙溪民族小学开展“情暖童心·圆爱工程”“三下乡”暑期社会实践活动，形成校内校外相互学习、相互促进、共同提高的浓厚学习氛围。

六、导学习载体，提高学习效果

学史明理，丰富学习载体。学院各党总支、直属党支部在充分利用共产党员网、学习强国、铜仁组工等党员教育管理载体平台基础上，结合实际，采取灵活多样的学习方式，用好案例教育、微信公众号、微视频等，增强主题教育的吸引力和感染力。利用红色资源，开展革命传统教育，带动全体党员提升学习效果。学院督导组对党史学习教育全程进行督导，采取集中听汇报答疑、进总支座谈指导、到支部查看提问等方式，强化督促指导。督导各党总支、直属党支部至少利用2天时间，组织党员集中学习，分专题进行研讨。党员以自学为主，党支部要定期组织党员集中学习，通过召开党员大会、政治生活会、主题党日、支委会、党小组会等，交流学习体会，相互启发提高。学生党员要利用课余时间组织好学习，运用读书讲座、专题报告、知识竞赛等，激发学生党员参加党史学习教育的积极性和主动性，积极开展师生党员"读党史·谢党恩"读书活动和革命传统教育、形势政策教育、先进典型教育和警示教育，增强学习的针对性、实效性和感染力，切实提升素质和能力。

七、导调查研究，推动学院发展

办实事、开新局。学院党委坚持领导带头搞调查研究，党委书记杨春光、院长张命华分别带队走访"双百企业"谈合作办学，深化了产教融合、校企合作。班子成员、中层干部根据分管工作，精心确定调研主题，重点围绕贯彻落实习近平总书记视察贵州时重要讲话精神以及对职业教育的重要指示精神，各部门认真查找办学中存在的突出问题和师生反映强烈的难点问题。做到学习和调研紧密结合，在调研中深化理解和感悟，在理论联系实际的过程中着力破解学院发展中面临的难题，不断提高解决问题的能力和本领。在推动学院发展方面，目前，"双高计划"建设、服务乡村振兴、提质培优工程、干部培训等工作取得阶段性成效。如经济与管理学院党总支深入松桃县大坪场镇开展服务，每到一个村寨，技术服务队都详细了解产业发展现状，询问产业发展中遇到的困难和问题，解读乡村振兴有关文件精神，培训电子商务技术，介绍金融帮扶政策、财税知识等。今后学院将进一步明确督导督查责任，立足实际，认真履职，确保党史学习教育与学院国家"双高计划"建设协同推进、取得双丰收，推动学院高质量发展。

地方职业院校“五元文化”育人模式创新与实践成果总结报告

一、成果产生的背景

2000年以来，职业教育经过二十多年快速发展，已成为高等教育的“半壁江山”。高职院校肩负着为地方产业发展培养高素质技术技能人才的重要使命，也成为推动地方产业发展的重要力量。但由于办学历史相对较晚，文化积淀不深，规模极度扩张，人才培养过程中“重技能、轻人文”现象较为严重，如何坚持立德树人，发挥文化育人作用，提高学生人文素质，为社会培养合格技术技能人才成为高职院校亟待破解的重要命题。

铜仁职业技术学院（以下简称“学院”）地处贵州东部，自2002年成立以来，坚持“立德树人、以技立业、服务新农村”的办学理念，始终将文化育人贯穿人才培养全过程。学院针对职业院校文化育人缺乏针对性、适应性、操作性的“三性”问题，于2006年开始探索文化育人路径，出台《铜仁职业技术学院“五元文化”育人工作方案》，以先进文化、红色文化、职业文化、优秀传统文化和黔东文化构建了“五元文化”的育人模式。2018年进一步完善了“五元文化”育人模式升级方案，通过十四年不断的创新与实践，形成了地方职业院校以“五元文化”为载体的文化育人典型样板。

二、主要举措

（一）构建“五元文化”育人体系

围绕“立德树人”根本任务，顺应新时代、新要求和职业教育新使命，迭代学院“五元文化”育人体系。一是以先进文化引导学生爱党爱国。以习近平新时代中国特色社会主义思想为指导，以社会主义核心价值观作为“五元文化”育人的根和魂，培育学生的家国情怀和“国之所需、吾之所向”的精神追求。二是以红色文化引导学生励志奋斗。用长征精神为代表的红色文化坚定学生理想信念，引导学生做中国特色社会主义的建设者和接班人。三是以职业文化引导学生爱岗敬业。以团结合作、勇于创新的职业文化，培养学生精益求精的职业态度、非利唯艺的职业道德、卓越精湛的职业能力和德技合一的哲学。四是以传统文化引导学生仁爱守信。用“厚德”“仁爱”“诚信”“精进”的中华优秀传统文化精神引导学生崇德重德、知重负重。五是以黔东文化引导学生朴实奉献。用苗族、侗族、土家族等民俗文化，滋养学生做老实人、说老实话、办老实事，踏实奉献，振兴家乡。

学院形成“先进文化是旗帜、红色文化是基因、职业文化是主线、传统文化是根脉、黔东文化是特质”的文化育人有机整体，从而构建地方职业院校“五元文化”育人工作体系。

（二）打造“五元文化”育人队伍

一是选定“五元文化”研究员。成立“五元文化”研究所，组建研究队伍，推进文化育人理论创新。二是选出“五元文化”宣讲员。通过思政理论课、主题班会等形式宣传“五元文化”。三是选拔“五元文化”组织员。发挥学工队伍、团学干部的组织作为，以“三节”（长征火炬节、技能展示节和优秀传统文化艺术节）“四主题”（热爱生命、艰苦奋斗、立志成才和感恩教育）的特色活动为载体，践行社会主义核心价值观。

（三）建设“五元文化”育人载体

一是搭建“五元文化”育人平台。发挥党建带团建，加强对学生社团建设的指导，丰富学生第二课堂。将“五元文化”育人融入易班，拓宽“互联网＋大思政育人”路径，开展“面对面”＋“键对键”文化育人。二是打造“五元文化”育人环境。学院经过近二十年建设，构建“一墙（文化墙）、二馆（校史馆、农耕文化馆）、三广场（逸群广场、孔圣广场、武陵广场）、四长廊（中华诗歌文化长廊、黔东文化长廊、职业文化长廊、文化长廊）和五中心（就业创业指导中心、心理健康教育中心、学生资助中心、易班发展中心、学生事务中心）”的育人环境。三是开发“五元文化”特色课程。编写《大学生人文素质教育》《铜仁职业技术学院党团知识培训教材》《医学生职业素质与职业道德修养》等教材。四是打造“五元文化”活动品牌。通过十多年精心打造，“三节”“四主题”活动成为育人品牌，同时，各分院形成“一院一品一特”特色活动。

（四）创新“五元文化”育人评价

一是围绕育人“评方案”。学院将“五元文化”列入各专业的人才培养方案，根据专家评审，对“五元文化”育人设置不达标的培养方案进行整改。二是健全制度“评标准”。制定《“五元一体”德育工作实施意见》《“五元一体”德育工作考评细则》等制度，健全学生的文化活动、志愿服务等评价标准。三是积分管理“评成效”。对实践课、活动课成绩量化评定，以德育积分兑换，调动学生参与社会实践、社团活动、技能竞赛的主动性。通过实施“三个评价”，学校建立了可量化、易操作、可复制的文化育人评价机制。

（五）推动“五元文化”提质升级

一是“五元文化”育人内容升级。党的十八大以来，随着中国特色社会主义理论体系不断丰富完善，学院坚持以习近平新时代中国特色社会主义思想为指导，不断丰富“五元文化”育人内容体系。二是“五元文化”育人阵地升级。经过十多年建设，学院“五元文化”育人基地已经成为“贵州省教育系统理想信念教育基地”。通过产业学院、校企共建、引企入校等方式，搭建校企协同育人平台，形成具有鲜明特色的文化育人体系。三是“五元文化”育人成效升级。学生成长从单项发展到综合提升，学生毕业率、双证率、就业率不断提升，涌现了“全国脱贫攻坚先进个人”罗焕楠等一批优秀毕业生先进典型。

三、成果主要内容

“五元文化”育人工作，经过十四年的理论创新与实践应用，形成了系列的教育教学成果。

（一）以“五元文化”为支撑，构建“纵向贯通、横向融合”的立体育人体系

一是在育人组织架构上，构建党委统一领导，学工部、马列部、二级分院主抓，职能部门协助，党政工团、学工队伍、思政教师、专业教师等全员参与的上下贯通、齐抓共管的育人格局。二是在育人内容上，将先进文化、优秀传统文化、红色文化、职业文化和黔东文化与专业人才培养有机结合，促进五要素深度融合，使学生从文化传承的历史脉络中汲取文化精髓。三是在育人评价方式上，通过特色教材、特色活动，将各专业思政教育的内容列入人才培养方案，列入学工、团委等部门工作计划，作为开展思政教育的主抓手贯穿始终，作为学生德育测评重要内容列入考评，推动“五元文化”进方案、进课堂、进活动、进学生头脑。构建了以“五元文化”为支撑，育人架构上下贯通、育人内容互融、育人方式联动的立体育人体系。

（二）以“五元文化”为内容，创建“理论课、实践课、活动课”的“三课互补”课程体系

一是构建“互联网 + 大思政”工作格局。落实各专业课“守好一段渠、种好责任

田”，理论课、实践课、活动课融会贯通。二是以积极传播和诠释“五元文化”知识的课堂讲授讲全讲透讲明白，让学生“知”；以寒暑假“三下乡”志愿服务、社会调查、重走红军长征路、生产实习等实践锻炼，让学生“行”；以热爱生命、艰苦奋斗、立志成才、学会感恩为内容的“四项主题”教育活动，构成校园活动课程，让学生“悟”。三是实现三课相宜、三课同行、三课互补、三课融通，使“五元文化”育人形成体系，产生合力，促进学生全面发展，提升学生培养质量。

（三）以“五元文化”为抓手，拓展“以文育人、以文化人、以文兴人”的螺旋式育人途径

一是通过打造“全国职业院校魅力校园”和“贵州省特色文化学校”“五元文化”理想信念教育基地，构建“德心融合”管理育人模式，拓展“一站四中心”（征兵工作站、易班学生发展中心、心理健康教育中心、资助管理中心、学生事务中心）育人功能，育学生报国之心、阳光之心、感恩之心、奉献之心，树成才之志。二是通过建立内部质量保证体系，实现以文育人淬炼品格、以文化人涵养素质、以文兴人驱动发展之目的，促进学生螺旋式发展。学院连续 9 年荣获“先进基层武装部”“征兵先进单位”等荣誉称号，学生事务中心成为省级第一批验收合格的示范点，易班被评为贵州省优秀易班工作站。三是培育优秀学生。涌现了全国优秀共青团员安文忠、省级“大学生年度人物”何嘉莉、省级抗疫一线“最美逆行者”赵文坤、省级“追逐梦想大学生”周悦等一大批优秀学生，学生获各级各类奖励人数占在校生总数比例逐年提升。2021 年学工部“基于‘德心融合’管理育人模式实践与创新”获学院教学成果奖。

（四）以“五元文化”为载体，创新“队伍领动、载体驱动、评价联动”的互动育人机制

一是良师示范。通过实施《铜仁职业技术学院师德师风建设实施方案》等制度，打造以“全国教书育人楷模”顾昌华、“全国教育改革创新先锋奖”郁建生、“全省三八红旗手”赵会芳等先进典型为代表的育人队伍，引导和带领学生修身立行，回馈社会，形成“良师示范、学生践行”的“五元文化”育人队伍领动机制。二是环境育人。学院打造了“一墙、二馆、三广场、四长廊”等文化环境，编著《铜仁·五溪生界古文化》《医学生职业素质与职业道德修养》等特色教材，实施“一院一品一特”工程和“三节”“四主题”文化育人活动，形成“载体搭台、学生参与”的“五元文化”育人载体驱动机制。三是评价联动。根据《铜仁职院“五元一体”德育工作考评细则》等制度，将“五元文化”内容纳入学生德育素质测评，实施积分管理“评成效”，调动学生参加社会实践、社团活动、技能竞赛的主动性，形成了“评价导向、学生主动”的“五元文化”育人评价联动机制。

四、成果的创新点

（一）理论创新

“五元文化”育人模式经过十四年的探索与实践，取得三个创新。一是创新文化育人理论体系。提出先进文化、职业文化、优秀传统文化、红色文化、黔东文化“五元一体”的文化育人理论体系，在《中国教育报》（2009 年 12 月 7 日）刊载，提出“寓多元文化于德育之中、寓教育于多种活动之中”的育人理论。二是创新文化育人理论内容。学院主持撰写《四项主题教育》《大学生文化素质修养》等“五元文化”育人特色教材，从而丰富完善文化育人内容。三是创新文化育人理论模式。形成“先进文化是旗帜、红色文化是基因、职业文化是主线、传统文化是根脉、黔东文化是特质”的地方职业院校“五元文化”育人理论模式。

（二）实践创新

1. 创新“三个融入”的文化育人模式

一是建立健全思政育人工作制度，将“五元文化”思政育人融入人才培养方案，贯穿于思想政治理论课教学的全过程。二是与时俱进将习近平新时代中国特色社会主义思想有机融入“五元文化”育人内容，及时丰富内涵，实现纵向贯通。三是将先进文化、职业文化、优秀传统文化、红色文化、黔东文化等内容融入思政育人全过程，形成“横向融合”，构建了“三个融入”的文化育人模式。

2. 创新“三导一体”文化育人途径

一是坚持政治引导，培养合格人才。围绕“五元文化”，开展“四项主题”教育，发挥文化育人队伍的政治功能，运用先进文化引导学生，为学生扣好“第一粒”扣子。二是坚持学习指导，争做技能标兵。充分发挥学生主体作用，成立“朋辈辅导小组”，优秀学生指导后进学生，促进学生技能和素养的共同成长。三是生活辅导，提升就业能力。实行教师一对一联系学生制度，对学生生活、实习及就业指导帮扶。形成“政治上引导、学习上指导、生活上辅导”的“三导一体”文化育人途径。

3. 创新“三动同频”的文化育人载体

一是队伍引领。打造德育师资队伍，培育和选树了“全国教书育人楷模”顾昌华、“全国教育改革创新先锋奖”郁建生等先进典型，充分发挥育人队伍领动作用。二是构建“五元文化”特色载体，如拓展了“互联网 + 大思政”易班工作平台，发挥载体在育人中的驱动作用。三是建立健全思政教育工作与业务工作同部署、同检查、同考核、同奖惩的“四同”德育评价联动，构建“队伍领动、载体驱动、评价联动”的“三动同频”的文化育人新机制。

五、成果的推广应用

（一）应用成效

1. 学生素质实现“五个提升”

一是学生政治素质提升。2013 年以来，每年申请入党的学生占学生总数的 70% 以上，团青比达 85%，发展党员 700 余人。二是专业素质提升。强化活动针对性、专业性，学生的执业能力增强，如护理专业学生的护理执业资格证考试一次性通过率达 90% 以上，高于全国、全省的同类平均水平。三是人文素质提升。寓“五元文化”于“三节”，尤其是“传统文化艺术节”，使学生在活动中人文素质得到提升。四是身心素质提升。依托大学生心理委员联合会开展朋辈心理助人情景模拟培训等，帮助学生正视心理健康问题，学会心理调适，提升身心素质。五是创新素质提升。搭建学生创业实践基地，每年开展创新创业大赛，提升学生创新素质，为创业就业打下坚实基础。2011 年，学校荣获“全国毕业生就业典型经验高校”称号，连续 10 年就业率保持在 95% 以上。

2. 办学成效实现“三个领先”

一是思政工作领先。从 2009 年以来，连续 12 年在贵州省大学生思想政治教育工作水平评估中获“优秀”（名列前茅）。二是文化育人领先。学院获评“2012 全国职业院校魅力校园”，2013 年获“贵州省特色文化学校”，选树“全国教书育人楷模”顾昌华等育人典型。三是服务国家战略领先。学院围绕脱贫攻坚、乡村振兴培养了数以万计留得住、用得上的技术技能人才，如政府订单班、乡村振兴“村干班”的培育模式属国内首创。2021 年，学院入选“全国乡村振兴人才培养优质农职院校”。

（二）推广成效

1. 敢于创新，文化育人做示范

2010 年，学院在贵州省高校党的建设工作会议作交流发言。2014 年，学院在全国职业教育大会上交流发言（高职唯一）。2017 年，学院在全省思政工作会议上作典型发言。2018 年，学院在全省学生管理会议上作经验交流发言。2019 年，学院在全省高校易班“互联网 + 大思政”建设工作推进会上进行经验分享。2020 年，学院“五元文化”教育基地被评为贵州省“理想信念教育基地”。2021 年，学院有 3 个案例被评为全省“学生工作优秀案例”；贵阳职业学院等省内职业院校来学校交流学习 30 余次；

贵州农业职业学院等院校引进了学院“五元文化”育人理念和做法，找准学生思想品德教育的着力点，加强实践教育路径建设，开展校园文化建设，取得显著的成效。

2. 善于交流，辐射带动显成效

2012 年以来，黎明职业大学、苏州农业职业学院和青岛职业技术学院等省外职业院校来学院交流学习 40 余次，对学院“五元文化”育人模式予以充分认可。云南农业职业学院、杨凌职业学院和河南农业职业学院等高校学习借鉴了“五元文化”育人的做法，在校园文化建设、培养“精品学生、精品教师、精品活动”等方面取得显著成效。比如，河南农业职业学院借鉴“五元文化”育人模式，运用中华优秀传统文化，丰富学校文化内涵，开展豫剧进校园活动等，成为河南省“三全育人”综合改革试点学校。学院带动了贵州工程职业学院、铜仁市 12 所中等职业学校的发展。

3. 勇于展示，传播铜职好声音

学院先后在全国第二、三届高职高专文化育人论坛、湘鄂渝川黔边区高职高专校级协作会作交流发言。2014 年，学院在全国职业教育大会上发言后，吸引了国内兄弟院校的广泛关注。在全国高职教育文化建设与可持续发展论坛上，学院党委书记作“培养高度的文化自觉和文化自信，努力打造‘五元文化’德育模式”主旨发言。学院《铜仁职院大力加强推进特色校园文化体学院建设》《教育教学由科学管理走向文化管理》《用好红色资源　传承红色基因：铜仁职业技术学院实地学党史纪实》等文化育人文章在《中国教育报》《光明日报》、人民网、中国教育新闻网、贵州网、《中国民族报》刊载，传播在西部职教中“五元文化”育人模式创新和实践的“铜职好声音”。

参政议政篇

发挥“四力” 特色兴校

学党史办实事，搞调研谏诤言。在党史学习教育中，本人认真学习习近平总书记在全国教育大会上的重要讲话，“要树立健康第一的教育理念，开齐开足体育课，帮助学生在体育锻炼中享受乐趣、增强体质、健全人格、锤炼意志。”围绕“建功新时代，开创新未来”主题，本人作为市政协委员参加了市政协“全市中小学校体育现状”专题调研，深入部分区县中小学校进行体育现状的实地调研，对如何做好中小学校体育工作，现提出“发挥‘四力’，特色兴校”的建议。

一、基本现状

铜仁市共有中小学1507所，其中：小学1239所，初中223所，高中45所，在校学生6.4万人，小学3.4万人，初中1.8万人，高中1.2万人，全市体育教师4968人（差600人）。全市认真落实习近平总书记关于体育工作的重要指示精神，中小学校体育做到“有规划、有举措、有特色、有效果”，涌现出了铜仁市第三中学女子篮球，松中、江中足球等一批体育特色学校。2020年贵州省学生总体体质健康优秀率为2.38%，良好率为19.63%，而铜仁市均排全省第一名（优3.55%、良26.81%），学生体质健康总体向好，确保学生德智体美劳全面发展。但通过调研发现，小学生还存在小眼镜、小胖子、小手机的“三小”问题，以及政府重视不够、学校落实不力、场地建设不达标、考核评价不科学等“四不”问题（从全省每年大学生征兵工作中可发现学生体质问题），严重制约了中小学校体育工作。

二、对策建议

一是政府“发力”，规划引领。各级政府认真贯彻落实《关于强化学校体育促进学生身心健康全面发展的意见》（国办发〔2016〕27号）和《中共中央办公厅、国务院办公厅印发〈关于全面加强和改进新时代学校体育工作的实施意见〉和〈关于全面加强和改进新时代学校美育工作的意见〉的通知》（中办发〔2020〕36号）文件精神，提高政治站位，从培养德智体美劳接班人的高度，就推动学校体育改革发展和强化学校体育工作作出全面部署。实行规划引领，加强顶层设计，把学校体育工作列入政府政绩考核指标和教育局与学校主要负责人工作考核评价指标，对学生体质健康水平连续三年下降的地方和学校，在教育工作评估中实行“一票否决”。在改善办学环境上下功夫，出实招，对部分村小学学生少，无场地、无设备、无教师的必须进行资源整合，确保学校活动有场地，锻炼有地方。

二是学校“给力”，特色兴校。学校是做好学生体育工作的关键。一是领导重视。书记校长负总责，成立体育工作专班。在办学中，坚持“课堂教学与课外活动相衔接、培养兴趣与提高技能相促进、群体活动与运动竞赛相协调、全面推进与分类指导相结合”的原则，改革创新体制机制，全面提升体育教育质量，健全学生人格品质，切实发挥体育在培育和践行社会主义核心价值观、推进素质教育中的综合作用。二是特色兴校。各学校立足于办学条件、体育基础、师生爱好等开展特色体育教育，严格实施教学计划，落实每天 1 小时的体育教学要求，确保特色体育教育特起来、亮起来。如江口中学、江口二小的足球兴校，就很有特色和亮点。又如山西网红校长张鹏飞的全体师生一起跳鬼步舞，视频已火遍中国，火到外国，因为跳舞符合师生的口味，很接地气，很“潮”也很“牛”，校长带头一起参加活动、一起锻炼身体、一起陶冶情操，营造良好文化育人氛围，提高学生综合素质。

三是教师“尽力”，提高质量。教书育人，为人师表是体育教师职责。体育教学主要教会学生基本的运动技能、专项运动技能和基本的健康知识，这是享受乐趣、增强体质、健全人格、锤炼意志的基础。一要加强体育教师队伍建设。配齐配强专职体育教师，鼓励优秀教练员、退役运动员、社会体育指导员兼任体育教师。实施体育教师全员培训，提升体育教师教学水平。二要科学合理确定体育教师工作量。学校要把组织开展课外活动、学生体质健康测试、课余训练、比赛等纳入教学工作量。保障体育教师在职称（职务）评聘、福利待遇、评优表彰、晋级晋升等方面与其他学科教师同等待遇。三要提高体育教师的育人本领。工作中主动作为，专心育人，创新教学方法，注重育人效果。坚持个性化培养，开展针对性训练，在打基础、创品牌上下功夫，提高体育教学质量，不让一个学生因身体素质而掉队。严格执行《国家学生体质健康标准》，确保测试数据真实性、完整性和有效性，把学生参加体育活动情况、体质健康状况和运动技能等级纳入学生综合素质评价体系。

四是社会“合力”，共同参与。少年强则国家强，青少年是祖国的未来、民族的希望，拥有健康的体魄是学习的根本保证，因此中小学校体育工作必须社会“合力”，共同参与，形成教育牵头，人社、财政、家长等共同参与机制。其中，发挥家长关键作用。家长是孩子的第一任老师，学生阶段是学习知识、养成良好行为习惯和培养高尚情操的关键时期，家长要主动配合学校做好孩子的身体锻炼工作，监督孩子每天不玩手机、不打游戏、不睡懒觉，引导孩子养成良好生活习惯，监督并随时纠正孩子的不良行为。特别是假期中，家长要带着孩子去篮球场、排球场、网球场、乒乓球场、冰场等，整个社会都要“动”起来，而这个“动”是积极向上的。同时，家长指导孩子劳逸结合，坚持校外体育活动，引导孩子参加力所能及的家务劳动、实践活动或社会公益活动，保持良好的生活规律和体育锻炼的习惯。只要大家齐心协力，共同努力，一定能把学生培养成德智体美劳全面发展的社会主义建设者和接班人。

助力乡村振兴　打造“职教样板”

（2021年1月12日刊发于《贵州日报》）

贵州铜仁职业技术学院主动服务国家乡村振兴战略，在“双高计划”建设中，紧紧围绕服务铜仁经济社会发展，特别是在助推脱贫攻坚与乡村振兴有效衔接中，引领发展、支撑改革、勇于创新，不断完善“贴农”服务机制、健全“惠农”保障体系、充实“援农”技术力量、深化“校农”深度联合、厚植“兴农”特色内涵，通过实施“五个三”工程，创新助力乡村振兴“高、新、特”服务模式，增强社会服务贡献度，其做法被列入铜仁市级深化改革典型经验交流案例，打造可借鉴、可复制的服务乡村振兴发展的“职教样板”。

一、“三优化”完善“贴农”服务机制

学院坚持“立德树人、以技立业、服务社会”的办学理念，不断完善“贴农”服务机制。一是优化“三农”服务。根据地方经济社会发展需要，以全国高水平畜牧兽医专业群为重点，走特色专业发展路线，使办学定位着眼“农”、办学路子围绕“农”、人才培养面向“农”、专业建设贴紧“农”、科技服务惠及“农”，为乡村振兴培养“爱农业、懂农业、善管理、会经营”的技术技能型人才。二是优化“产业”服务。围绕贵州铜仁生态畜牧业、生态茶、食用菌等主导产业，精准分析现代山地生态畜牧业的“养、加、销”产业链的特点，以高水平畜牧兽医专业为龙头，打造了集养殖、加工、销售于一体的畜牧兽医专业群，覆盖全市养殖产业发展，打造“思南黄牛、沿河山羊、江口萝卜猪”等一批特色畜牧产业。三是优化“社会”服务。学院围绕全市种植业、林业、牧业等行业人才需求，按照“量身定做”技能技术型人才的要求，修订人才培养方案，实施“六双融通·互培共育”的现代学徒制人才培养模式。2020年招收新型职业农民、农民工等六类学生1000余名，进一步提高新型职业农民技能技术水平。

二、“三精准”健全“惠农”保障体系

一是精准“培养”。学院派出招生宣传组赴各区县进行招生宣传，设立少数民族专

项计划和精准脱贫计划，针对建档立卡贫困生和农村户籍学生进行精准招生，单列计划、单独招生、重点培养，指导和帮助建档立卡户大学生精准就业。近三年来，累计为乡村振兴及农村产业革命培养“下得去、用得上、留得住”的各类高素质技术技能型人才1.7万余名，毕业生就业率保持在95%以上。二是精准“资助”。学院按照应资尽资、应助尽助的原则，建立国家助学金、教育精准扶贫专项助学金、勤工助学金、临时困难补助的“四助”学生资助机制，实现贫困生资助全覆盖，确保贫困学生一个都不掉队。三年累计资助贫困学生5.1万余人次，发放各类资助资金7540万元。三是精准“培训”。学院以“省部共建”为平台，通过“校农结合、定点培训”技术服务，组建47个科研团队，17个“博士团、教授团”深入黔东大地问诊把脉，将科技成果转化到产业革命中，将科技论文写在田园大地上。依靠全国新型职业农民培育示范基地，结合农民自主创业就业需要，学院还组织“羊”教授、“牛”教授、“蘑菇”教授等专家及技术骨干先后深入市辖区田间地头举办养殖、茶叶加工等技术技能培训，切实解决农民生产技术难题。近三年来，学院开展职业技能培训和新技术新工艺培训，培训10万余人次。

三、“三队伍”充实“援农”技术力量

一是组建队伍“驻村帮扶”。学院积极参加省、市“民心党建·干群联心”驻村帮扶工作，先后派出脱贫攻坚督导、驻村第一书记等20多人投身脱贫攻坚一线。近年来累计投入帮扶经费近500万元，重点帮扶国家级贫困县沿河、松桃等县10多个乡村。学院被贵州省委表彰为脱贫攻坚先进党组织，派驻的第一书记3人被省委、市委表彰为脱贫攻坚先进个人。二是组建队伍“入园进企”。坚持围绕产业办专业，围绕企业搞科研，走出校门做研究，把科学研究搬到工厂企业和农业生产一线，科研成果转化成效显著。学院深度转化武陵藤茶、雪花牛肉等科研成果5项，技术支持贵州启辰生物科技有限公司成为省内最大的兽药生产企业，支撑贵州梵净山生态农业股份有限公司发展成为武陵山区唯一一家农业上市公司。三是组建队伍“上山下乡”。学院根据农户技术需求，实施“一师一班一村一品”计划，组建17支科技服务团队进村入户，现场解决果蔬、中草药等产业在栽植、整形、水肥管理、病虫害防控等方面的技术难题。2019年，共派出省级特派员、省市两级农业产业专班专家1158人次，深入全市10个区县的村寨，服务产业20余个，服务村寨400余个，惠及10多万人。

四、“三渠道”深化“校农”深度结合

一是打通“技术转移”渠道。落实市级食用菌产业工作专班牵头单位职责，组建

技术服务团队，深入全市食用菌生产基地开展技术指导培训，助推食用菌产业发展取得良好的经济和社会效益。2019 年，学院技术支撑生产食用菌 4. 52 亿棒，产量 20. 5 万吨，服务企业及农户的产值达 21 亿元。二是打通“校农产销”渠道。坚持将学院农产品需求与农户产品精准对接有机结合，减轻农产品销售压力，降低农产品流通成本，让农户从中获得实惠。学院食堂先后采购贫困乡村猪肉、鸡蛋、辣椒、南瓜等农产品 270 余万公斤，为贫困农户创收 1400 余万元。三是打通“线上直销”渠道。学院成立电商技术服务队，与企业合作开展电商进农村示范县，以短视频、直播带货等方式网络营销茶叶、珍珠花生等农产品，让“养在深闺人未识”的铜仁土特产走出贵州，进入千家万户。参与孵化贵州美农信息科技有限公司等电商企业 15 家，技术服务全市电商服务站点 45 个。

五、“三文化”厚植“兴农”特色内涵

一是传播先进文化。学院开展“院县共建、系村联建”工作，先后与松桃县正大镇等 20 多个乡、村开展“校地”联建党支部，实施“党建引领与农技帮扶三年行动计划”，联合开展主题党日活动，积极宣传学习乡村振兴战略和党的先进文化，提升村支部创造力、凝聚力和战斗力，发挥党员的先锋模范作用和基层党组织战斗堡垒作用，增强村民自我发展、主动脱贫的动力与信心。二是传播乡村文化。学院选派骨干教师积极参与各级乡村振兴规划的编制和实施，承担市委重大决策课题“铜仁建设‘桃源铜仁·黔东美镇’特色小城镇路径研究”。围绕建设乡风文明，组织学生开展“三下乡”活动，制作墙绘，美化乡村，丰富农民精神生活。2019 年，学院获国家民委批准成立武陵山民族地区乡村产业发展研究中心。三是传播农耕文化。为了培养“懂农业、爱农村、爱农民”的工作队伍，在“双高计划”建设中，开展“订单式”村级干部培训班，坚持“以物育人，以物化人”，将认识了解“三农”发展史列入新生入学教育内容，提升学生人文素养。建成以农业、渔业等传统耕作工具为主的农耕文化馆，以梵净山区域特色的牛肝菌、松乳菇、灵芝等 225 种野生菌种为主的食用菌标本馆，以地方特色的思南黄牛、江口萝卜猪等家畜家禽为主的动植物标木馆，共对外开放场馆科普农耕文化 2 万余人次。

铜仁市全力打造安居乐业福地路径探析

为了实现与全国全省同步全面建成小康社会，铜仁市坚持以人民为中心，以民生为重点，围绕“一区五地”建设，以脱贫攻坚为统领，探索打造安居乐业铜仁福地的路径，实施“五大工程”，打造“五优环境”，千方百计做好安全稳定、教育卫生、就业增收、社会保障等工作，全力提升教育质量、医疗水平，健全社保体系，完善双创政策，做强精神文化事业，构建和谐安定的社会环境和优质生态宜居环境，让发展更有温度，让幸福更有质感，实现铜仁人民思想变得更解放、经济变得更繁荣、家园变得更美好、社会变得更和谐、人民变得更富有、作风变得更扎实的安居乐业福地。

本课题坚持问题导向，立足铜仁，面向全国，在研究过程中，广泛调研、查阅文献，收集资料，总结铜仁市打造安居乐业福地路径的主要做法及“铜仁经验”，在分析存在问题的基础上，提出如何进一步打造安居乐业福地的对策建议。

一、研究背景及现状

《后汉书·仲长统传》：“安居乐业，长养子孙，天下晏然，皆归心于我矣。”安：安定；居：住所；乐：喜爱，愉快；业：职业。安居乐业指安定愉快地生活和劳动。天下为公、共享大同是中华民族绵延数千年的理想。儒家经典《礼记·礼运》对大同理想社会有具体的描述：“大道之行也，天下为公，选贤与能，讲信修睦。故人不独亲其亲，不独子其子，使老有所终，壮有所用，幼有所长，矜、寡、孤、独、废疾者皆有所养，男有分，女有归……是故谋闭而不兴，盗窃乱贼而不作，故外户而不闭，是谓大同。”近代以来，从洪秀全《天朝田亩制度》中“有田同耕，有饭同食，有衣同穿，有钱同使，无处不均匀，无人不饱暖”的人间天国，到康有为《大同书》中“无邦国、无帝王、人人平等，天下为公”的大同世界，再到孙中山、毛泽东为大同理想的艰辛探索，传统文化中天下为公的大同理想始终活跃在中国人的精神世界中。

习近平总书记在十九大报告中指出：“增进民生福祉是发展的根本目的。必须多谋民生之利、多解民生之忧，在发展中补齐民生短板、促进社会公平正义，在幼有所育、学有所教、劳有所得、病有所医、老有所养、住有所居、弱有所扶上不断取得新进展，深入开展脱贫攻坚，保证全体人民在共建共享发展中有更多获得感，不断促进人的全面发展、全体人民共同富裕。建设平安中国，加强和创新社会治理，维护社会和谐稳定，确保国家长治久安、人民安居乐业。”充分体察各族人民安居乐业的美好愿望，成为新一代领导人治国理政的价值追求。

（一）研究背景

1. 全面建成小康社会战略目标实现

2012 年，党的十八大站在新的历史起点上明确指出，我国进入全面建成小康社会决定性阶段，进一步丰富了小康社会的内涵，形成了经济建设、政治建设、文化建设、社会建设、生态文明建设“五位一体”的全面建成小康社会总布局。2014 年 12 月，习近平总书记把全面建成小康社会与全面深化改革、全面依法治国、全面从严治党进行整合，提出“四个全面”这一新的重大战略思想。全面小康，是“五位一体”全面进步的小康，不仅要在经济建设方面保持中高速增长并持续健康发展，而且要在社会建设方面重点保障和改善民生，就业、教育、文化体育、社保、医疗、住房等公共服务体系更加健全，基本公共服务均等化水平稳步提高。解决好群众最关心最直接最现实的利益问题，使人们有更多的获得感，提高人民生活水平和质量，这是全面建成小康社会极其重要的内容。

中国式的小康应该是什么样的标准？对此，全国政协常委、政协经济委员会副主任厉以宁做客强国论坛时认为：最重要的两个标准就是安居和乐业，这是最要紧的，第三个就是减少后顾之忧。

第一个标准是安居。因为进入小康社会了，生活质量要改善，要有一个安居的条件，不能房子变了房奴了。

第二个标准是乐业。要解决工作问题，不能没有工作做，整天忙于找工作，提心吊胆担心物价上涨。

第三个标准是无后顾之忧。为什么有些人有钱不敢花呢？据说人们担心，孩子上大学的钱不准备，将来怎么办？如果有一天住医院、要开刀，没点钱怎么办？万一将来失业了怎么办？因此，需要增加社会保障的支出，在医疗、卫生、住房、养老、失业救济等方面加快改善民生，让百姓安居乐业，解除人们的后顾之忧。

2. 铜仁实现经济社会历史跨越目标

为了实现与全国全省同步全面建成小康社会的宏伟目标，铜仁市紧紧围绕如何构建“一区五地”，念好山字经，做好水文章，打好生态牌工作思路，牢牢守住增长速度、人民收入、贫困人口脱贫、社会安全四条发展底线和山青、天蓝、水清、地洁四条生态底线，全面夯实发展基础，厚植发展优势，千方百计扩投资、增融资、招外资、撬民资，持之以恒抓产业、引企业、扶创业、保就业，积极打造政治生态好、经济生态活、社会生态优、自然生态美的武陵之都，用综合生态观引领发展，加快推进长江经济带承接产业转移示范区、生态文明示范区、内陆开放型经济试验区、民族团结进步示范区、国家级生态屏障区、长江上中游重要节点中心城市“五区一中心”建设，把铜仁打造成贵州东联“一带一路”、长江经济带和京津冀的出省战略通道，国际休闲养生旅游目的地，推动铜仁在守底线、奔小康中走新路、走前列，建设经济健康发展、社会和谐进步、民族文化繁荣、生态优势突显、民主法制健全的美好幸福新铜仁。

（二）研究现状

通过百度查询“安居乐业”，仅中国知网收录的相关文章就近万篇。1997 年 7 月周文骞在《浙江学刊》上撰文《安居乐业，古今恒理》，阐述了安居乐业是衡量社会发展的一个指标；2006 年 11 月郑言在《西藏日报》上发文《以安居乐业促发展，以乐业促发展》；2013 年 6 月刘立君在《科技智囊》上发表文章《安居乐业，人民的梦想》，解读了中国梦的具体内涵；2014 年 2 月曹新在《理论学习》撰文《安居乐业满足百姓生态需求》，赋予安居乐业新的内涵；2015 年 7 月何一晏在《科技展望》上发表了《打造安居乐业的智慧社区》。2015 年 8 月广州番禺提出“打造安居乐业的福地”，并确定规划引领、城乡共建、绿色生态、精细管理等策略。2016 年江西刘乡提出打造安居乐业的“莲花福地”，走绿色发展新路。

这些研究成果为后续研究提供了丰富的素材，奠定了良好的基础，启发着笔者的研究思路。但已有的研究在内容上对安居乐业的理论阐述较多，实践路径探索少；在表现形式上零星报道多，系统成果少，可操作可借鉴经验少。

研究导向：铜仁市坚持以人民为中心的发展理念，围绕“一区五地”建设，以百姓衣、食、住、行为重点，探索实施五大工程、打造五优环境安居乐业铜仁福地的路径，实现百姓富、生态美、人心齐、风气正的美好幸福新铜仁，诠释了我们党全心全意为人民服务的宗旨，真正把握了实现国家富强、民族振兴、人民幸福的基本内涵。

二、安居乐业福地概述

（一）安居乐业福地内涵及外延

安居乐业福地内涵：福地，指神仙居住之处，道教有七十二福地之说，亦指幸福安乐的地方。在诗歌和其他文学作品中，“福地”一词是美丽、幸福之国的同义语。古代希腊神话中的“福地”是指神的虔诚信徒所去的幸福之地。在荷马史诗中，福地是大洋河岸上一个美丽的山谷，那里“没有暴风雨，没有严寒，没有冬天”，常年和风吹拂。那些由神赐予永生的、幸福的英雄，永远居住在福地。

安居乐业福地外延：安居乐业福地既是一个综合概念，包含着宜居、宜业、宜养、宜游等指标，也是当今经济社会发展的一个综合指标，是人民群众生活水平提升的判断标准。如陶渊明（约365—427)《桃花源记》中“土地平旷，屋舍俨然，有良田美池桑竹之属。阡陌交通，鸡犬相闻。黄发垂髫，并怡然自乐”，说明了环境优美，人与人之间的关系也是那么平和，那么诚恳，文章通过对桃花源的安宁和乐、自由平等生活的描绘，表现了作者追求美好生活的理想，也是安居乐业福地的美好蓝图的描绘。

（二）铜仁安居乐业福地建设的主要内容

铜仁市第二次党代会，唱响了铜仁市绿色发展的最强音，描绘了建设“一区五地”的宏伟蓝图：“奋力创建绿色发展先行示范区，全力打造绿色发展高地、内陆开放要地、文化旅游胜地、安居乐业福地、风清气正净地，阔步迈向生态文明新时代。”如何构建和谐稳定的社会生态，打造安居乐业福地，让人民拥有更多的获得感、幸福感，激发人民群众的强劲动力、创新活力是铜仁发展的根本所在。

铜仁安居乐业福地建设，以改善民生为重点，围绕“百姓富、生态美，有房住、有业就，治安好、风气正”目标，构建“幼有所育、学有所教、劳有所得、病有所医、老有所养、住有所居、业有所就、弱有所扶”的安居乐业指标体系，努力建成“经济更加发展、民主更加健全、法治更加完善、科教更加进步、文化更加繁荣、社会更加和谐、环境更加优美、人民生活更加殷实”的安居乐业铜仁福地，呈现出一派社会和谐、百姓安居乐业的欣欣向荣的景象，人们享受着太平盛世带来的美好。

安：就是安全为先。以安全为根本目标，以社会治安综合治理为中心任务，为人民群众提供一个更加良好的社会环境。

居：就是居善地，住在好的地方。以舒适、便利为根本目标，实现“天更蓝、水更清、地更绿、居更佳、路更畅、城更净”。

乐：就是快乐，有丰富的精神生活。以和谐为根本目标，满足人们的精神需求，营造良好的社会文化氛围，深度挖掘“一山两江四文化”内涵，发挥文化优势，全面提升发展软实力。

业：就是有业创、能创业。以劳动就业创业为重点，加快落实“双创”政策，突出“双零”家庭就业，开展技能技术培训，提高服务质量，为创新创业营造更好的氛围，提供更优的保障。

福地：幸福安康之地。以民生为重点，增加百姓获得感。大力营造风清气正的政治生态，打造公平正义的法治环境、和谐稳定的社会环境、仁义诚信的人文环境、便捷高效的营商环境，让人民群众切实看到铜仁市改革发展的新气象、新变化，让人民群众拥有更多的获得感、幸福感，激发人民群众的强劲动力、创新活力，为铜仁“加速发展、加快转型、推动新跨越”增添正能量。

三、铜仁安居乐业福地建设意义

（一）铜仁实现同步全面小康的现实需求

“小康不小康，关键看老乡。”2016 年，铜仁市城镇居民人均可支配收入达 24651 元，比上年增长 9.7%；农村居民人均可支配收入 7631 元，比上年增长 10.1%；农村居民人均住房面积 40.3 平方米。全年共减少贫困人口 152566 人，贫困人口发生率由 15.54% 下降到 11.46%，实现 159 个贫困村出列，巩固了 125 个贫困乡镇的“减贫摘帽”成果。但是铜仁市的贫困面大、贫困人口多、贫困程度深，越往后脱贫难度越大，决胜脱贫攻坚任务还十分艰巨；经济总量小、人均水平低，工业化、城镇化相对滞后，同步全面小康任务还十分艰巨；改革开放的力度深度广度仍然不够，体制机制创新任务还十分艰巨；生态环境比较脆弱，环境保护压力加大，绿色发展任务还十分艰巨；维护社会和谐稳定面临诸多新情况新问题。未来 5 年是我市决战贫困、决胜小康的关键时期，要坚决打赢脱贫攻坚战，确保同步小康路上不少一人。

（二）守底线走新路，实现转型发展的客观要求

根据习近平总书记视察贵州的重要指示和贵州省委对铜仁市转型发展的“走百姓富、生态美的绿色发展新路”，按照“五位一体”总体布局和“四个全面”战略布局，牢固树立五大新发展理念，坚持守底线、走新路、奔小康工作总纲，坚持主基调主战略，着力推进大扶贫、大数据、大生态三大战略行动，深入实施“四化”同步发展，深化“两区一走廊”经济空间布局，念好山字经，做好水文章，打好生态牌，奋力创建绿色发展先行示范区。建设安居乐业铜仁福地，让发展更有温度，让幸福更有质感，让百姓安居乐业。

（三）顺应人民期待，增加人民福祉的必然选择

铜仁市坚持“市强则民富”的发展理念，百姓钱袋一年比一年鼓起来。近 5 年来，农民人均纯收入由 9225 元提高到 1.7 万元，城镇居民人均可支配收入由 1.9 万元提高到 3.2 万元，年均分别增长 12.9%、10.8%，城乡居民收入比由 2.0 缩小到 1.8，比全国平均水平低 1 个百分点，居中西部前列。当前，铜仁市正处于脱贫攻坚“攻坚拔寨、啃硬骨头”关键阶段，任务依然十分繁重，全市仍有 43.07 万贫困人口、1402 个贫困村。今后 5 年努力实现“一个同步、两个翻番、三个突破、四个达到、五个确保”。一个同步：与全国全省同步全面建成小康社会。两个翻番：地区生产总值、财政总收入在 2016 年的基础上翻一番。三个突破：固定资产投资累计突破 1 万亿元，规模

以上工业增加值突破500亿元，社会消费品零售总额突破350亿元。四个达到：城镇居民人均可支配收入达到4.8万元，农村居民人均可支配收入达到1.6万元，金融机构存款余额达到2800亿元，贷款余额达到1600亿元。五个确保：确保建档立卡贫困户实现全部脱贫，确保城镇化率提高到55%，确保森林覆盖率提高到65%，确保空气质量优良率保持在95%以上，确保城镇污水处理率提高到95%以上。综上所述，以上目标的实现，既是打造安居乐业铜仁福地的内在要求，也是铜仁人民的期盼和福祉。

四、铜仁市打造安居乐业福地路径生动实践

居福地安居乐业，住名城高枕无忧。保障和改善民生要抓住人民最关心最直接最现实的利益问题。目前，铜仁市以脱贫攻坚为统领，围绕“一区五地”建设，按照“人人尽责、人人享有”要求，积极探索打造安居乐业铜仁福地的路径，通过实施“五大工程”（平安工程、造福工程、育人工程、就业工程、绿化工程），打造“五优环境”，不断满足人民日益增长的美好生活需要，不断促进社会公平正义，形成良好的社会秩序，使人民获得感、幸福感、安全感更加充实、更有保障、更可持续。铜仁市实现了“思想变得更解放、经济变得更繁荣、家园变得更美好、社会变得更和谐、人民变得更富有、作风变得更扎实”目标，努力构建安居乐业铜仁福地。

（一）实施“平安工程”，打造“优静”治安环境

安居乐业，安为重。铜仁市第二届党代会提出构建和谐稳定的社会生态，打造安居乐业福地的目标。市委书记陈昌旭指出：“绿色经济首先是法治经济，绿色家园一定是平安家园。实现‘一区五地’目标，必须主动适应大数据时代特征，坚持全面深化改革和科技创新相结合，打造以科技为引领的立体化治安防控体系，不断提高社会治理社会化、法治化、智能化、专业化水平，为山水城市、绿色小镇、美丽乡村、和谐社区构筑安全屏障，增强群众的安全感、幸福感。”

1. 夯实整治基础，提升治安防控水平

为创建安定和谐的治安环境，近年来，铜仁市在开展平安建设和加强以社区为重点的基层基础建设工作中，把工作的切入点、着力点放在解决影响社会稳定的源头性、根本性、基础性问题上，把人民群众的满意度作为衡量平安建设成效的重要标准，组织动员社会各界参与共建，探索总结出一些独具铜仁特色的工作经验，在全国、全省进行推广。

2016年，铜仁市委、市政府投入近5亿元正式启动平安警务云建设，以铜仁云计算中心为支撑，采取云计算、大数据、物联网等前沿技术，整合优化政法公安既有业务系统，融汇政法公安数据资源、社会管理部门数据资源和社会各方面数据资源，建

立起平安警务云平台基础信息采集、数据资源汇总、移动警务、禁毒链条管理、管理服务执法、反电信诈骗等89个应用系统。目前，已建成大数据实战平台、指挥调度系统、禁毒链条管理系统、摩托车管控系统等58个。通过平安警务云平台，海量数据资源得以深度应用，建立起了“用数据说话、用数据决策、用数据管理、用数据创新”的新型警务支撑模式，实现智能指挥、风险预警、侦查破案、应急处突、规范执法、智能交通等各项政法公安业务应用，提升立体化治安防控水平，全方位服务民生，促进政法机关转型升级。

平安警务云改变了以往的警务模式，推动实现全市政法公安工作和社会治理从被动向主动、从传统向现代、从人工向智能、从粗放向精准的蜕变，全面推动全市政法、公安、信访工作迈上新台阶。

2. 开展风险评估，让人民群众得实惠

平安是人民幸福安康的基本要求，是百姓安居乐业的基本前提。如何服务保障“一区五地”建设，在开放化、动态化、信息化的时代背景下，努力创建更加安全更加满意更高水平的平安铜仁？

2010年以来，铜仁市在全省率先推行“风险评估先行、防范化解联动、建设与调解并进、发展与稳定统筹”的社会稳定风险评估制度。中央有关领导同志先后对铜仁市社会稳定风险评估制度给予充分肯定。全市风险评估顺利推行，发展与稳定统筹推进，这些成绩的取得，最根本的原因是铜仁市在项目建设和公共决策中，充分尊重和保护群众的诉求和利益，让群众得到实惠。

3. 强化源头治理，增进百姓的安全感

铜仁市牢牢抓住社会管理“源头”，采取强有力措施，开展铜仁社会管理源头治理工程建设。一是矛盾纠纷源头疏导。各级领导干部定点接访，不定期接访，带案下访，更多地到基层和一线实地解决问题。二是社会治安源头治理。坚持依法持续不断开展“春季攻势”专项行动以及“破案追逃”“雷霆行动”“破案会战”等专项行动。三是涉法涉诉源头防范。深化司法改革，加大办案力度，通过民意调查统计，连续8年来，铜仁市群众安全感稳步提升，继续保持全省前列，铜仁市多次被省综治委命名为“平安市”。

4. 实施“三个开刀”，打造良好社会生态

铜仁市为了构建和谐社会，提高效率，取信于民，打造良好社会生态，从2014年开始实施作风建设专项整治行动，运用“西医”的开刀诊治方法，以“三个开刀”为抓手，以“四种形态”为准则，健全“四大机制”（查处曝光机制、教育提醒机制、群众参与机制、组织领导机制），把影响社会安定和执法不公的苗头性倾向性问题扼杀在萌芽状态，教育挽救党员干部。“开刀”手术的重点：一是在党政机关向“不找熟人办不成事”开刀，重点针对门难进、脸难看、话难听、事难办，吃拿卡要，乱收费、乱罚款、乱摊派，以权谋私等问题进行整治。二是在司法执法系统向“有理有据得不到公正结果”开刀，重点针对选择性执法、随意性执法，接受当事人吃请、娱乐性消费和财物，办人情案、关系案、金钱案等问题进行整治。三是在乡村两级向“没有关系得不到公平对待”开刀，重点针对在落实惠民政策、便民利民服务、扶贫济困等方面办事不公，优亲厚友，谋取私利，让群众找不找熟人都一样办成事，让办事凭关系的潜规则没有市场。

开展“三个开刀”专项整治工作以来，社会各界反响热烈，赢得了群众一致好评，取得了阶段性“三显著、三提高”成效。

惩治成效显著，群众满意度提高。人民群众对铜仁市干部作风满意度从2015年的81.42%上升至2016年的84.88%。如今“三个开刀”已成为铜仁的一张亮丽名片，传递了铜仁正能量，助推了铜仁的科学发展。

制度建设显著，群众对干部作风的认可度提高。铜仁市先后制定出台了《铜仁市领导干部干预和插手纪律审查活动登记备案报告办法（试行）》《铜仁市纪委“三个开刀”专项督导检查工作方案》等一系列制度，使各项专项整治行动效果显著，得到了群众高度的认可度。

宣传效果显著，群众参与率和知晓率提高。在开展专项整治行动的过程中，通过电视、微信、网络、报刊、制作公益广告牌等方式，层层宣传动员，提高专项整治知晓率。据各地调查，宣传效果好，人民群众专项整治行动的参与率和知晓率均在90%以上。

（二）实施“造福工程”，打造“优美”人居环境

安居才能乐业，先居而后业，让古人所云的“安得广厦千万间，大庇天下寒士俱欢颜”转变为“风雨不动安如山”！

民生事，最关情。铜仁市把脱贫攻坚作为最大的政治责任和政治担当，深入实施大扶贫战略行动，以“五个一批”工程为抓手，以安居“三进”、扶贫搬迁、组组通路、产业扶贫和美丽乡村等为扶贫载体，举全市之力打脱贫攻坚硬仗，打造优美的人居环境。5年来，全市累计减少贫困人口102.14万人，贫困人口减少到58.32万人，贫困发生率也由5年前的38.75%下降到11.48%。未来5年是铜仁市决战贫困、决胜小康的关键时期，全市上下以脱贫攻坚统揽经济社会发展全局，统筹用好200亿元定点帮扶资金，深入实施“33668”扶贫攻坚行动计划。统筹推进“五个一批”工程，把易地扶贫搬迁作为打赢脱贫攻坚战的“一号工程”，让“一方水土养不活一方人”的深山区、石山区贫困人口，搬新家、换穷业、断穷根，确保27.5万移民住进新房子，快步过上好日子。全面落实贫困人口动态管理机制，坚决打赢脱贫攻坚战，确保“同步小康路上不少一人”。

1. 实施保障安居“三进”工程，畅通“安居之路”

居为先，有家才乐业。住房问题既是民生问题也是发展问题，关系千家万户切身利益，关系人民安居乐业，关系经济社会发展全局，关系社会和谐稳定。

居者有其屋，是千年梦想。为了切实解决百姓居住问题，铜仁市通过创新思路，完善措施，将园区、学校、乡镇困难群众纳入保障范围，扎实推进公廉并轨和保障房进园区、进学校、进乡镇“三进”工程。解决园区企业员工住房困难，帮助企业排忧解难，促进园区快速发展；改善学校办学条件，解决教职工住房困难，促其扎根学校专心教学，推动学校发展，“有家才有根”，有了“根”的老师们才能将所有精力投入教学中，力求桃李满天下；改善乡镇干部住房困难，杜绝干部“走读”风，稳定乡镇干部队伍，使干部安心工作。通过实施保障性安居“三进”工程，全市保障性安居工程建设取得重大突破。

近年来，铜仁市大规模实施示范小城镇建设和棚户区改造项目。做好保障和改善民生工作的重要任务是要努力解决好广大居民的住房问题，如加大廉租住房、公共租赁住房等保障性住房建设和供给，做好棚户区改造。目前，全市共有12万余户30多万城镇居民的居住条件得到明显改善。2016年，省里下达铜仁市棚户区改造计划任务40337户，截至今年11月底，全市已签订征收安置协议40337户，开工率达100%。据了解，铜仁市保障性安居工程顺利通过了省住建厅、国家住建部年度项目工作巡查和省保障性安居工程年度目标考核；棚户区改造任务为历年最高，占历年总任务的43.7%，较去年增长200.6%；占全省的11.4%，全省排名第一。

如松桃孟溪镇素有“梵净府城”之称，拥有近千年的历史，既是松桃苗族自治县政治、经济、文化的重要集镇，也是全省100个示范小城镇之一。为了妥善安置移民，切实改善民生，松桃苗族自治县以孟溪镇为试点，大胆探索预防式扶贫治理实践，以兑现“三策”、落实“三最”、培植“三员”的“三个三”有力举措，着力打造安居乐业的孟溪福地，大力推进“三区”移民创新发展，切实为城镇建设注入了无穷的发展活力。

2. 构建“四位一体”交通体系，打通“运输之路”

交通是经济发展的命脉，也是造安居乐业的首位。俗话说“要想富、先修路”，大交通引领铜仁加速“腾飞”。打造安居乐业铜仁福地，基础设施和基本公共服务设施是农村发展的短板，要打通农村基础设施“最后一公里”，切实改善农村生产生活环境，确保贫困人口住上安居房、饮上安全水，还要改善整个农村生产生活条件，为农村居民提供基本公共服务，着力提升农村居民生活质量。铜仁市抢抓交通建设机遇，积极构建了“高速公路、高速铁路、民用航空、便捷水运”四位一体的综合立体交通运输体系。建成高速公路6条596公里，实现县县通高速、乡乡通油路、村村通公路；铜仁凤凰机场完成飞行区改造，开通航线19条；沪昆高铁修到家门口，铜仁正式融入全国高铁“朋友圈”；乌江航道思林、沙沱500吨级船闸建成通航，打通了贵州北上长江的出省航运主通道。

当前，铜仁市交通继续发力，开工建设铜仁至怀化、德江至务川高速公路，采用“PPP + EPC + 运营期政府补贴”建设模式与央企合作，启动印江至秀山、石阡至玉屏、江口至玉屏、沿河至松桃4条高速公路建设。铜仁市交通已从过去的制约“瓶颈”日渐变成了支撑铜仁跨越赶超的“优势”。瓶颈一破天地宽，交通提升了区位优势，铜仁市从过去的地理边缘变成黔东枢纽。大交通环境改善后，铜仁市的游客接待量和旅游收入实现井喷式增长，前来铜仁市考察投资的客商越来越多，落户铜仁市的人越来越多，助推全市主要经济指标实现了翻番。

据了解，“十三五”时期，铜仁市将建成高速公路15条，通车里程达到1200公里，路网密度居全省前列、全国领先。同时，加快建设旅游公路干线和城市快速干道，提升国省干线等级、农村公路通畅水平和水运通行能力，力争铁路营业里程达到329公里，努力将铜仁凤凰机场建成武陵山片区国际旅游中心机场，真正形成“大交通带来大物流、大物流形成大产业、大产业促进大发展”的格局，实现“县县通高速，乡乡通油路，村村通公路”的目标，为打造安居乐业铜仁福地铺平了“综合立体道路”。

3. 提升“城镇化”建设的质量，开辟“致富之路”

铜仁市把“武陵之都·仁义之城”作为城市的发展定位，把“厚德铸铜·仁义致远”作为城市的核心精神，把“建一座让人民享有美好幸福生活的城市”作为城市发展的最终目标。围绕铜仁市“念好山字经、做好水文章、打好生态牌，奋力创建绿色发展先行示范区”的目标，按照“老城提升、新区提速、县有新区、镇有新街、村有新寨”的发展思路，加快建设山水园林城市、山地特色城镇和美丽乡村，加速推进铜仁市“一区五地”建设的宏伟目标。

最近几年，通过实施城镇建设“三年大会战、四年大提升”工程，城镇化发展呈现出速度较快增长、质量稳步提升的良好态势，群众得到了更多实惠。“十二五”期间，全市累计完成城镇基础设施建设投资596.54亿元；全市示范小城镇增加到27个，其中15个示范镇列入全国重点镇；城镇建成区面积从106.2平方公里提高到153.4平方公里，铜仁市主城区建成区面积从25平方公里提高到45平方公里；城镇人口从87.5万人提高到183.21万人，全市城镇化率从2011年的32.1%提高到2016年的43%。

一是“山水魅力”，构筑宜居家园。城市是人民群众赖以生存的家园。近年来，铜仁市不断优化空间布局，完善城市功能，提升城市品位，拓展城市内涵，结合多山地、多民族等特点，把新型城镇化作为可持续发展的引擎、深化改革的助推器、经济增长的重要动力，建设宜居宜业宜游的山水园林城市，打造绿色小镇、活力小镇和美丽乡村，努力走出一条山地特色新型城镇化发展路子，奋力建设让群众享有幸福生活的城市。铜仁市坚持把山水魅力融入城市建设，着力构建宜居宜业宜游的山水园林城市，走出了一条山地特色新型城镇化的路子。

二是“一步一景”，引领幸福生活。铜仁市探索形成了“产城互动、教城一体、景城融合、同城联动”的发展模式。每天傍晚，锦江河畔的沿江步道走一圈，花果山转一转成了大多数铜仁市民的一个习惯。三江公园、木杉河公园、文笔峰、架梁山等大大小小的各类公园有10多个，城市犹如一个景区，生活就像在画里。铜仁市的城市发展，走景城融合之路，把山水特色、园林功能和人文底蕴结合起来，实现人、山、水、文、城的和谐共融、良性互动。而今的“一步一景”是很多外来游客对铜仁市的第一印象。

三是“产城互动”，提升幸福指数。产业是城市化的基础，也是安居乐业的致富之路。城建是老百姓看得见的“以人为本”、摸得着的“执政为民”，修一条路、扩一条街、建一座公园，老百姓就会切身感受到生活环境的改善，就会增强幸福感和归属感，就会凝聚民心。铜仁市坚持“产城互动”的发展模式，重点解决市区规模偏小、功能不全、承载力不足的问题，尤其要加快公园、体育馆、文化馆、博物馆、学校、医院的建设，让人民群众切身感受到城市的变化；尽快完善供水、供电、供气、供热等基础设施，提升城市功能，改善人居环境，提高生活质量，使发展的成果惠及更多的百姓。在“产城互动”方面，紧紧牵住产业园区建设的“牛鼻子”，城镇化与工业化互动互融，实现建一个产业园区、造一座产业新城。同时坚持以城区作为汇聚点，统筹安排就业、居住、市政和公共服务设施用地布局，推动园区、城区和景区在融合中相互给力。开展“整脏治乱”，创新城市管理，让城市形象更美、让人居环境更好，打造人民群众满意的好城市。

4. 深化“美丽乡村”行动计划，铺平“幸福之路”

农村不仅生活环境要美丽，而且农民精神文化更要丰富。铜仁市拥有300万农村人口，大多数分散居住在深山区、石山区，没有这300万农村人口的小康，就没有全市人民的小康。实施“四在农家·美丽乡村”基础设施建设六项行动计划，是铜仁市贯彻习近平总书记关于加快农村和贫困地区小康建设有关要求的具体举措，是推进全市扶贫开发、加快农村经济社会发展的重要突破口，是解决铜仁市农村基础设施薄弱、人居环境脏乱差问题的客观需要。

一是夯实基础，完善功能。铜仁市于2014年启动实施“四在农家·美丽乡村”基础设施建设六项行动计划。集中打造一批功能齐全、住房美观、环境优美的新型村寨，村庄设施要实现“六通”、做到“八有”，即通路、通水、通电、通电话、通网络、通电视，有文化体育广场、医疗卫生室、小学或幼儿园、农贸市场、停车场地、公共厕所、金融服务网点、污水垃圾处理设施。2016年年底，全市小康路已建成通村沥青（水泥）路5992.4公里，建制村通畅率75.9%；小康水完成投资21.11亿元，解决了

96.8 万农村居民和 20.17 万师生饮水安全问题；建成小康房 5822 户；建成省级小康电示范点 27 个；小康讯完成投资 2.64 亿元；小康寨完成投资 18.16 亿元。如万山高楼坪依托“七彩村庄”打造“农旅一体化”美丽乡村旅游产业，与“四在农家·美丽乡村”的侗族文化、农家风情完美融合，形成一个高标准、特色化的乡村休闲旅游村，在 2014 年被评为“全国民族特色村寨”，成功创建省级文明村寨，2016 年被评为全省小康创建示范村寨，是名副其实的小康寨，享有“黔东第一村”之美誉。

二是创新模式，融合发展。坚持特色产业与现代发展理念、消费需求相对接，突出好生态茶、蔬果、中药材、核桃和油茶五大支柱产业，配套铜仁珍珠花生等特色产业，鼓励群众发展规模种养业，壮大一村一品、一乡一业，形成特色规模效应。积极推广畜—沼—菜（果）等绿色生态模式，打造特色农业的“生态效应”。依托特色农业，积极发展观光农业、农家乐等，延长产业链，提高附加值。加快农业品牌建设，提升农业的知名度和影响力。例如，万山区创新模式，融合发展，立足山地资源优势，围绕“建成山地高效农业示范区”目标，实现了万山农业的历史性突破。一是“公司 + 基地 + 农户”合作共赢模式。由九丰农业公司免费提供蔬菜种苗和种植、管理技术支持，农户负责生产，产品由公司统一收购在市场销售。建设育苗大棚，可年生产蔬菜种苗 1000 万株以上，辐射周边大树林、小湾、夜郎、兴中等村寨贫困农民 235 户，户均年增收 2 万元以上。二是围绕土地做文章，让农户获得“租金”收入。企业按照每亩 800 元/年的价格流转土地 3000 余亩，覆盖贫困农户 126 户，户均可增收 6000 元以上，让农民“年年有收入”。三是“党组织 + ”模式，让农民获得“股金”收入。由村支“两委”组建专业合作社，贫困户以土地和资金形式入股，年终按照入股比例参与分红。四是“园区 + 企业”转移劳动力，让农户获得“佣金”收入。多种方式为农民提供就业渠道，如九丰农业与政府合作定期开展技术培训，将农户转化为农业产业工人，入企从事蔬菜种植、科普管理、花卉管护等工作。目前，有 300 余人在园区就业，人均每月收入 2000 元以上；建成后，可提供近 3000 个就业岗位，岗位年均收益 2 万元以上。

（三）实施“育人工程”，打造“优雅”宜乐环境

铜仁市坚持“富民优先，让群众共享发展成果”理念。大力发展社会事业，不断提高社会保障水平；坚持把教育放在优先发展的战略位置；加快发展卫生事业，解决群众“看病难、看病贵”问题；以满足农村群众基本公共服务需求为目标，全面落实易地扶贫搬迁、教育、医疗健康、就业、社保兜底等政策，认真落实教育资助、医疗救助等兜底政策，着力提升教育、健康、就业、养老等农村基本公共服务保障供给水平，实现贫困村全体村民共享基本公共服务。健全社会救助制度，有效保障困难群众的基本生活，让绝大多数群众“过得好”，坚决不让一个困难群众“过不去”，提升群

众的获得感和满意度。

1. 文化之光照亮百姓生活——“以文化人”

乐，快乐，人的精神生活充实。为了乐有基础、乐有载体，丰富群众的精神生活，提高市民文明素质，铜仁市围绕“一山两江四文化”，致力打造“梵天净土，桃源铜仁”文化名城。通过打造文化名市，大力发展公益性文化事业，为群众提供各类优质的公共文化服务，并充分挖掘铜仁市历史文化资源，以及加快文化产业园区规划建设，大力发展新闻出版、设计创意等文化创意产业。开展红色文化开发，大力传承红色基因，滋养黔东人民的精神家园，推动红色精神融入血脉、融入灵魂。进一步加强全市的文化基础设施建设，重点抓好社区的文化设施建设工作，使乐有基础、乐有载体；以改革为动力，积极开拓进取，大力发展文化产业，使乐有抓手、乐得其实；大力弘扬时代主旋律、弘扬民族精粹文化传统，增强主流文化的主导力和抗波力，营造积极向上的社会文化氛围，使乐有所向、乐有档次、乐有品位。

铜仁市按照“整合资源、综合利用、统一管理、服务群众”的原则，创新基层公共文化服务机制，四项措施推进基层公共文化设施共建共享，提升了公共文化服务水平。

一是抓统筹，相关部门共同参与，建立公共文化服务体系协调机制。铜仁市成立了由文化部门牵头，宣传、组织、财政、教育、科技、卫生、司法、文联、妇联等相关部门共同参与的工作协调机制，营造齐抓共管、合力推动公共文化服务发展的良好环境。

二是抓创新，加强制度机制建设，推动公共文化服务创新发展。市政府下发了《铜仁市创新基层公共文化服务机制实施方案》《铜仁市创新基层公共文化服务建设试点工作方案》，为创新和推动基层公共文化服务工作提供了政策依据和保障。建立服务绩效评估和考核机制，将公共文化设施建设纳入城乡规划，将各区县、乡镇（街道）和市直有关部门公共文化设施建设和管理情况纳入目标绩效管理。

三是抓整合，建综合性服务平台，为群众提供便捷的公共文化服务渠道。整合市域已建成的乡镇（办事处）综合文化站、党员远程教育服务点、公共电子阅览室、文化信息共享工程、农民体育健身工程等文化阵地和设施，形成综合性服务平台，为群众提供文化服务。

四是抓试点，发挥示范带动作用，以点带面推动公共文化服务上台阶。坚持分类指导，示范先行，选择基层公共文化服务体系基础较好、设施网络比较健全的 4 个乡镇进行试点，逐步向全市推开，带动全市基层公共文化服务体系建设上台阶。

2. 优质教育普惠百姓子女——“以教育人”

教育为先，精准扶贫先扶智，享受优质教育是百姓安居乐业的最基本权利。铜仁市深化教育领域综合改革，扩大教育开放，让老百姓享有公平优质的教育资源。通过实施城乡教育一体化、山村幼儿园等形式努力化解城市“大班额”、农村子女“入园难”问题，实现了城乡孩子“有学上，上好学”的优质教育目的。为救助家庭经济困难的学生，按照“应资尽资、应助尽助”的要求，建立健全家庭经济困难学生资助政策体系，确保贫困家庭子女完成学业，“一个都不能掉队”。

城乡教育均衡发展。近年来，铜仁市把推进义务教育均衡发展作为服务民生、改善民生的重中之重，坚定不移地实施“教育优先发展”战略，以推进义务教育学校办学条件、师资力量、管理水平、教育质量基本均衡为重点，不断加大投入，大力实施中小学布局调整、教育资源整合、校舍安全工程、中小学办学条件标准化等教育惠民工程，全力推进县域义务教育均衡发展，基本实现了教育思想现代化、办学行为规范化、办学条件标准化、教师队伍专业化、入学机会均等化、学生素质优良化、教育质量优质化、城乡教育均衡化目标。同时，铜仁市积极向下延伸实施了城乡幼儿园标准化建设，普及了学前三年教育；向上拓展加强了普通高中、中等职业学校规范化建设，已基本实现全域均衡发展；全市教育事业呈现出均衡、规范、健康、优质的良好发展态势。2016 年全市有玉屏等 3 个区县通过省级“义务教育发展基本均衡县”评估。

3. 解决“看病难，治病贵”——“以医惠人”

全民健康，是时代的呼唤，也是百姓的期盼，更是百姓安居乐业的诉求，没有全民健康，就没有全面小康。健康铜仁的核心是以人民为中心，本质上是改善人民健康状况，实现人民健康全覆盖。

铜仁市围绕解决“看病难，治病贵”问题，打造健康铜仁。按照“医疗有保障，个个能享受”的要求，坚持标本兼治，增强服务能力，深化“三医”联动改革，通过“四大举措”，发展智慧医疗，开展全民健身运动，以全民健康助力全面小康，努力让群众“看得上病、看得起病、看得好病”，有效缓解了“看病难、看病贵”问题，构建良好医疗环境，基本满足了百姓的诉求。

一是完善便民设施，让群众“看得上病”。实行假日门诊，方便群众就医。目前，全市共有民营医院 59 所，编制床位 3099 张，实有床位 3690 张，占全市医疗机构总床位的 24. 5% 。形成了公立医疗机构与民办医疗机构有序竞争、优势互补、良性发展的格局。

二是强化惠民措施，让群众“看得起病”。为了让群众看得起病，住得起院，从 2013 年起，铜仁市率先在全省启动建立了新农合市级重特大疾病保险制度。目前，全市已构建了“门诊报销、一般住院报销、大病报销和重特大疾病报销”四层医疗保障网络。

三是内外兼修，让群众“看得好病”。采取“引进来、送出去、定点培养”等方式，加强卫生人才培养。畅通职称晋升渠道，提高卫生技术人员待遇。全市各医疗服务机构加强医德医风建设，严格执行国家卫健委“九不准”，深入开展“两学一做”学习教育，不断提高医疗服务质量和服务水平，制定了医德医风绩效考核办法，坚持每月开展医德医风调查，严格兑现奖惩。

四是医疗保险，让群众“方便看病”。2017 年 6 月起铜仁市实现基本医疗保险跨省异地就医全国联网直接结算，从而完善广覆盖、多层次的城乡医药卫生体系。实施便民医疗服务，逐步整合建立城乡统筹的居民基本医疗保险制度，全面推行城镇居民医疗保险，启动城市合作医疗，参保覆盖全社会，切实解决“不方便看病”问题。

例如，思南县积极探索“四个推进医联体建设”工作，上下联动，凝心聚力，全力破解群众“看病难，看病贵”问题。

一是全面推进县乡医共体建设。立足城市功能布局和全县医疗卫生服务体系建设情况，由县人民医院为牵头单位与许家坝镇卫生院（西翼）、双塘街道社区卫生计生服务中心组建 1 个“医共体”，推进人员、业务、设备、考核“四统一”管理，实现区域性带动发展，把县乡村医疗卫生服务连为一体，构建优势互补、利益共享的县乡村医疗卫生服务一体化格局。

二是全面推行“医共体”人事制度改革。第一，将“医共体”内所有医疗单位空缺编制收归牵头单位统筹使用，乡镇卫生院进人以牵头单位名义公开招聘，统一调配人力资源，解决基层“招不来人”问题。第二，“医共体”内相应执业资质卫生技术人员实行多点执业，建立县级卫生人才培训中心，定期开展培训和人员进修，解决基层“看不好病”问题。第三，除“医共体”牵头医院院长由县委任用外，副院长任免权下放到卫生计生主管部门，乡镇卫生院班子任免权下放到牵头医院；根据“医共体”内部收入状况核定绩效工资总额，建立分级分类差别化考评机制，解决“医共体”资源“盘得不活”和“留不住人”等问题。

三是全面推进合作帮扶和政策支持。牵头医院要做好医疗人才“组团式”精准帮扶基层专科建设和人才培养，推动人才下沉，补强基层人才短板。推进医学检验、放射影像、消毒供应、物流配送等共享中心建设，完善远程医疗平台，实现优质卫生资源共建共享。建立上级医院医师到基层坐诊制度，实施县域医疗服务共同体总额付费方式改革，让辖区居民享受县级以上医院的优质服务以及基层机构的收费价格和报销政策。

四是推进分级诊疗制度建设。建立完善双向转诊制度，一般常见病在基层诊治，受条件所限难以诊治的，应转入县级医院诊治；上级医院对基层转诊病人实行免费挂号，优先预约专家门诊、优先安排辅助检查、优先安排住院“一免三优先”服务，对符合下转指征的患者及时下转，逐步构建“基层首诊、双向转诊、急慢分治、上下联动”的分级诊疗制度。

4.“厚德铸铜，仁义致远”——“以德服人”

以德服人，出自《孟子·公孙丑章句上》。以良好的德行使百姓归顺、服从统治者。服，归顺、臣服。德，包括忠、孝、仁、义、温良、恭敬、谦让等。以德服人，先德于自己，再服他人！自己做人做事首先对得起忠孝仁义，对人对事一视同仁！能以德服人的人总是谦让，秉承吃亏是福的态度。

铜仁市将“厚德铸铜，仁义致远”作为铜仁培育和践行社会主义核心价值观的主要载体。仁，主要指“仁爱”，是中华传统文化的精髓、道德修为的基石；“义”的内涵为正义、道义，强调通过法治、民主来推动弘扬社会正义，实现和谐。“仁义”精神在铜仁市已深入人心，人们要把铜仁市建设成人文美誉度较高的“仁义之城”。

一是深化“铜城仁者”选树，打造道德楷模。2014 年以来，开展四届“十大铜城仁者”和“铜仁道德模范”评选活动，评选了铜城仁者 60 人、道德楷模 60 人、最美铜仁人 200 多名。其中，16 人荣登中国好人榜，98 人荣登贵州好人榜，张蕾荣获全国第五届道德模范奖，姚少军荣获全国第四届道德模范提名奖。通过选树各行各业的先进典型人物，引领全社会形成明礼知耻、崇德向善、遵德守礼、见贤思齐的浓厚氛围，让“仁”文化在铜仁市发扬光大。

二是开展“道德讲堂”活动，传播道德知识。围绕“明礼知耻·崇德向善”主题，在全市各级各单位深入开展“道德讲堂”活动，利用身边人讲身边事、身边人讲自己事、身边事教育身边人，将“道德讲堂”打造成群众易于参与、乐于参与的道德建设的平台和载体。让“道德讲堂”进机关、进社区、进村寨、进企业、进学校。同时，深入挖掘“仁义”精神内涵，对铜仁市数百年来以“厚德仁义”精神为主的“感动铜仁”人物题材进行梳理总结，全面展示铜仁“仁义”精神，全面展示铜仁“厚德载物、仁义致远”的人文精神。坚持通过高端媒体展示，用先进典型感动人；通过编辑系列精品丛书，让“仁义”精神进课堂、进社区、进家庭，用“仁义”文化感染人；通过开展相关评选活动，重点推出各行各业道德模范、劳动模范、见义勇为等先进个人，用评选机制激励人。

三是培育文明新风尚，塑造高尚人格。以德服人，以诚待人，是人格品德的核心所在。俗话说“做事先做人”，这句话无疑是对做人提出了更高的要求，这是一种理念，是一种心态。着力培育良好社会文明新风尚，让“仁义”文化内化于心、外化于行、固化于志。深入开展“星级文明农户”“五好文明家庭”“致富能手”等文明创建活动，教育贫困群众依靠勤劳致富实现自我脱贫，消除“等靠要”消极思想，教育广大干部在事业追求中，视集体的利益、人民的利益高于一切，爱岗敬业、无私奉献，说老实话、办老实事，做到言行一致、表里如一。同时，深化拓展“快乐铜仁”主题系列活动，进一步激发广大干部群众热爱家乡、建设铜仁的热情，营造积极向上、干事创业的良好社会氛围。积极探索村级环卫保洁常态化机制，深入开展农村“治五乱”工程，整治脏乱差，建干净整洁、安居乐业的美好家园。多措并举、多管齐下开展环境保护、治理污染和节约资源活动，让农村青山常在、绿水长流、空气常新。

（四）实施“双创工程”，打造“优裕”就业环境

就业是民生之本，创业是安居乐业铜仁福地的关键。就业是人们进入正常社会生活环境所不可缺少的必要条件，是缓解收入分配差距，大面积消除贫困现象的有效途径。

近年来，铜仁市围绕发展产业，确保有业可就，破解资金难题，突出“双零”家庭就业、开展技能培训和优化服务工作，促进就业创业增收。深入实施城乡居民增收行动，缩小城乡居民收入差距，实现经济增长与居民增收互促共进。通过就业有助于社会成员自身的发展，保证社会成员后代健康成长和人力资源的充分开发；有利于提高社会的整合程度，普遍提升社会成员的生活质量；有助于社会稳定发展基本宗旨的最终实现。

1. 加快产业扶贫，破解“双创”瓶颈

产业扶贫是增强贫困村内生动力的关键一招，也是精准扶贫“五个一批”中最重要的措施。铜仁市实施更加积极的就业政策，按照“县县有主导产业、村村有集体经济、户户有增收项目、人人有脱贫门路”的要求，加大发展产业力度，通过建立一批产业园区、创业示范区等，创造更大市场空间和更多就业岗位。做好返乡农民工、高校毕业生、城镇困难人员、退役军人等重点人群就业工作，实现比较充分和更高质量的就业。完善创业扶持政策和激励机制，推进双创示范基地等平台建设，努力让人人拥有干事创业、公平发展的机会。为了解决就业、创业资金难问题，全力落实就业小额担保贷款政策，加快完成2016年基层就业和社会保障服务设施建设。积极推进公共就业服务工程，开展就业援助月、春风行动、民营企业招聘周、高校毕业生就业服务月等活动。2016年全市实现城镇新增就业5万人；扶持新创办型企业、个体工商户2万户以上，公益性岗位安排就业困难人员8000人；转移农村劳动力8.8万人，培训农村劳动力1.5万人次。

2. 抓住重点环节，突出“双零”家庭

先就业，后乐业，“一个都不能掉队”是政府的承诺。如何保障“双零”家庭就业是安居乐业的首要任务。铜仁市对城乡所有“双零”家庭进行调查，摸清底数，对“双零”家庭逐人登记造册，实行动态管理，确保全市城镇现有零就业家庭全部“清零”，农村零转移就业家庭每户至少一人转移就业。每年开展“大中专技校毕业生就业服务月”，对办理失业登记的大中专技校毕业生开展就业服务。针对小额担保贷款门槛高、手续复杂、效率低等问题，铜仁市将研究制定新的奖励措施和办法，最大限度地发挥政策促进就业的作用。

3. 注重技能培训，提高就业“含金量”

技术技能培训是脱贫关键环节，也是就业再就业工作的重要一环。铜仁市围绕“培训一人、就业一个、脱贫一户，创业一人、带动一片、激励一方”的目标，以培养

高级工以上技能人才为重点，推进以企业为主体、技工学校为主要渠道、短期培训为主要方式的职工技能培训模式，加快生产、服务一线，特别是制造业、现代服务业急需的高素质、高技能专门人才的培养。重点抓好失地农民的就业培训，提高农民的就业竞争能力，同时搞好失业人员的培训和安置。今年以来，铜仁市就业局以贯彻落实就业创业政策为主线，多措并举，强化培训宣传，积极组织开展无线电安装、驾校、汽车维修、厨艺等技能培训。据统计，通过强化技能培训，提升了贫困劳动力就业能力，2016 年全市完成农村贫困劳动力培训 7888 人。

4. 提高服务质量，落实就业“三精准”

提高就业服务质量，落实就业“三精准”，即精准对象、精准施策、精准帮扶。通过打造创业就业乐园，开展温馨贴心服务，推进大数据社会管理服务，着力打造温馨社区、智慧社区，为老百姓提供更加贴心、优质、到位的就业等综合服务。

实名制登记，精准对象。加强高校毕业生就业创业服务，健全就业指导服务体系，各级人力资源市场要设立高校毕业生就业服务窗口，为高校毕业生提供有针对性的就业服务。采取网上网下相结合的方式，多渠道收集、发布就业信息，办好各类招聘活动，切实做好高校毕业生实名制登记工作，建立高校毕业生实名制信息管理系统。对高校毕业生就业实行全程动态管理，对离校未就业毕业生开展实名制登记工作，做到底数清，落实就业扶持政策，精准发力，精准对象。

建立台账，精准施策。准确掌握就业困难高校毕业生情况，有针对性地开展就业指导，提供“一对一”就业服务。加大对就业困难高校毕业生的帮扶力度。就业困难高校毕业生享受公益性岗位安置、社会保险补贴等就业援助政策。按规定做好求职补贴发放工作，经认定的应届就业困难高校毕业生进行失业登记的，按每人 500 元的标准发放一次性求职补助，所需资金由各级就业专项资金列支。切实做好就业见习工作，千方百计挖掘就业见习岗位，及时兑现见习补贴，确保年度内有就业意愿的离校未就业高校毕业生都能通过见习计划获得职场锻炼的机会和适当的生活补助。

技能培训，精准帮扶。充分发挥技工院校等职业院校、公共实训基地和各类职业培训机构的作用，面向高校毕业生大力开展就业技能培训，提升就业技能。高校毕业生在毕业年度内参加就业技能培训，根据其取得资格证书或就业情况，按规定给予培训补贴。强化职业技能鉴定服务，引导高校毕业生积极参加职业技能鉴定，拓展高校毕业生取得职业资格证书或专项职业能力证书的渠道。对高校毕业生在毕业年度内通过初次职业技能鉴定并取得职业资格证书或专项职业能力证书的，按规定给予一次性职业技能鉴定补贴。

（五）实施“绿化工程”，打造“优质”生态环境

“黔中各郡邑，独美于铜仁”，这是古人对铜仁市的由衷赞美。“多情最是锦江水，

依依一步一回头”，这是今人对铜仁市的生动描绘。

不负青山，方得金山。良好的生态是铜仁市最大的资源和优势，也是全市人民源源不断的金山银山。铜仁市牢牢守住生态优势，借力山水资源，发展生态产业。5 年来，坚守生态底线，厚植绿水青山，大力实施天然林保护、退耕还林、荒山造林等林业重点工程，森林覆盖率增至 59%，居全省第二；先后获中国油茶之乡、黔金丝猴之乡、楠木之乡、香果树之乡、鸳鸯之乡等绿色称号。

近年来，铜仁市委、市政府高瞻远瞩，审时度势，立足优势，着眼未来，提出用 3 年时间建设“绿色铜仁”。通过开展全域绿化“六绿”攻坚战，实施绿道、绿城、绿水、绿村、绿园、绿景，力争到 2019 年全市新增造林绿化面积 240 万亩以上，确保到 2020 年全市森林覆盖率达到 65%。生态环境保护对于铜仁来说显得尤为重要，是政治任务，也是战略行动。通过“强化监督、铁腕整治、重点防控”等措施，为安居乐业福地打造“优质”生态环境。如今，全市城乡面貌焕然一新，处处绿水青山，群众的环保意识和获得感显著增强，铜仁人民增强了发展自信。

1. 强化督查，健全“三道保险”

铜仁市全面践行“创新、协调、绿色、开放、共享”新发展理念，始终坚守发展和生态两条底线，以稳步改善环境质量为核心，实行最严格的环境保护制度，以创建国家环境保护模范城市为目标，统筹推进环境污染治理设施建设，着力提升环境治理能力水平，着力加强环境保护监测监管能力建设，切实保障全市生态环境安全。

多年来，铜仁市将“坚持生态立市方略，加快建设生态铜仁”作为建设物质富裕精神富有现代化铜仁的重要任务，提出打造“富饶秀美、和谐安康”的“生态铜仁”，全面推进“美丽铜仁”建设，再次契合“美丽中国”的发展脉搏。生态铜仁如一根红线贯穿始终，最终成为全市生态文明建设的目标追求。从“绿色铜仁”“生态铜仁”到“美丽铜仁”，生态文明建设理念，十年一脉相承，绿浪翻滚，游人络绎不绝前来领略“美丽乡村”的风采。

今年，铜仁市组织实施《铜仁市创建国家环境保护模范城市规划》，扎实开展创建模范城工作。严格落实环境保护“党政同责”“一岗双责”，全面加大问责力度，以责任追究倒逼环保问题彻底整改，锁牢环保问题整改第二保险。市委书记、市长亲自督导把关，锁死环保问题整改第三道保险。通过副市长督办，纪委书记（组织部部长）督察，书记（市长）督导这“三道保险”机制，有力推动了各区（县）环保问题的整改落实，大大提高了工作效率。宜居宜业宜游，村美民富，“美丽乡村”正成为美丽铜仁的一道亮丽风景线。

如万山区“山水美”盘活资源。一是盘活“夜郎山水”。用好用活夜郎“十里峡谷”资源，加快夜郎谷景区建设，启动夜郎谷漂流，重点建设索道、栈道、游乐蹦极等项目，打造集探险、漂流、观光为一体的体验式旅游风景区。二是激活绿色山水。

以“六绿”攻坚行动为主要抓手，重点实施绿道、绿水、绿园、绿景、绿村、绿城项目，重点实施黄家寨美丽乡村提级改造项目、集镇绿道改造项目等。目前，已完成投资2亿元建设黄家寨绿化亮化改造打造绿村项目，以及“江南水乡·滨河公园”河道改造、人工湖泊、丹砂湖等绿水项目。三是用活蓝天碧水。实施夜郎谷景区植被造林工程、兴中村水土保持工程、夜郎村绿化植树工程等项目。大力实施“一乡一特，一村一品”工程，完成了夜郎村、兴中村、龙田村共5000亩蜜枣出产基地，已形成蜜枣特色产业链，青年湖村1000亩黄桃基地已完成栽培种植，林海村、老山口2000亩油茶基地已开花结果。

2. 铁腕治污，稳步提升环境质量

健全问责机制，严格开展责任追究，认真落实环境保护“党政同责、一岗双责”。推进主要污染物减排工作，强力督办涉水、涉气的重点减排工程，加强排污许可证管理，严格执行建设项目主要污染物总量指标审核和削减替代制度。扎实开展大气污染防治，深化扬尘综合整治，重点控制施工、道路、堆场等扬尘污染。打好水污染防治攻坚战，推行重点流域“河长制”，确保全市主要河流水质优良比例超过90%，县城以上集中式饮用水水源水质达标率100%。同时加强推进土壤和固体废物污染防治工作，对群众举报的环保违法违纪问题，发现一起、查处一起。对因问题整改不力、工作不作为造成严重后果的严肃问责，以问题倒逼推进整改落实。针对思南县张家寨镇吼水坝纸厂乱排污水问题，立即责成思南县开展调查核实，对2名相关责任人分别给予党纪和政纪处分。针对松桃县住建局和经济开发区规划建设局对环保工作落实不力、工作安排部署不到位的问题，对相关责任人给予诫勉谈话并在全市进行通报。松桃县对12家环保违法企业进行立案查处，共处罚款117万元。大龙开发区对建强锰业违法排污案进行立案查处，处以罚款20万元，约谈公司负责人2人，拟进行司法移交。玉屏县已对该县饮用水源保护区内建设现代物流产业园案件相关责任人进行了诫勉谈话，市纪委会同环保等相关部门已开展了责任调查，下一步市政府将启动问责机制。截至5月20日，全市问责85人，其中县处级7人，乡科级及以下78人；约谈60人，组织处理21人，党政纪处分4人，移交问题线索1人；信访投诉案件中，责令整改企业49家，其中立案处罚14家，罚款102.5万元，约谈38人，问责25人。

3. 重点防控，确保生态环境安全

坚持依法保护环境，加大环境违法企业曝光力度，推进“阳光执法”，坚持依法行政，深入推进规范环保行政执法试点工作，推进企业环境信用体系建设，清理完成排污费拖缴、欠缴积案结案工作，充分发挥网格监督员“哨兵”作用，及时发现、制止轻微环境违法行为。同时保持执法高压态势，狠抓行政处罚与协调联动，做好重点领域环境风险防控。面对突出问题，敢于较真碰硬。从环保督察组转办的信访案件来看，铜仁市在环保问题上主要存在大气污染、水污染、噪声污染、固体废物污染、重金属污染等，立足问题导向，认真分析，深层次找准问题根源，做实整改措施，突出整改成效，做到一问题、一档案、一措施、一专班，在认真分析问题存在的根源后，一项一项查源头，一个一个查主体，在规定时限内完成环保问题整改。对问题不回避、不遮掩、不拖延、不手软，对环保问题不查清楚不放过、整改不到位不放过，群众不满意不放过，坚决彻底开展整治。5 月 6 日，根据群众举报，碧江区灯塔街道办事处芦家洞活性炭厂废气排放及多家养猪场污水排放严重超标，接件后，碧江区组织相关部门当日就对 1 家活性炭厂和 5 家养殖场下达整改通知，并在 3 日内对养殖户生猪完成转移及炭窑封停。思南县全面完成网箱清理工作，投入资金 5200 万元，拆除网箱 72.2 万平方米，涉及网箱养殖户 445 户。

4. 完善制度，建立环保长效机制

铜仁市坚守生态底线，大力实施新一轮退耕还林和通道绿化工程三年行动计划，完成石漠化治理三位一体规划，建立健全生态文明建设长效机制。一是出台《生态环境损害领导干部问责实施细则》，明确各级各部门环保职责，强化生态环境保护“党政同责、一岗双责”。二是建立健全环境保护会商机制，定期召开环保工作联席会议，研究解决工作中面临的重大难点热点问题。三是对全市各级党委、政府及相关职能部门划分生态环境保护责任，明确各级各部门按照各自责任认真履职，对不认真履行职责发生环境污染事件造成恶劣影响的干部实行“一票否决”。四是建立群众参与机制，以群众为主体，环境保护工作做得好不好，由群众说了算。在全市倡导环境保护全民参与、共同整治的意识，大力开展环境宣传教育，增强全民环保意识，在全社会形成保护生态环境的良好氛围。

5. 坚持“两山并重”的发展模式

“守住发展与生态两条底线”是习近平总书记对贵州工作的殷切嘱托，也是铜仁市必须要写好的一篇大文章。在加快发展、实现赶超的过程中，铜仁市坚持“两条底线一起守，两座山一起建，百姓富生态美两个成果一起收，既要金山银山，更要绿水青山”的发展模式。围绕“增长速度、收入进度、贫困程度、社会安全度”四个方面牢牢守住发展底线。以脱贫攻坚为统领，通过实施环境保护、产业振兴、城乡建设、生态文化、和谐幸福“五大工程”，大力发展生态产业，优化生态环境，进一步形成以服务经济为主体、具有较高生态质量的特大型城市产业结构。努力建成经济更加发展、民主更加健全、法治更加完善、科教更加进步、文化更加繁荣、社会更加和谐、环境更加优美、人民生活更加殷实的安居乐业铜仁福地。

守住生态底线：坚持走向生态文明新时代，深入践行“绿水青山就是金山银山”发展理念，大力实施大生态发展战略，着力从山青、天蓝、水清、地洁四个方面牢牢守住生态底线。大力发展生态产业，优化生态环境，通过新老城区功能定位，进一步形成以服务经济为主体、具有较高生态质量的特大型城市产业结构。实施“青山绿地”

“蓝天碧水”“花园城市”等重大行动计划，更新生态理念，注重生态建设，更加注重以人为本、更加注重可持续发展作为城市生态文明建设的核心灵魂，构筑“森林围城、绿水绕城、绿道穿城、绿意满城、四季花城”的美好景象。同时，大力开展以空气环境、水环境、交通环境和人居环境为重点的城市环境综合整治，实施空气质量 PM2.5 监测，实现了“天更蓝、水更清、路更畅、房更靓、城更美”的阶段性目标，获得国家、省有关部门高度认可。

而今的铜仁市坚持守底线、走新路、奔小康，四处涌动着绿色发展的脉动，产业生态化、生态产业化正在成为现实美景，一个“天蓝、水碧、城绿、景美”的生态铜仁正离我们越来越近！

五、打造安居乐业铜仁福地建设的经验启示

铜仁市坚持以人民为中心的发展理念，通过“实施五大工程，打造五优环境”等一系列举措，以百姓衣、食、住、行为重点，积极探索创建安居乐业铜仁福地路径，让百姓有更多的获得感、幸福感。现如今的铜仁市基本实现“上学不困难、看病不出村、养老不犯愁、住房不担心、收入不降低、治安好生态优、生活水平高、群众满意度高”的目标，正努力构建“学有所教、劳有所得、病有所医、老有所养、住有所居”的安居乐业铜仁福地。

1. 民为本，脱贫攻坚惠及百姓生活

精准施策拔穷根，同步小康走新路。铜仁市采取“四结合”模式，即坚持党政主导与企业主体相结合、线上与线下相结合、上行与下行相结合、高端培训与自主培养相结合模式，发展农村电商，助力脱贫攻坚。面对扶贫开发这场输不起的攻坚战，铜仁市因地制宜，精准施策，通过易地扶贫搬迁、电商扶贫、金融扶贫等举措，走出了一条新路子，实现“既要让群众住上漂亮房子，更要过上幸福日子”。如石阡探索“易地搬迁 + 旅游扶贫”的发展模式，打造坪望旅游扶贫新村。当地结合交通优势，充分利用红色文化基地，依托佛顶山旅游区和中坝温泉小镇的辐射带动，在红色旅游、乡村旅游、综合服务等方面大做文章，开设农庄、土特产店、网店等，不断拓宽就业渠道，努力增加群众收入，目前建房 100 户，已入住 63 户，其中精准扶贫对象有 35 户 153 人。松桃自治县正大茶叶小镇，则探索出“生态移民 + 茶产业 + 乡村旅游”扶贫模式，整合生态移民项目建设小城镇，打造生态移民一条街。先后建成 230 套生态移民房，其中搬迁贫困户 51 户 225 人；目前尚有 164 套在建，计划搬迁贫困户 183 户 750 人。

2. 安为重，创造安定和谐的治安环境

百姓的安全感十分重要，是安居乐业之重点。铜仁市通过“三个开刀”等专项治

理和城乡定期开展安全隐患大排查，对排查出的安全隐患进行限期整改，从源头上杜绝了安全隐患的发生，刑事案件、治安案件逐年下降，为营造安定的治安环境提供了坚实保障。

3. 居为先，打造整洁宜居的居住环境

铜仁市以“五城联创”为契机，围绕打造干净、整洁、有序的居住环境，不断完善措施，加大工作力度，确保为群众提供整洁宜居的居住环境。制定了《城乡环卫一体化长效管理机制》《农村卫生治理标准》《创建卫生城市社区治理标准》等各项制度标准，确保城乡环境“治得好、留得住”，实现了地洁目的。

4. 乐为主，创建积极向上的生活氛围

近年来，铜仁市多措并举丰富群众精神文化生活，设置文化墙、文化长廊，以漫画、图文解说等喜闻乐见的形式让群众在潜移默化中受到教育。走进铜仁城乡，以社会主义核心价值观和廉政文化等内容为主题的文化墙，成为一道亮丽的风景线，“说话”的文化墙，成为传播先进文化、涵养文明新风、推动环境卫生整治长效保持的有效载体。通过建设文体广场，建设农家书屋，切实提高全市群众的精神文化生活水平。如铜仁职业技术学院修建了138米“五元文化”墙。

5. 业为基，提供高效优质的就业保障

就业是民生之本，坚持以“失地群众和高校毕业生”就业为重点，加大扶持力度，强化技术培训，提供优质服务。为了保障居民失地不失业，搭建创业增收载体，让群众有活干、有钱拿，一方面，实施易地搬迁时规划建设商贸园和沿街商铺，由集体对外出租，既为居民创业就业提供了条件，又增加了集体收入；另一方面，通过建立工业园区等方式，安排村民到工业园工作，提供就业机会，全力保障广大学生和居民有业就、有饭吃、有收入。

六、关于深化安居乐业铜仁福地建设的对策建议

（一）打造安居乐业铜仁福地建设存在的一些问题

习近平总书记“7·26”重要讲话指出，“带领人民创造幸福生活，是我们党始终不渝的奋斗目标。”新时期，我国发展呈现出新的阶段性特征，人民对美好生活的向往更加强烈，人民群众的需要呈现多样化多层次多方面的特点，期盼有更好的教育、更稳定的工作、更满意的收入、更可靠的社会保障、更高水平的医疗卫生服务、更舒适的居住条件、更优美的环境、更丰富的精神文化生活。

当前，铜仁市正处于脱贫攻坚“攻坚拔寨、啃硬骨头”关键阶段，在全力打造安居乐业铜仁福地、建设美丽幸福新铜仁的实际中，以民生为重点，大胆创新，多措并

举，通过实施“五大”工程，构建居住、人文、生态、治安以及双创优良环境，取得了阶段性的成果。铜仁安居乐业福地建设虽然成绩巨大，但存在居无定所、脱贫困难、环境难治、社会治安及民生问题，特别存在产业不发达、就业质量不高、城区交通堵塞、城区“大班额”等各种不利因素，打造安居乐业铜仁福地建设目标还存在一些问题。

一是缺乏顶层设计。打造安居乐业铜仁福地是事关铜仁未来发展的大事，既是小康社会的内容，也是美丽幸福新铜仁的建设目标，因此，市委、市政府应从政策层面着手，制定打造安居乐业铜仁福地的实施意见，各区县、部门有具体的实施方案。

二是打造合力不强。安居乐业铜仁福地建设内容多、涉及面广，实施难度大，合力不强、手段单一、效果不佳，应成立领导小组，按照一个方案、一张图表、一套班子、一个指标一抓到底。

三是重点治理不够。在打造过程中，针对产业不发达、就业质量不高、城区交通堵塞、城区“大班额”、基层医院作用不明显等问题，特别是对影响人民生命安全的重要事项，治理力度不够，应列入重点治理，如食品安全、环境治理（中央巡视反馈意见中锰渣处理、河流治理）、社会治安以及脱贫攻坚的“精神乐业”问题。开展专项治理，构建优美宜居环境，让群众愿意来、住得下、有事干、风气正、空气好、生态美。

（二）深化打造安居乐业铜仁福地建设的对策建议

习近平总书记在十九大报告中指出：“增进民生福祉是发展的根本目的。”铜仁市委坚持以人民为中心的发展理念，围绕“一区五地”建设，必须多谋民生之利、多解民生之忧，在发展中补齐民生短板、促进社会公平正义，在“幼有所育、学有所教、劳有所得、病有所医、老有所养、住有所居、弱有所扶”上不断取得新进展，深入开展脱贫攻坚，保证全体人民在共建共享发展中有更多获得感，不断促进人的全面发展、全体人民共同富裕。建设平安铜仁，加强和创新社会治理，维护社会和谐稳定，确保国家长治久安、人民安居乐业。

按照“以科学规划引领为重点——构建安居乐业的高度，以城乡协调发展为关键点——挖掘安居乐业铜仁福地深度；以构建三大体系为着力点——筑牢安居乐业铜仁福地厚度；以文化建设为支撑点——测定安居乐业铜仁福地亮度；以同步小康为落脚点——提升安居乐业铜仁福地满意度”的发展思路，全力打造安居乐业铜仁福地，让改革发展成果更多更公平惠及全体人民，不断增强人民群众的获得感、幸福感，努力开创百姓富生态美多彩贵州新未来铜仁新篇章。

1. 以科学规划引领为重点，构建安居乐业福地“高度”

“民惟邦本，本固邦宁”。民生连着民心、民心凝聚民力，做好保障和改善民生工作，事关群众福祉和社会和谐稳定。铜仁市坚持保障和改善民生“没有终点站，只有连续不断的新起点”的执政理念，按照“科学规划，突出特色”的思路，加强安居乐业福地建设的顶层设计，以科学规划引领为重点，构建安居乐业的“高度”。

一是明确目标，加大落实力度。要按照中央、省委关于安居乐业的发展要求，以规划引领发展，千方百计增进民生福祉。习近平总书记指出：“人民对美好生活的向往，就是我们的奋斗目标。我们的人民热爱生活，期盼有更好的教育、更稳定的工作、更满意的收入、更可靠的社会保障、更高水平的医疗卫生服务、更舒适的居住条件、更优美的环境，期盼孩子们能成长得更好、工作得更好、生活得更好。”坚持守住底线、突出重点、完善制度、加大考核的思路，加快推进民生领域体制机制创新，促进公共资源向基层延伸、向农村覆盖、向弱势群体倾斜。

民生是人民幸福之基、社会和谐之本。要实施民生工程、办好民生实事，让群众住有所居、居有安全。一要抓重点。抓住人民最关心最直接最现实的利益问题，抓住最需要关心的人群。二要抓实在。既尽力而为，又量力而行，让群众得到看得见、摸得着的实惠。决不能开空头支票，否则就会失信于民。三要抓持久。把保障和改善民生作为长期任务来抓，一件事情接着一件事情办、一年接着一年干，锲而不舍向前走。四要抓组织。各级干部要带领群众一起干，通过辛勤劳动创造幸福生活。特别重视关爱困难弱势群体，健全农村留守儿童、困境儿童、留守妇女、空巢老人关爱服务体系，让“朝阳”更美、“夕阳”更红、社会更温馨！

二是精心设计，制定方案。坚持以人民为中心，以民生为重点，以制度为保障，以百姓幸福指数和满意度为目的，重点分析社会环境、物质生活、精神层面等安居乐业福地建设内容。安居乐业主要围绕提升教育质量、提高医疗水平、改善生态环境、强化社会治理、丰富精神文化生活、完善就业保障体系等六个方面，制定全力打造安居乐业铜仁福地建设的实施方案，科学制定福地的各项指标内容，使方案做到既科学又合理，既有量的要求，也有质的标准。

三是形成合力，实施考核。成立“一区五地”建设办公室，分为五个工作组，统筹推进各项工作，从方案制定、指标确定、实施过程、考核评价、问题整改等方面入手，认真落实指标体系。各区县既要遵从市级规划制定的战略及目标、措施，又不能呆板地按照规划亦步亦趋，应突出地方特色，发挥自己城市的优势，走出有特点发展之路。同时，加大投入、治理的考核工作力度，制定具体指标并实施考核，将实施方案落实的结果作为干部任免的依据之一。

2. 以城乡协调发展为关键点，挖掘安居乐业福地“深度”

所谓深度是指深浅的程度，触及事物本质的程度。铜仁市坚持“以人民为中心”的发展理念，走城乡协调发展之路，兑现“在经济社会不断发展的基础上，朝着共同富裕方向稳步前进”的坚定承诺，彰显着“让老百姓过上好日子是我们一切工作的出发点和落脚点”的价值追求。铜仁市统筹抓好城市和农村“两个关键点”，实现城乡协调发展，挖掘安居乐业福地“深度”。

一是建设美丽乡村，打造农民美丽家园。铜仁要美，农村必须美。必须以脱贫为统领，开展建设美丽乡村，让农村成为农民安居乐业的美丽家园。美丽乡村，内涵丰富，包括田园牧歌式的自然之美、农民富裕之美、民风淳朴之美、邻里和睦之美等内容。建设美丽乡村，让农村成为农民安居乐业的美丽家园，应从多方面着力：

一要让农村美起来。保护和改善生态环境，田园风光的自然之美是美丽乡村的最基本内涵。农村不同于城市，农村的主要功能是生产粮食蔬菜水果等农产品。农村的生态环境必须优美，包括清洁的空气、蓝蓝的天空、清澈的河流、干净的地下水、肥沃的土壤，才能生产出安全的农产品。严禁污染企业转移农村，严格依法处理环境污染事件，保证农村生态环境的安全。

二要拓宽农民增收渠道。增加农民收入，让农民富起来，让农民愿意在农村安居乐业，首先必须让农民富起来。搞一村一品或者一乡一品，通过农产品的深加工，提升农业附加值，增加农民收入。同时拓宽农村外部增收渠道，加大政策助农增收力度。要让留在农村的人安居乐业，必须让农民收入不断提高，让农民富裕，让农民生活得更美好，缩小城乡差距，让社会资本愿意到农村投资，让人们愿意留在农村安居乐业，让农民过上有尊严有品位的生活。

三要加快农村基础设施建设。推进城乡基本公共服务均等化，包括农村电网改造升级、农村宽带网络的普及，让农村人的生活丰富多彩。同时，要让城市居民记得住乡愁，必须把农村建设得更美丽。加强走新型城镇化道路，要让城市居民看得见山、望得见水、记得住乡愁，必须把农村建设得更美丽。要加快农村社会事业发展，推进城乡基本公共服务均等化水平。

四要创新社会管理。化解农村社会矛盾，确保农村社会稳定有序，构建和谐安定环境。切实完善立体化、信息化社会治安防控体系，依法严厉打击各类违法犯罪活动，提升群众安全感和满意度。强化安全生产监管，加强公共安全工作，健全突发事件应急处置机制，增强防灾减灾救灾能力，保障人民群众生命财产安全。实施阳光信访、责任信访、法治信访，有效化解矛盾纠纷，维护群众合法权益。

加强和创新农村社会管理方面，要以保障和改善农村民生为优先方向，树立系统治理、依法治理、综合治理、源头治理理念，确保广大农民安居乐业、农村社会安定有序。这为如何建设农民安居乐业的美好家园指明了方向。必须统一思想、提高认识，把加强和创新社会管理牢牢抓在手上，经过多年的努力，把铜仁建设成为老百姓安居乐业的美好家园。

二是打造智慧城市，构建市民幸福社区。坚持“以人民为中心”的城市发展理念，围绕市民需求，开展城市建设提质工程，通过打造智慧城市，完善城市功能，使之成为广大市民安居乐业福地。

一要让百姓拥有更多就业机会。人无恒产，必无恒心。恒产来自哪里？就是来源于稳定的就业。一方面，要以产业集聚带动人口集中，不放松有市场、有效益的劳动密集型产业发展，大力发展就业容量大的服务业，坚决防止脱离经济发展而人为大搞“造城运动”。另一方面，要大力实施创业带动就业战略，落实创业支持政策，搭建更多创业平台，提供更优创业服务，为城市新经济的成长创造良好环境。同时，开发更多城市就业岗位，重点做好高校和中职毕业生、复转军人以及农业转移人口的就业服务工作。

二要让城市更加美好。这个美好，既要求建筑别致，更要让居民望得见山、看得见水、记得住乡愁。建筑还要经得起历史检验，要与民族文化、历史传统相结合。铜仁市自然和人文资源丰富，处理得好，就能把城市人文与好山好水好风光有机融合起来，让城市成为人民安身立命、安居乐业的美好家园。

三要让城市公共服务更加高效。上学难、出行难、养老难、就医难，以及生活不方便等问题，很大程度上与管理、服务不到位有关。必须进一步增强城市的服务属性，制定和落实市政基础设施和公共服务设施专项规划，合理均衡布局城市各类公共设施，提升城市的通透性和微循环能力。同时，以社区为单位构建公共服务网络和社区生活圈，让市民生活更加便捷，让城市更有人情味。

四要让更多农村人口融入城镇。目前，有许多已经在城市工作生活的农民工及家属，由于就业、住房、医疗、教育、社保等方面的不平等，处于“半市民化”状态。因此要针对不同层次、不同职业人口情况，实施差别化居住证和户籍制度，推动基本公共服务向常住人口覆盖，提高新市民对城市的适应能力和归属感。同时，充分尊重农民意愿，将农业转移人口户籍与“三权”脱钩，维护其合法权益。目前，我们要做的事情很多，必须站在群众的角度多想一想，坚持久久为功，做一件成一件，解决一个问题，就把工作往前推进一步。

3. 以构建三大体系为着力点，筑牢安居乐业福地“厚度”

教育医疗扶贫工作已列入贵州省脱贫攻坚的“四个硬仗”之一。健全“教育、医疗、就业”三大体系，深化教育医疗扶贫，实现子女就地入学、老人就近看病、青年就地就业目标，增加群众的获得感、幸福感，筑牢安居乐业福地“厚度”。

一是教育扶贫，确保质量。为了拔掉“穷”根，实施教育扶贫工程，让贫困家庭子女都能接受公平有质量的教育。构建“一站式服务，一条龙式教育”的工作模式，切实做到“一个精准、两个知晓、三个全覆盖”，“不漏一户贫困户，不丢一个贫困生”。改善农村办学条件，提高农村儿童受教育水平。逐步实现免费中等职业教育，让群众拔掉“穷”根。落实贫困学生资助政策，做到“应资尽资，职教一人，脱贫一户，幸福一家，不能让一个贫困孩子掉队”。制定《铜仁教育精准扶贫的实施方案》，对贫困家庭子女实施“一站式服务，一条龙式教育”，不让穷字代代相传。一站式服务指对贫困生建档立卡，简化办事流程，提供便捷服务。一条龙教育是指对贫困生从小学、初中、高中、大学教育、职业教育进行全程跟踪服务，解决学业中途“断链”现象。实行普通高中、职中、高职院校分类培养制度，切实杜绝贫困学生中途“掉队”现象。

二是技能培训，确保就业。就业，牵动着千家万户，必须统筹抓好经济社会发展，促进就业工作。千方百计增加就业岗位，着力在提高就业质量、提高劳动人口尤其是就业困难人口就业能力、改善创业环境上下功夫，建立全员培训制度，引导劳动力适应和促进企业实现转型升级。开展贫困地区民众技能培训，提升当地民众脱贫致富的技能和本领；全面开展贫困对象人员“三业三技”全员培训，即创业、就业、乐业教育，技术、技能、技巧方面的实地培训，帮助他们掌握一门致富技术，懂得一门致富技能、了解一门致富技巧。对有劳动能力未就业的贫困对象重点从就业技能、实用技术、特色手艺等方面开展技能长期培训教育，拓展就业空间，疏通就业渠道，确保他们住得下、有收入，安居乐业。

三是医疗保障，确保健康。在社会医疗保障方面，开展“三医”联动改革，落实“四重医疗”保障制度，建立新型农村合作医疗可持续筹资机制，同步提高人均财政补助和个人缴费标准，进一步提高实际报销水平，全面开展城乡居民大病保险等利好措施。要加强农村最低生活保障制度规范管理，全面建立临时救助制度，落实统一城乡居民基本养老保险制度等，使农民老有所依老有所养。加快实施健康扶贫，全面兑现“四重医疗”保障制度的规定，扩大报销范围、提高补偿比例、降低补偿门槛、优化医保服务，确保建档立卡贫困人口得到有效治疗，杜绝因病致贫、因病返贫的现象。

4. 以加强文化建设为支撑点，测定安居乐业福地“亮度”

一位哲学家曾做过这样的比喻：政治是骨骼，经济是血肉，文化是灵魂。文化总是“润物细无声”地融入经济力量、政治力量、社会力量之中，成为经济发展的“助推器”、政治文明的“导航灯”、社会和谐的“黏合剂”。

文化是一座城市的软实力之基，是城市的灵魂，标志性文化设施更是城市个性和张力的展现。铜仁市委为适应经济飞速发展，提升铜仁“黔东门户”和“武陵之都 · 仁义之城”的整体形象，丰富铜仁人民日益增长的体育健身和文化休闲生活需求，围绕打造铜仁文化新地标，点亮仁义之城精神之光，坚持以自然为基础、以特色为根本、以文化为灵魂、以市场为导向，打响“一山两江四文化”品牌，把铜仁建成经济发达、文化繁荣、法治优良、生态一流、人民幸福安居乐业的文化之城。以文化为灵魂，测试安居乐业福地“亮度”。

一是高度的文化自觉——打造人文精神的高地。文化建设是滋润心灵、提升素质的灵魂工程，我们一定要树立高度的文化自觉，增强文化自信。在水泥丛林般的都市里，只有增强人文气息，才能凸显人的存在；在物欲增加的情况下，只有大力发展先进文化，才能避免精神空虚。深入开展“铜城仁者”“文艺会演”等活动，激发人们的文化创造力，人文精神不断丰富，软实力不断增强，构建廉洁高效的政务环境、民主公正的法治环境、公平诚信的市场环境、积极向上的人文环境、身心健康的文化环境、舒适便利的生活环境、安全稳定的社会环境、可持续发展的生态环境，提升文明程度。

二是完善服务功能——提高百姓幸福指数。铜仁市将按照“以文化人、以文育人、以文惠民、以文兴业”的思路，提升文化服务功能，提高群众生活质量。加快打造松桃苗绣、玉屏箫笛、印江书法等文化基地，大力实施一批文化产业项目，基本建成覆盖城乡的公共文化服务体系，打造武陵山片区文化高地，营造安居乐业的家园，创造幸福生活，让市民真正得到实惠。共建共享发展成果，促进社会和谐稳定，努力解决上学难、就业难、看病难、住房难等实际问题，建“惠民医院”，减免困难人群费用，发放社会救济金，免费开放公园，老年人免费坐公共汽车，“城市，让生活更美好”成为人们的真实感受。

三是创新乡贤文化——促进城乡协调发展。乡风文明，民风淳朴。农村美，不光是外在的模样美，还要乡风文明，民风美、家风美。乡贤文化，重点在贤，以乡情亲情为纽带相互联系。围绕培育和践行社会主义核心价值观，深入开展中国特色社会主义和中国梦宣传教育，广泛通过道德宣传教育活动，让“百善孝为先”成为村民共识和道德律条。通过创新乡贤文化，弘扬善行义举，以乡情乡愁为纽带吸引和凝聚各方人士支持家乡建设，传承乡村文明。政府相关部门还应鼓励农村民间传统手艺的传承发展，有些民间传统手艺是当地历史文化的标志，是农村美的表现，不能失传。

目前，铜仁市委、市政府在铜仁中心城区建设“五馆三中心”及传媒中心建设项目，集中展示铜仁的综合实力、科技进步和城市名片，全面提升城市文化品位。总投资 11 亿元，总建筑面积约 48 万平方米的规划科技馆、博物馆、图书馆、档案方志馆、规划展览馆、妇女儿童活动中心、青少年活动中心、文化中心、新闻传媒中心正在加紧建设，届时，这必将成为浓缩城市灵魂、展现城市形象的教育基地、文化品牌和地域名片。

5. 以实现同步小康为落脚点，提升安居乐业福地“满意度”

习近平总书记指出，“让老百姓过上好日子是我们一切工作的出发点和落脚点”，检验我们一切工作的成效，最终都要看人民是否真正得到了实惠，人民生活是否真正得到了改善。工作中以实现同步小康为落脚点，提升安居乐业福地“满意度”。

(1) 以小康目标为引领，打造安居乐业福地建设

全面建成小康社会，不断改善民生是推动发展的根本目的。我们的发展是以人为本的发展，要通过发展社会生产力，满足人民日益增长的物质文化需要，促进人的全面发展。如果我们的发展不能回应人民的期待，不能让群众得到看得见、摸得着的实惠，不能实现好、维护好、发展好最广大人民根本利益，这样的发展就失去意义，也不可能持续。因此，要以小康目标为引领，打造安居乐业福地建设。

全面建设小康是综合指标体系，它不仅包括经济发展的硬指标，而且还涵盖社会和谐、生活质量、文化教育、民主法治、资源环境等安居乐业福地的主要内容。实际小康社会创建要对全面建设小康社会实现程度达到90%，人民群众认可度达到80%以上，人均经济总量、城乡居民收入和环境质量“三项核心指标”达到或超过标准值的县（市区）实地验收，建成群众得实惠、老百姓认可、发展和环境相协调的全面小康社会。

为建设安居乐业福地，铜仁市因地制宜挖掘资源优势，因势利导聚集多方力量，大力提升产业扶贫的带动性和覆盖面，有力推进决战脱贫攻坚、决胜同步小康工作。坚持民生“三个不能代替”“三个核心指标”和达到“两个90%”作为同步小康的基本原则和标准。坚持“三个不能代替”，就是坚持以县为单位实现全面小康，不能以全省的总体水平代替县县建成小康；坚持多数城乡家庭达到全面小康的收入和生活标准，不能以平均数代替大多数；坚持多数老百姓认可的全面小康实际成果，不能简单以指标数值代替群众直观感受。“三个核心指标”就是以县为单位人均生产总值达到5000美元以上，城镇居民人均可支配收入达到3000美元以上，农民人均纯收入达到1000美元以上。“两个90%”就是到2020年有90%以上的县建成小康社会，同步小康实现程度达到90%以上。

（2）以美好生活需求为导向，建设美丽幸福新铜仁

铜仁市把保障和改善民生作为发展的根本目的，民生事业和社会治理全面发展，群众获得感、安全感、幸福感不断增强。据统计，过去5年，铜仁市财政民生支出累计924亿元，占公共财政支出的80.2%。为了改善民生，汇聚组织、市场、社会三种力量，扎实开展“民心党建+‘三社’融合促‘三变’+春晖社”农村综合试点改革，探索农村综合改革“铜仁模式”，不断满足人民群众美好生活需求。

一是做强“三社”，筑牢平台。在“三社”融合促“三变”的农村综合改革“铜仁模式”中，“三社”融合是基础，“三变”才是目的。实践证明，“三社”已经成为“三变”改革的资源承接主体、资金入股主体、分红贡献主体，日益成为“三变”改革的主力军，成为农业供给侧结构性改革的重要力量。把千家万户的贫困群众与千山万水的产业基地、千变万化的农业市场紧密对接起来、有效组织起来，为农民和各类经营主体提供生产、加工、销售、融资等综合服务，实现“三社”阵地共享、信息共享、客户共享、服务共享、机制共享。同时，要强化政策支持、规范管理和风险防范，以典型示范推动农民合作在更大范围、更高层次、更好效果上发展壮大。

加快推进生产、供销、信用“三社”融合发展，逐步实现功能融合、平台融合、股份融合。鼓励村集体、基层供销合作社领办、创办、参办农民专业合作社，创建农民专业合作社示范社，支持农民专业合作社参与土地经营权流转，促进农业适度规模经营。建立本地区同一产品、产业链的或跨区域、跨行业等农民专业合作社联合经营

机制，打造一批“农民专业合作社联合社”。

二是建立“三变”资金整合机制。资金是“三变”的关键。首先，要构建资金多元整合机制，形成“政府主导、市场运作、社会参与”的投融资新格局。其次，要创新涉农资金投入机制。加强财政涉农资金统筹整合，新增投入“三农”资金量化给村集体，作为集体股权入股农民专业合作社、农业企业等新型市场主体，重点用于产业扶贫、基础设施建设等。推动存量资产折资入股，将财政、社会投入农村形成的存量资产，折股量化为村集体股金，集中入股到各类农业经营主体。分配到乡镇的财政涉农专项资金60%用于“三社”融合促“三变”。推动扶贫资金变股金，让贫困群众分享改革红利。最后，加强资监管力度，确保规范运行。

三是建立风险分担补偿机制。重点是建立经营主体培育机制、产权交易机制、风险防控机制。建立健全农业信贷、扶贫贷款担保体系，实行“政府+企业+银行+保险”的融资担保模式，做好银政合作和民企联姻，向有意发展的贫困户贷款5万~10万元，使企业与贫困户形成利益共享、合作共赢的利益联结机制。如碧江区每年安排407.31万元财政资金用于贷款贴息，整合734户贫困户，每户5万元“精扶贷”，入股农民专业合作社或农业龙头企业，贫困户每年享受股金分红3600元，真正实现资金变股金。

四是推进“三社”党建工作。组织有保障，发展有底气。为确保“三社”融合促“三变”农村改革取得实效，用好“三社”资源，用活“三变”手段，着力打造“为民、富民、安民”的铜仁党建品牌。加快“三社”发展，是党的性质和宗旨在农村的具体体现，是提高农民组织化程度的必由之路。做到合作社建到哪里、党组织就覆盖到哪里、党的工作就跟进到哪里、党的作用就发挥到哪里，为“三社”发展提供有力支撑，为农村改革和脱贫攻坚提供坚强保障。

通过设立片区联村党委，整合邻村优势共同发展，组织生活、产业发展、社会稳定等方面都得到切实加强。民心党建+“三社”融合促“三变”+春晖行动改革，应建立一套严密制度，对怎么建、融、变、帮等都有操作性制度规定，各部门必须“守好一段渠”，共同打造“三社”融合促“三变”的命运共同体。引导大中专毕业生党员从事现代农业，扎根山乡；加大农村党员培训力度，着力培养现代农业从业者，提升职业农民素质，增强农民规模化经营的能力，提高农业比较效益。

五是提高干部的执行力。“三分决策，七分执行”，执行力是政府的生命力，也是党员干部执政能力的重要体现。“三社”融合促“三变”农村改革在基层时常发生一些执行不到位、等待观望、效果不明显的问题，这些都是干部执行力出现了问题。基层干部执行力强，社会事业也就更容易推进；相反，基层干部执行力差，社会矛盾多，不利于经济社会的进步和发展。围绕“一区五地”建设，加大干部执行力、领悟力、协作力的考核力度，强化干部执政能力建设，切实提高基层干部执行力，不仅是巩固党员干部执政地位的内在需要，也是构建安居乐业铜仁福地的时代要求。

七、结语

在探索打造安居乐业铜仁福地的路径方面，以民生为重点，增加百姓获得感为动力。按照中央、省委对铜仁发展定位，念好山字经，做好水文章，打好生态牌，建设美丽幸福新铜仁。铜仁安居乐业福地建设，围绕“一区五地”建设，按照“百姓富、生态美，有房住、有业就，治安好、风气正”目标，构建“幼有所育、学有所教、劳有所得、病有所医、老有所养、住有所居、业有所就、弱有所扶”的安居乐业指标体系。

本课题主要成果创新及亮点主要体现在路径探析和经验启示及对策建议三个方面。鉴于国内无固定模式可借鉴，只能根据铜仁发展的实际情况来进行研究提炼，总结归纳到位，对策建议可行，彰显铜仁特色。

一是路径探析。根据上级精神，结合铜仁实际，提出全力打造安居乐业福地路径——围绕安居乐业中民生问题，让发展更有温度，让幸福更有质感，让百姓安居乐业。提出实施“五大工程”，打造“五优环境”，即实施“平安工程”、打造“优静”治安环境、实施“造福工程”、打造“优美”人居环境，实施“育人工程”、打造“优雅”宜乐环境，实施“双创工程”、打造“优裕”就业环境，实施“绿化工程”、打造“优质”生态环境。

二是对策建议。按照“筑牢基础，补齐短板”的原则，提出“五点五度”的对策：以科学规划引领为重点，构建安居乐业福地“高度”；以城乡协调发展为关键点，挖掘安居乐业福地“深度”；以构建三大体系为着力点，筑牢安居乐业福地“厚度”；以加强文化建设为支撑点，测定安居乐业福地“亮度”；以实现同步小康为落脚点，提升安居乐业福地“满意度”。

三是经验启示。树立“以人民为中心”理念，让百姓有更多的获得感。民为本，脱贫攻坚惠及百姓生活；安为重，创造安定和谐的治安环境；居为先，打造整洁宜居的居住环境；乐为主，创建积极向上的生活氛围；业为实，提供高效优质的就业保障。

通过实施“五大工程”，打造“五优环境”，构建安居乐业福地。按照“筑牢基础，补齐短板”的原则，提出“五点五度”的对策，让铜仁的发展更有温度，让幸福更有质感，让百姓安居乐业，让铜仁与全国同步小康，努力建成“经济更加发展、民主更加健全、法治更加完善、科教更加进步、文化更加繁荣、社会更加和谐、环境更加优美、人民生活更加殷实”的安居乐业铜仁福地。

铜仁市实施人才强市策略研究

人才是第一资源，它既是衡量一个国家综合国力的重要指标，也是中国实现民族振兴、赢得国际竞争主动的战略资源。习近平总书记早在担任正定县委书记时就指出，“没有人才，民不能富，县不能强。”

铜仁实现“一区五地”和脱贫攻坚战、同步小康，关键在人才，希望也在人才，必须走人才强市之路。近年来，铜仁市委、市政府坚持党管人才原则，牢固树立“人才是第一资源”理念，始终把人才工作摆在优先突出位置，大力实施人才强市战略，聚焦人才规模、素质、结构等突出问题，创新人才工作模式，在全社会大兴识才、爱才、敬才、用才之风，开创人人皆可成才，人人尽展其才的生动局面，推动了全市经济社会快速发展。本课题坚持问题导向，立足铜仁，面向全国，广泛调研、查阅文献、收集资料，总结铜仁人才强市工作的主要做法及“铜仁经验”，并提出加强人才强市战略的对策建议。

一、研究背景及现状

（一）研究背景

《贞观政要》记载，贞观二年，太宗谓侍臣曰：“为政之要，惟在得人。用非其才，必难致治。今所任用，必须以德行、学识为本。”可以说，人才的全盛缔造了黄金唐朝。我们党历来重视人才工作，早在中华人民共和国成立之初就培养了一大批“两弹一星”等高尖端科技人才，提高国家的综合国力。今天我们比历史上任何时期都更接近中华民族伟大复兴的目标，比历史上任何时期都更有信心、有能力实现这个目标，也必须营造出人才济济的空前盛况。

“聚天下英才而用之，加快建设人才强国”，党的十九大报告提出，人才是实现民族振兴、赢得国际竞争主动的战略资源。实行更加积极、更加开放、更加有效的人才政策，以识才的慧眼、爱才的诚意、用才的胆识、容才的雅量、聚才的良方，把党内和党外、国内和国外各方面优秀人才聚集到党和人民的伟大奋斗中来，努力形成人人渴望成才、人人努力成才、人人皆可成才、人人尽展其才的良好局面，让各类人才的创造活力竞相迸发、聪明才智充分涌流。

“没有人才，民不能富，县不能强”，人才在强国、强省、强市的建设中正发挥越来越重要的作用。习近平总书记早在担任正定县委书记时，就把人才视为“富民强县”的根本，“‘聚天下英才而用之’，在全社会大兴识才、爱才、敬才、用才之风，开创人人皆可成才、人人尽展其才的生动局面。”树立强烈的人才意识，寻觅人才求贤若渴，发现人才如获至宝，举荐人才不拘一格，使用人才各尽其能，使得各类人才都能投身中国特色社会主义事业建设，那么，中华民族伟大复兴的中国梦必能早日实现。

为了全面建成小康社会，西部地区发展全面推进，对人才的渴求日益增强。十九大报告指出：“我国经济已由高速增长阶段转向高质量发展阶段，正处在转变发展方式、优化经济结构、转换增长动力的攻关期。”贵州省立足省情，深化重点领域和关键环节改革，以供给侧结构性改革为主线，坚决打好三大攻坚战，深入实施大扶贫、大数据、大生态三大战略行动，扎实推进国家大数据综合试验区、国家生态文明试验区和内陆开放型经济试验区建设，厚植新优势，培育新动能，经济高质量发展基础不断夯实，呈现量质齐升的态势，地区生产总值连续30个季度保持全国前三位，量质齐升，正努力后发赶超。

《贵州省国民经济和社会发展第十三个五年规划纲要》明确提出：“要围绕重点产业调整振兴和产业转型升级，大力实施重大科技专项，突破一批产业关键共性和配套技术，促进产业技术重点跨越和产业链向两端延伸，推动跨领域跨行业协同创新，建立产业技术创新联盟；要强化原始创新、集成创新和引进消化吸收再创新；要围绕提升创新能力，强化企业创新主体地位和主导作用，形成一批有竞争力的创新型领军企业，支持科技型中小企业健康发展。”铜仁市按照中央和省委要求，正在全力推进大扶贫、大数据、大生态三大战略行动，推动“四化”同步发展，促进“一区五地”建设，构建区域协调发展，增强铜仁发展竞争力。实现规划，需要大量各类人才的集聚和人才干事创业主动性的充分发挥，我们清醒认识到实现强市目标的局限因素，突出局限因素之一就是人才资源匮乏，正如《铜仁市国民经济和社会发展第十三个五年规划纲要》指出：“十三五时期，我市最大的短板是贫困，最大的瓶颈是交通，最弱的基点是实体经济落后，最弱的支撑是人才资源匮乏……”

为了发展，东部许多发达地市也都在实施人才强市战略，比如宁波、苏州等城市。这些城市依靠自身良好的区位优势和经济基础，可以吸引到国际、国内的各种优势人才资源。目前，西部地市各方面发展都急需人才，尤其高层次人才十分紧缺，引进和培育各类高层次人才是当前西部地区各级政府、科研机构以及高校工作中的重要内容，各地出台政策、不惜重金引进高层次人才，甚至还打响了人才争夺战。受体制、政策、经济发展、人文环境、资金投入、收入、观念、管理制度、基础设施等诸多因素的影响，西部地区地市人才引进难度大，同时现有人才也在大量外流。在这种情况下，西部地区人才强市不是敲锣打鼓就能实现的，一定要加强策略研究，才能为发展筑牢人才支撑。

（二）研究现状

1. 关于人才强市战略研究

人才是第一资源，人才是衡量一个国家综合国力的重要指标，依靠人才兴邦，走人才强国之路。2016 年 3 月，中共中央印发了《关于深化人才发展体制机制改革的意见》，更加突出人才是经济社会发展的第一资源，制定和完善了人才体制机制，调动人才工作的积极性，人才辈出，让人人成为人才、个个争当人才、人人有出彩机会，个个有创业的平台。全国各地纷纷出台有关本市人才政策，比如《上海市实施人才强市战略行动纲要》《重庆市中长期人才发展规划纲要》《攀枝花市引进领军型创新创业人才暂行办法》等都彰显着要更好地实施人才强市战略。各地人才强市战略是基于人才强国战略提出的。人才强国战略的提出经历了较长的历史阶段，从原来的科教兴国战略到人才强国战略的提出，充分反映我们党对人才问题认识的逐步深化。依靠人才兴邦，走人才强国之路，大力提升国家核心竞争力和综合国力，是人才强国战略的核心要义。人才强国战略主要包括两个方面的含义：一是加大人才资源的开发力度，全面提高人才的基本素质，从而将人口大国转变为人才强国，通过提高人才的竞争能力，增强国家的综合国力和国际竞争力。二是创新体制机制，做到广纳人才，为我所用，通过提高政策制度对人才的吸引力和凝聚力增强国家的综合国力和国际竞争力。

我国关于人才强市战略的研究较多，主要集中在如何引进、使用高层次人才上。比如：傅燕飞（2014）的《遂宁市深入推进人才强市战略的十条措施》，阐述了遂宁从改革体制机制出发，消除人才任用、发挥作用和流动中的体制障碍和政策壁垒，在人才引进、开发、绩效考核、平台建设和优化服务环境等方面均制定了详细的实施方案；晏华玲（2015）的《曲靖市产业人才队伍建设研究》，以人才资源在推动地方产业发展中的重要作用为研究背景，综合运用人力资本理论、人才流动管理论和新公共服务理论对地方政府人才政策的理论依据进行分析，通过对国内外当前一些人才政策的实践经验进行梳理，从理论和实践两个角度来剖析当前曲靖市政府产业人才政策的重要作用及存在的问题。相关研究为各地实施人才强市战略提供了可借鉴的经验。

2. 关于人才强市策略研究

策略基本解释为计策、谋略，也有人形象地解释为工作中有斗争艺术，能注意方式方法。铜仁市经济总量小、没有区位优势，实施人才强市必须讲究策略。从不同城市的差异性竞争来看，不同城市彼此之间因资源禀赋、产业现状、发展路径、规划目标的不同，在竞争战略方面有较大差异，直接决定了对于人才的标准差别和需求差别。人才强市策略应该是基于竞争战略的差异性制定和体现的。对于人才强市策略的研究也有不少，但比较零散。比如：常青（2004）通过对吉林省现有人才资源状况、未来所需人才资源，以及人才资源优化配置模式进行研究，提出了实现人才资源的市场化配置模式；陈蔚涛（2011）认为，人才强市关键是以用为本，其核心是充分释放人才的创造力，产生辐射效应，营造一种良好的社会氛围；李建军（2016）认为，威海市通过搭建载体和平台培养、引进和使用好高层次创新型人才，为推动“人才强市”“人才强企”发挥了重要作用；陈清和吴祖卿（2017）从资源配置、创新驱动等方面对福建省特色小镇的发展建设过程中实施“资源 + 人才 + 创新”策略进行了研究，提出了很好的乡村发展模式；罗德斌（2008）从人文环境、政务环境、政策环境、市场环境、法治环境、舆论环境六个方面入手，研究探寻中西部地区人才发展氛围培养之道。铜仁市应该结合现有基础和“十三五”规划制定切实管用的人才强市策略。

二、人才强市概述

（一）关于人才的定义

1. 人才传统定义

“人才”一词出自古老的《易经》“三才之道”，即孔子及孔门弟子的《易传》讲：“《易》之为书也，广大悉备。有天道焉，有人道焉，有地道焉。兼三才而两之，故六。六者非它也，三才之道也。”

中国古代的人才大多数指的是有德行、有才能的人。马克思主义人才观认为人才是进步性与突出性的统一，在中华人民共和国成立后形成的人才概念中均有体现。王通讯在《人才学通论》一书中指出：“人才，就是指为社会发展和人类进步进行了创造性的劳动，在某一领域、某一行业，或某一工作上做出较大贡献的人。”强调了人才的本质属性是创造性劳动，强调了人才要通过自己的活动推动人类社会的进步，为深入揭示人才的内涵作出了开创性的贡献。20 世纪 90 年代，叶忠海在《普通人才学》中指出：“人才，是指在一定社会条件下，能以其创造性劳动，对社会或社会某方面的发展，作出较大贡献的人。”强调了人才所具有的社会历史性，使我们认识到人才是社会的人才，任何人都离不开他所生活的特定环境，离不开具体的历史条件。通常大家所说的人才，一般指的都是高层次人才或特殊人才。按照国际上的分法，人才分为学术型人才、工程型人才、技术型人才、技能型人才四类；按照级别来分，可分为初级人才、中级人才、高级人才等；按照年龄段来分，可分为中老年人才、离退休人才、中青年人才等。

2. 人才现代定义

人才，是指具有一定的专业知识或专门技能，进行创造性劳动，并对社会作出贡献的人，是人力资源中能力和素质较高的劳动者。2003 年 12 月 26 日颁布的《中共中央、国务院关于进一步加强人才工作决定》对具体的社会主义人才作了阐述：“只要具有一定的知识和技能，能够进行创造性劳动，为推进社会主义物质文明、政治文明、精神文明，在建设中国特色社会主义伟大事业中做出积极贡献，都是党和国家需要的人才。”同时还强调，“要坚持德才兼备原则，把品德、知识、能力和业绩作为衡量人才的主要标准，不唯学历、不唯职称、不唯资历、不唯身份，不拘一格选人才。”但是，并没有明确定义人才。2010 年 4 月颁布的《国家中长期人才发展纲要（2010—2020）》明确指出：“人才是指具有一定的专业知识或专门技能，进行创造性劳动并对社会作出贡献的人，是人力资源中能力和素质较高的劳动者。”这是第一次以中央文件的形式明确地对人才进行定义，也表明人们对人才概念的认识达到了新的高度。

（二）铜仁人才强市主要需求

1. 人才强市是铜仁实现“同步小康”的现实需求

通过“十二五”期间的发展，铜仁进入了后发赶超、加快全面小康建设的重要阶段，站在了改革开放和社会主义现代化建设的新起点。“十三五”时期，是铜仁市可以大有作为、必须奋发有为的重要战略机遇期，是铜仁市加速发展、加快转型、推动新跨越的最关键时期，是铜仁市脱贫攻坚、同步小康的决胜时期，必须要把“创新、协调、绿色、开放、共享”发展理念牢固树立起来，实施人才强市，引进和培育各类人才，补齐支撑发展的短板。

人才是推进产业扶贫，增强“造血功能”的重要支撑。专业人才可以引导农民立足自身资源禀赋、产业基础和市场需求，大力发展现代山地特色高效农业，推进贫困地区产业结构调整；可以大力发展农产品加工业，打造从生产到加工、包装、储运、销售、服务的扶贫产业链条；可以整合部门涉旅资源，大力发展以乡村旅游为主的旅游扶贫产业，培育一批生态游、乡村游、观光游、休闲游、农业体验游、保健养生游等业态产品；也可以探索“大数据 + 现代山地特色高效农业 + 旅游业”融合发展的农村电商路子，使电商扶贫成为铜仁市扶贫开发的“新引擎”。

人才可以助推贫困人口整体素质提升。全面小康绝不仅仅是不愁吃不愁穿，人的素质全面提升也是重要方面。要为每一位进入社会的劳动者提供多次学习的机会，打牢基础教育，大力发展职业教育，推进成人教育、企业职工教育、社会教育、老年教育发展，积极发展远程教育，构建终身教育体系；通过广泛开展干部培训和城乡社区教育，为实现“全民阅读、书香铜仁”创造条件；构建开放式的成人教育学习体系，开发、整合各级各类学校、科研机构、文化馆、图书馆、博物馆、企业等，充分应用现代教育技术手段，不断统筹扩大人才资源。

2. 人才强市是铜仁“一区五地”建设的客观需要

铜仁实现“一区五地”奋斗目标和打赢脱贫攻坚战、全面建成小康社会，关键在人才，希望在人才。按照习近平总书记提出的“来得了、待得住、用得好、流得动”的总体要求，坚持以人为本，走人才强市之路，努力形成人尽其才、才尽其用、人才辈出的良好局面。必须深化人才发展体制机制改革，加快建设人才强市，最大限度激发人才创新创造创业活力，把各方面优秀人才集聚到党和国家事业中来，为“一区五地”建设和脱贫攻坚、全面建成小康社会提供坚强智力保证和人才支撑。

“一区五地”是指奋力创建绿色发展先行示范区，全力以赴打造绿色发展高地、内陆开放要地、文化旅游胜地、安居乐业福地、风清气正净地。“一区五地”建设需要生态环境、绿色能源、经济、旅游、健康养生、社会管理等各级各类专业人才，但是，目前铜仁市各级各类人才不足以支撑快速发展要求。以 2015 年为例，存在的主要问题有：一是“一区五地”建设人才总量不足。2015 年铜仁市人才总量为 31.13 万人，其中高层次人才 0.75 万人，技能人才总量 3.65 万人，专业技术人才总量 7.5 万人，约占常住人口总量的 10%，人才总量明显不足。二是“一区五地”建设人才素质不高。从 2015 年人才分布看，高层次人才约占人才总量的 2.4%，约占常住人口总量的 0.24%，高层次人才少，门类不全，不能很好地发挥“溢出效应”。三是“一区五地”建设人才结构不优。约占常住人口 10% 的人才总量主要集中在教育和卫生等事业单位，企业人才短缺，对实体经济贡献率低，对“一区五地”建设的拉动效应不明显。要切实推动“一区五地”建设，加快发展，必须加大人才的引进、培育和使用力度。

3. 人才强市是铜仁加快“乡村振兴”的必然选择

一是加快“乡村振兴行动”，培育“领头雁”型农村实用人才是人才强市的必然选择。2018 年 5 月 7 日《人民日报》06 版以“贫穷不可怕，就怕没信心”为题，报道了“领头雁”型人才（四川浦江县两河村党支部书记姚庆英）带领两河村村民从 24 年前年人均纯收入不足 1000 元，发展到 2017 年人均纯收入 33100 元，村民生活发生翻天覆地变化的事迹。铜仁乡村振兴缺乏“领头雁”的带动，同时影响乡村振兴的问题主要有：缺乏信心，没有发展活力；村情民意不清，没有规划；影响力不够，发动不了群众；村容村貌、环境卫生、乡风治理不善。目前，铜仁市正积极实施“雁归工程”，强化创业扶持、技能培训和就业服务，着力推进返乡农民工就业创业。二是加快“乡村振兴行动”，培养“土专家”型农村实用人才是人才强市的必然选择。要牢固树立科学的人才观，“土专家”了解实际情况，懂技术，对家乡有感情，在乡村规划设计、古建修缮利用、民宿设计建设、休闲旅游策划等方面可以因地制宜打造特色产业。实现“乡村振兴”要在发现“土专家”、培育“土专家”、激励“土专家”上下功夫，要有策略，要不断增加“土专家”队伍，保证“土专家”技能的实用性和有效性，保证其技能能够有效服务乡村振兴。三是加快“乡村振兴行动”，引进“金凤凰”型农村创新人才是人才强市的必然选择。乡村若是“梧桐树”，便会引回“金凤凰”。高素质人才是农村发展的有力支撑，但是，许多农村优秀的年轻人高考之后，从此远离农门，甚至中专和技校的毕业生也不愿返乡，人才流失、难留人等问题突出。要实现乡村振兴，就需要引进“金凤凰”型人才强市，要通过吸引懂得农村经营模式、种植机制的高素质、专业型人才，推动农村产业发展转型升级。

三、铜仁实施人才强市建设的生动实践

（一）铜仁实施人才强市建设的主要做法及成效

近年来，铜仁市坚持以习近平新时代中国特色社会主义思想为指导，认真贯彻落实中央、省委、市委关于人才工作的一系列重要政策文件精神，坚持党管人才原则，牢固树立“人才是第一资源”理念，始终把人才工作摆在优先突出位置，大力实施人才强市战略，聚焦人才规模、素质、结构等突出问题，创新人才工作模式，着力推进体制机制建设、平台载体建设、服务环境建设，不断加大人才引进培养力度，推动了全市人才工作跨越式发展，切实为全市经济社会发展提供了坚强有力的人才支撑和智力保障。

1. 铜仁实施人才强市建设的主要做法

（1）以体制机制建设为牵引，提升人才工作驱动力

一是成立人才工作领导小组。研究出台《中共铜仁市委关于进一步加强全市党管人才工作的意见》《关于健全完善铜仁市人才工作领导小组运行机制的意见》，铜仁市委、各区（县）委和企事业单位分别成立人才工作领导小组，明确领导小组及成员单位的主要职责，实行议事决策、述职报告、项目评选和调研咨询制度，逐步建立和形成了高效的领导、协调和运行体系。二是加强人才工作顶层设计。为切实抓好人才工作，铜仁市委、市政府通过广泛调研、反复研究，制定出台了《铜仁市中长期人才发展规划纲要（2010—2020 年）》《铜仁市“十二五”人才发展专项规划》，配套出台了《关于加强人才培养引进加快科技创新的意见》《关于充分发挥离退休专业技术人员作用的实施意见》《关于进一步加强技术技能人才队伍培养使用的实施意见》《铜仁市引进高层次人才绿色通道实施办法（试行）》《铜仁市引进人才到党政机关挂职管理办法（试行）》《铜仁市挂职博士管理暂行办法》《铜仁市雁归工程实施方案》《关于建设铜仁高新区大龙开发区人才特区的意见》等一系列制度。同时，各区（县）、市直单位也相继出台了人才发展规划、人才引进办法等制度，构建了上下衔接、重点突出、覆盖全面的政策体系。三是实行人才绩效目标考核。全市将人才工作纳入年度绩效目标考核，强化考核管理，着力驱动人才工作发展。

（2）以实施人才工程为抓手，提升人才引进培养力

一是大力引进人才。持续推进紧缺急需人才引进工程、“三个一”人才引进工程、

黔归人才、雁归工程和“5个100工程”，采取直招与柔性引才并举、项目+人才和人才+项目联动等方式引进人才。通过组织专门队伍连年参加贵州省五届人才博览会，连续两年赴苏州举办专场招聘会，先后分赴北京大学、清华大学、四川大学、贵州大学等省内外高校召开人才招聘会，共引进各类人才1.6万余人次，其中硕士研究生以上学历1128人、副高以上职称356人；通过挂职服务、对口帮扶方式，柔性引进博士3批次41人次、引进金融副区（县）长3批次28人次、引进苏州市各类专家人才来铜帮扶30余批次500余人次；通过项目+人才或人才+项目方式，先后引进省级千层次创新创业人才7人，吸引回乡创业就业人才3.6万余人次。二是加强人才培养。启动实施党政人才素质提升工程、企业经营管理人才培养工程、技术技能人才培养工程、社会工作专业人才队伍建设工程、“铜仁青年英才”开发计划和文化人才培养计划，依托科研平台、地方高校、人才基地加强人才培养。借助国家工程中心、博士后科研工作站和省级人才基地等载体平台，培养涌现出郁建生等多名全国优秀科技工作者、省管专家、市管专家、区（县）管专家、贵州省千层次创新人才高端人才；充分利用铜仁学院、铜仁职院等地方高校办学优势，采取定向订单培养、校企联合培养、集中培训等方式，共培养培训企业经营管理人才、技术技能人才、社会工作专业人才、文化人才等2.4万余人；推行干部能力提升三年行动计划，以市委党校、社会主义学院为主阵地，聘请或邀请市内外专家集中授课，拟培训干部1万名，现已举办各类培训班115期，培训各级干部7642人次。

（3）以平台载体建设为基础，提升集聚人才磁吸力

一是建立省级工业园区9个、高新技术开发区1个、现代高效农业示范园区48个、院士工作站1个、博士后科研工作站3个、人才基地1个、专业技术人员继续教育基地1个、工程技术研究中心5个、生产力促进中心11个、科技企业孵化器3个、工程研究中心（实验室）3个，为各类人才搭建创新创业平台。二是启动实施人才开发试验区、雁归工程、“5个100工程”、万名农业专家服务“三农”行动、博士硕士下基层、选派干部到企业锻炼服务、选派大数据人才专家到基层挂职、高校优秀教师到基层到企业挂职服务等项目，为各类人才服务地方发展搭建桥梁。

（4）以优化服务环境为保障，提升各类人才创造力

一是制定出台高层次人才绿色通道、援铜干部人才服务管理办法、引进人才到党政机关挂职管理办法、引进人才服务管理办法等政策措施，在户籍管理、医疗保障、社会保险、岗位匹配、科研服务等方面出台了一系列吸引人才和服务人才的优惠政策和扶持办法。二是切实解决引进人才配偶就业、子女入学、住房保障等问题，规划建设各类人才公寓5000余套，建成或在建3000余套、入住780套，核拨高层次人才津贴200余万元、服务绿卡62张、住房补贴41人469万元。三是实施党委联系专家、定期走访慰问人才、专家决策咨询制度，加强思想联系和感情交流，切实解决人才工作、

生活问题；鼓励专家建言献策，充分发挥专家智囊作用。四是抓好人才统计工作。按照省人才办要求，切实做好年度人才资源统计数据，提升人才工作的精准度。五是持续加大人才投入力度。市委每年按不低于公共财政预算收入（不含非税收入）的3%设立人才发展专项资金，专项用于人才培养引进、使用服务、评价激励等。同时，各区县配套设立人才发展专项资金，确保专项基金用于人才工作。

2. 铜仁实施人才强市建设的主要成效

（1）三项主要指标取得大突破

一是人才总量增长快。截至2018年6月，全市人才总量达到34.87万人，比2012年增长了17.31万人，基本实现翻一番。二是人才素质提升快。现已培养出国家万人计划1人、国贴专家21人、省贴专家30人、省管核心专家1人、省管专家7人、“西部之光”访问学者13人、“甲秀之光”访问学者34人、省级千层次创新型人才23人、省级名校长11人、省级教育名师104人。三是人才结构调整快。全市党政人才总量达18644人，具有大学本科及以上学历的占51.6%；企业经营管理人才总量达35289人；专业技术人才总量达到114790人，高、中、初级比例为13.62:22.86:31.07；技能人才总量达到97130人，其中高技能人才占38.86%；农村实用人才总量达82799人。

（2）释放人才活力取得大突破

一是人才团队活力强。全市各区县在启动实施区（县）管专家评选管理办法的基础上，借助科研院校、省市专家优势，结合产业发展特点，组建成立“省市专家+本土专家”专家团，广泛开展项目合作、规划设计、技术指导等服务，取得了较好的成效。如：玉屏县通过与国家林科院、大连民族大学开展合作，采取博士团队挂职方式，建立“油茶研发中心”“油茶试验基地”，培育和转化科研成果4项，为发展油茶特色产业提供了技术支撑。又如：碧江区充分借助省内外近100名专家组建专家团，专家团完成实地走访调研8个扶贫产业项目点（基地），解决12个产业发展问题或技术难题；帮助制定发展规划7个，协调项目7个，推广农作物新品种10个，推广新技术7项；走访群众30户，解决12个技术难题；组织开展技术技能培训4次，培训人数80人次。二是人才主体活力强。通过推进实施职称制度、薪酬制度、考核评价制度等改革，减轻了人才发展负担，降低了就业创业成本，克服了“唯学历、唯资历、唯论文”的“三唯”困局。如：在全面执行不再将外语水平和计算机应用能力作为职称评审申报必备条件的基础上，市教育局、人社局联合下发《关于做好2017年中小学系列职称评审有关工作的通知》，将申报高级职称关于“城镇教师必须支教1年以上”的规定从前置条件转换为后置条件，中小学教师职称评审只需所教学科与对应业绩一致即可申报相应职称，取消“三证一致”规定，全面为教师减负、松绑，创造了铜仁史上最为宽松的专业技术职务评审环境。又如：为鼓励和支持公立医院薪酬制度改革，市政府制定出台《关于印发铜仁市公立医院薪酬制度改革试点工作实施方案的通知》，按照

6:3:1 的比例分别用于奖励绩效、事业发展（含人才发展经费）、风险基金，目前，铜仁市成为贵州省公立医院薪酬制度改革试点市之一，全市 18 家公立医院纳入试点范围。再如：玉屏是“贵州三宝”箫笛的故乡，为保护和发展箫笛文化，制定出台《箫笛文化保护传承与产业发展扶持和奖励办法》，将 2 名国家级非物质文化遗产传承人直接纳入箫笛拔尖人才管理，先后评选出 10 余名箫笛制作和演奏拔尖人才。

（3）综合服务能力取得大突破

一是服务“硬”环境更好。通过加大人才发展平台建设，现已建成一批专项科学研究、农业技术培训、创新创业等载体平台，并形成了较好的人才交流机制。如：先后申报成立了省级人才基地、国家级工程中心和博士后科研工作站等高端平台，成功打破了国家级、省级高端平台“零”的记录，为开展科学研究、人才培养、项目合作等提供了良好的平台；全市现有 25 个省级现代高效农业示范园区、3239 个农民专业合作组织和 594 家农业企业，为开展农村实用人才培训提供了良好平台。同时，通过启动实施市管国有企业经理、经济师、会计师、工程师招聘工作，铜仁党政机关每年拿出实职岗位公开选拔人才，事业单位全面推行公开招聘、领导公开选拔和竞争上岗，将优秀人才选拔出来、重用起来，促进了人才的交流。二是服务“软”环境更优。一方面，认真贯彻落实省、市各项人才优惠政策，除提供较为优厚的人才引进待遇外，切实解决人才配偶工作、子女入学、住房等实际困难和问题。同时，加强继续教育培训，改革职称评审办法，加大表彰激励力度，鼓励进修学习和挂职锻炼，支持参加创新创业和开展社会服务，举办人才专场招聘会，为人才创造了较为宽松的成长发展环境和交流服务平台。另一方面，通过实施党委联系专家制度、党委定期走访慰问各类人才制度和专家决策咨询制度，尊重劳动、尊重知识、尊重人才、尊重创造的人才观得到进一步深化，事业留人、待遇留人、感情留人的人才工作环境得到进一步强化，赢得了全市各类人才的广泛认可和赞誉。

（二）铜仁实施人才强市建设的经验与启示

铜仁市在推动人才工作中，大胆改革，勇于探索，创造了人才工作的“铜仁模式”，并取得了一系列经验启示：坚持党管人才原则是做好人才工作的关键，坚持创新发展理念是推动人才工作的动力，优化人才发展环境是引才聚才用才的基础。

1. 坚持党管人才原则是做好人才工作的关键

党管人才是我国人才制度的独特优势。习近平总书记明确指出：“择天下英才而用之，关键是要坚持党管人才原则。”如何贯彻落实好党管人才是一项系统而复杂的工程，需要党委高度重视，充分认识到人才资源是发展的“第一资源”，始终把人才工作摆在优先突出位置；需要建立相应的制度，明确工作职责，齐抓共管、上下联动，才能切实做好人才工作。长期以来，铜仁市委牢固树立“人才是第一资源”的理念，始终把人才工作摆在全市工作的优先方向，准确把握统揽全局、协调各方的政治定位，做到“统”“放”到位，切实发挥领导核心作用；组织部门扮演牵头抓总角色，做到“牵得住”“抓得准”，切实发挥参谋助手、配合协调作用；职能部门做到既各司其职，又密切配合、相互协作，切实发挥选才育才用才主体作用；社会力量踊跃参与，勇于担当，切实发挥招才引才桥梁纽带作用；真正构建起党委统一领导、组织部门牵头抓总、有关部门各司其职、社会力量广泛参与的铜仁人才工作大格局，用工作实际诠释了党管人才的实质要义，使铜仁逐步发展成为人才向往之地、集聚之地、乐业之地。

2. 坚持创新发展理念是推动人才工作的动力

创新是引领发展的第一动力。习近平总书记指出：“创新发展理念首要的是创新。”在推动人才工作实践中，唯有在工作理念、工作体系、工作模式、体制机制等方面不断创新突破，才能激发工作活力、突破人才瓶颈。近年来，铜仁市委在认真贯彻落实中央、省委一系列人才政策基础上，立足发展实际，创新性提出“铜才铜用、外才铜用、以用为本”的人才工作理念和“不求所有、但求所用”的工作思路，创造性推出招商与招才并举、柔性引才等新模式，探索建立了考核激励、人才选育、专家帮扶和人才保障等一套新机制，制定出台了《关于进一步加强全市党管人才工作的意见》《关于加强人才培养引进加快科技创新的意见》《铜仁市引进高层次人才绿色通道实施办法（试行）》《铜仁市雁归工程实施方案》《关于建设铜仁高新区大龙开发区人才特区的意见》《党委联系专家制度》等一系列新制度，实现了全市人才工作从数量到质量、从粗放到精准、从单个到团队的跨越式发展，提升了全市人才工作水平。

3. 优化人才发展环境是引才聚才用才的基础

发展环境是人才最关心最看重的问题。习近平总书记指出：“环境好，则人才聚、事业兴；环境不好，则人才散、事业衰。”没有好的发展环境不仅难以留住人才、达到为我所用目的，还将陷入“英雄无用武之地”的尴尬境地。一段时间以来，铜仁受其资源、人才等因素的限制，面临着既要赶又要转的发展困难，但市委、市政府抢抓新的历史发展机遇，全力推进“一区五地”建设，深入实施大生态、大数据、大扶贫“三大”战略行动，着力推进供给侧结构性改革，推动产业转型发展升级，不断培育和发展战略性新兴产业；着力创建人才发展平台，拓宽人才成长渠道，增强人才“磁吸效应”；着力推动体制机制改革，简化行政审批和办事程序，不断提高工作效率和服务质量；着力建立健全人才培养管理服务机制，加大经费投入力度，努力培育和构建全社会尊重知识、尊重人才、尊重创造的浓厚氛围，为引才、聚才、留才、用才提供了良好环境。

（三）铜仁人才强市建设存在的主要问题

在推进人才强市建设进程中，铜仁虽然在工作体系、工作模式、服务机制等方面有着较大的创新发展，实现了人才规模、队伍素质、人才结构的大突破，但从铜仁人才队伍的现状看，无论是人才的总量、结构还是整体素质，距离全面建成小康社会、“一区五地”建设、乡村振兴战略要求仍然存在较大差距，主要表现在以下六个方面：

1. 人才总量不达标

2016 年全省人才资源统计数据显示：铜仁市拥有各类人才为 34.8652 万人，仅占全省的 8.29%，低于全省平均水平，远低于贵阳市、遵义市。同时，《贵州人才发展报告（2014）》显示：贵州省 2013 年人才资源总量占总人口比重为 8.78%，而重庆市人才比重已高达 15.55%，低了 6.77 个百分点，可见，铜仁人才资源总量与省内人才先进市仍然存在差距，与周边省市更是存在较大差距。

2. 人才层次不协调

全市现有高级专业技术职称（职务）人才 15644 人，仅占专业技术人才总量的 19.24%；中级专业技术人员 26250 人，占专业技术人才总量的 32.28%；初级专业技术人员占专业技术人才总量的 48.48%。可见，全市人才队伍仍然呈现出“三多三少”现象，即：一般性人才多，高层次人才少；传统人才多，高精尖人才少；专门人才多，复合型人才少。

3. 人才结构不合理

目前，全市高、中、初级专业技术人才比例为 19.24:32.28:48.48。同时，学历结构也不合理，全市专业技术人才中，研究生以上学历占 1.27%，大学本科学历占 37.27%，大专学历占 37.58%，中专及高中以下学历占 23.88%，高、中级专业人才远远低于省内先进市，而中专及高中以下的初级人才比重过高。

4. 人才增长不对称

2016 年全省人才资源统计数据显示：铜仁市 2016 年党政人才、经营管理人才、专业技术人才、技能人才和农村实用人才比 2015 年分别增长了 2.72%、8.55%、7.80%、9.77%、3.91%，而全省分别增长了 0.86%、10.22%、6.06%、10.13%、7.53%。可见，五项增长指标中，铜仁仅仅是党政人才和专业技术人才高于全省平均增长水平，其他全部低于全省平均增长水平，特别是农村实用人才增长低 3.62 个百分点，这不仅反映出铜仁经营管理、技能人才、农村实用人才的缺乏，更显露出铜仁推进同步小康、“一区五地”建设、乡村振兴战略存在的人才结构性突出矛盾和问题。

5. 人才分布不均衡

全市人才大多集中在地方高校、科研院所、党政机关及事业单位，而与经济社会发展密切相关的新材料、新能源等新产业人才严重不足，特别是在农村集体经济、乡镇企业、民营企业等领域人才十分匮乏。

6. 人才市场不完备

目前，铜仁市仅设有人力资源市场，尚未建立专门的人才市场，且仅开展一些较为低端的招聘服务活动。同时，虽已借助现代技术建立了铜仁人才网平台，但在信息供给、跟踪服务和运行管理等方面仍显不足，以致出现人才市场的总体吸引力不强、服务质量不高现象。

四、铜仁实施人才强市建设的对策建议

“千秋基业，人才为本”。习近平总书记站在赢得国际竞争主动、实现民族复兴的战略高度，深刻指出，必须加快实施人才强国战略，确立人才引领发展的战略地位，努力建设一支矢志爱国奉献、勇于创新创造的优秀人才队伍。这为我们做好新时代人才工作提供了根本遵循。

铜仁实现“一区五地”奋斗目标和全面建成小康社会，关键在人才，希望也在人才。铜仁坚持党管人才的原则，努力构建“六强六新”人才强市工作新模式（强意识，人才认识上要有“新”提高；强引进，人才总量实现“新”突破；强培养，人才质量迈上“新”台阶；强评价，人才考核呈现“新”作为；强激励，人才贡献再创“新”成就；强保障，人才环境呈现“新”面貌），在人才发展体制机制和关键环节上取得突破性进展，人才管理体制更加科学高效，人才评价、激励机制更加完善，全社会识才爱才敬才用才氛围更加浓厚，形成人人皆可成才、人人尽展其才的政策法律体系和社会环境，不断创新人才工作新局面，推动全市经济社会快速健康发展。

（一）强意识，人才认识要有“新”提高

1. 更新观念“重”人才

提高认识是前提，更新观念是关键。“发展”“人才”“创新”“发展是第一要务，人才是第一资源，创新是第一动力，强起来要靠创新，创新要靠人才”，始终是习近平新时代中国特色社会主义思想的高频词。各级党委必须牢固树立人才强市理念，深入贯彻习近平总书记系列重要讲话特别是关于人才工作的重要论述精神，认真践行“铜才铜用、外才铜用、以用为本”的人才工作理念和“不求所有、但求所用”的工作思路，以识才的慧眼、爱才的诚意、用才的胆识、容才的雅量、聚才的良方，多措并举重视人才工作，围绕我市实施主基调主战略和大扶贫、大数据两大战略行动，聚焦经济建设，遵循人才成长规律，着力破除束缚人才发展的思想观念和体制机制障碍，推动全市人才管理体制更加科学高效，人才引进培养、评价使用、流动配置、激励保障等机制更加完善，构建人才发展与经济社会发展相适应、人才作用充分发挥、人才管理和运行机制更加规范高效、人才环境更加包容开放的人才发展治理体系。

2. 规划引领“统”人才

“凡事预则立，不预则废”，加强规划引领，强化蓝图落实。为进一步优化全市人

才队伍建设，规划引领是关键。根据铜仁实际，制定《铜仁市引进人才管理办法》，明确提出全市人才发展思路、短期目标和中长期目标，突出抓好人才总量计划、人才引进和人才培养计划的制定。坚持“岗位腾得出、让人才有事干，资金拿得出、让人才有待遇，服务跟得上、让人才留得住”的原则，通过模式创新、政策加码，着力引进、培养我市实施产业兴市战略急需紧缺的领军型科技创业人才、高端创新人才、科技创业型企业家，引进培养引领社会经济发展的高素质党政人才和社会事业人才，使我市人才队伍适应经济社会发展需要，打造铜仁人才高地。同时健全领导机构，配强工作力量，完善宏观指导、科学决策、统筹协调、督促落实机制，理顺党委和政府人才工作职能部门职责，将行业、领域人才队伍建设列入相关职能部门“三定”中并认真落实。

3. 高屋建瓴“谋”人才

围绕打造人才聚集地和创业“铜仁高地”，必须要树立人才是第一资源的观念，坚持以习近平总书记关于人才工作重要论述为指导，从未来发展的高度对人才工作谋篇布局，坚持人才引领创新发展，将人才发展列为经济社会发展综合评价指标，坚持人才发展与实施重大国家战略、调整产业布局同步谋划、同步推进。重点树立“以人才带动经济社会发展为总体目标，以促进人才全面协调发展为出发点，以优化人才发展环境为核心，以提升全市人才服务质量为主要抓手”的理念，高屋建瓴“谋”人才，谋划好人才工作全局，把好人才工作方向，制定好人才工作政策，处理好人才工作重大关系。全市上下要形成人才的优良环境，全力打通人才流动、使用、发挥作用中的体制机制障碍；突出产业转型发展需求导向，加大重点产业人才开发力度；建立健全与市场经济体制相适应的人才选拔使用、合理流动和收入分配激励机制，让有作为、有功绩的科研人员名利双收。努力打造人才聚集地和创业“铜仁新高地”，广聚天下英才，服务科学发展、后发赶超、同步小康。

（二）强引进，人才总量实现“新”突破

围绕铜仁“一区五地”战略布局，扩大人才队伍规模。坚持党管人才的原则，进一步完善党委统一领导，组织部门牵头抓总，有关部门各司其职、密切配合的工作格局，牢牢抓住人才培养、引进、使用三个环节，使全市人才总量实现“新”突破。

1. 筑巢引凤“招”人才

“不拒众流，方成江海。”要实行更加积极、更加开放、更加有效的人才引进政策，集四海之气，借八方之力，聚天下英才而用之。人才是产业发展的核心力量，可以说，拥有什么样的人才，一座城市就有什么样的未来。人才如水，具有流动性，最终能否留下来、扎下根，关键看能否在培育人才、吸引人才、留住人才、用好人才上有所作为。全市不仅要引得进人才，更要在“筑巢”方面狠下功夫。一是搭建平台“招”人

才。以企业为主体，科研院所、高等院校协同创新，全市科技创新能力明显增强，技术创新市场导向机制更加健全，科技管理体制机制更加完善，科技对经济社会发展的支撑和引领作用更加凸显，鼓励支持国有企事业单位、非公有制经济组织和社会组织设立博士后工作站和院士工作站，为我市创建绿色发展先行示范区提供强有力的科技支撑。二是宜居环境“留”人才。全力打造高层次人才集中居住服务区。全市区县应建设人才公寓楼，配套建设生活设施场地，实现“拎包入住”，人才公寓位置优越、功能齐全、设施齐备、环境优美，成为人才向往的理想居住场所。引进物业管理公司对人才公寓进行管理，成立公寓业主委员会，形成自我管理的良性循环机制。三是创新制度“用”人才。建立健全“公开、公平、竞争、择优”的高层次人才遴选培育制度，构建“三位一体”的人才终身教育体系，加大继续教育力度，形成国家、单位、个人三方面负担的继续教育投入机制。同时，统筹高层次创新型人才、优秀青年科技人才、“西部之光”“甲秀之光”、甲秀文化人才等培养计划和行业领域人才培育计划，形成相互衔接、梯次递进的人才计划项目体系；支持教学科研人员（含担任领导职务人员）积极参与国际交流合作，其因公出国不计入本单位和个人年度因公临时出国批次限量管理范围，出访团组、人次数和时间单独统计；鼓励支持国有企事业单位、非公有制经济组织和社会组织设立人才工作一站式服务机构。

2. 简化程序“录”人才

在创新人才引进模式上下功夫，立足全市经济社会发展的多样化人才需求，坚持政治站位，坚持德才兼备，以德为先的原则，通过多种方式，不拘一格地为本市行政区域内各类创新主体引进紧缺急需人才。一是优化引进办理程序。按照刚性引进与柔性引进相结合原则，简化程序，下放权限，进一步健全人才政策体系，出台新的人才引进政策，形成有特色的人才引进、使用、激励、流动、保障等整体配套的人才队伍建设体制。进一步转变引才机制，拓宽引才渠道，进一步加大兼职、讲学、咨询、短期服务、技术合作、技术入股等柔性引才方式，加大引智引才工作力度。注重引进人才本人签署诚信声明，对所提供材料的真实性、有效性和合法性作出书面承诺后，由聘用单位向所在区（含开发区）或具有管辖权的局级单位提出申请，报市人社局审核。市人社局对拟引进人才相关材料进行审核，审核通过的办理引进落户手续。二是引进人才落户保障。引进人才无产权房屋的，可在聘用单位的集体户落户；聘用单位无集体户的，可在单位存档的人才公共服务机构集体户落户。引进人才的配偶和未成年子女可随调随迁。明确引进人才工作职责，市人社局负责对全市引进人才工作进行监督检查，各区人社局（含开发区人劳局）、具有管辖权的局级单位人事部门等报送单位负责对引进人才发挥作用情况进行跟踪问效。三是简化引进手续。政府部门可以设立“一站式”人才引进服务窗口，给予各用人单位对高层次人才的选拔、引进、评价等充分的自主权。申请人应如实提供引进材料，并遵守法律法规和聘用单位的规章制度，聘用单位负责加强对引进人才的管理与服务，履行帮助办理引进手续、缴纳社会保险等责任和义务。如 2017 年，铜仁市全力打造铜仁优秀人才向往之地、聚集之地、创业之地，通过“平台揽才、活动引人、项目聚才”等方式，人才培养引进成效显著。围绕重点领域引进人才，大力开展人才培养引进工作，参加第五届中国贵州人才博览会和北大、清华、川大等 8 所知名高校专场招聘活动，组织开展人才引进活动 21 批次，引进高层次和急需紧缺人才 943 人，协调苏州市选派 27 名专家为铜仁市大生态、大健康、大文化、大旅游、大数据产业发展“问诊把脉”，为全市经济社会发展提供智力援助。

3. 发挥作用“选”人才

发挥“双主体”的选人作用，即政府主导作用和用人单位的主体作用。一是政府在主导方面。制定人才引进宏观计划，出台人才引进措施，规范人才引进程序，兑现引进人才政策，加大人才引进工作考核；充分发挥用人主体在人才培养、吸引和使用中的主导作用，全面落实国有企业、高校、科研院所等企事业单位和社会组织的用人自主权；创新事业单位编制管理方式，对符合条件的公益二类事业单位逐步实行备案制管理；改进事业单位岗位管理模式，建立动态调整机制；探索高层次人才协议工资制等分配办法。二是用人单位主体方面。根据单位发展现状和未来发展的需要，制定人才引进的具体方案，严格按照规定，招聘重点人才，改革人才引进方式，实行刚性引进与柔性引进相结合方式，采取科研项目合作、科技成果转化、技术入股、兼职兼薪、特例聘用等多种方式引进高层次人才，对市内急需的特殊紧缺人才，开辟专门通道，实行特殊政策，进行精准引进。三是深化引才育才载体平台建设。全市以引进国内外高端人才为契机，依托我市重大产业和重点项目，深化引才育才载体平台建设，围绕市内重点产业发展，立足重点产业培养人才。如 2017 年全市依托印度国家信息学院铜仁培训基地（铜仁职业技术学院），举办 NIIT 培训大数据人才 186 人，培训农业、卫生、质量专业技术人员 472 人，举办市直事业单位新进人员初聘培训 3 期 398 人，其他各类人才培训 1000 余人。

（三）强培养，人才质量迈上“新”台阶

人才与发展是相辅相成的，当今世界的综合国力竞争，说到底是人才竞争。办好中国的事情，关键在党、关键在人、关键在人才，要以人为本、崇尚知识、尊重人才、留住人才，进一步加快人才体制机制创新，强化培养力度。全市到 2020 年要实现五类人才“11311”培育目标（党政人才 10000 名、技能人才 10000 名、高级社会人才 3000 名、金融人才 1000 名、农村人才 10000 名），使人才质量迈上“新”台阶。

1. 突出重点“培”人才

社会需要人才，时代呼唤人才。近年，我市不断加强人才培养力度，取得了可观的

效果。我们要千方百计培育“五类人才”，助力铜仁发展。突出重点培养：党政人才——围绕高素质专业化，实施精准培训。农村实用人才——通过项目+讲习所培养“土专家”、致富能手。技能人才——校企合作、产教融合。金融、社会人才——培育企业管理经营人才。一是医疗领军型人才偏少。一个地区医疗卫生事业的快速发展主要依靠学科带头人的领导，我市近几年虽然引进了大量的卫生类专业技术人才，但最高学历也仅仅停留在硕士研究生，博士研究生和副高级以上职称人才基本没有，对领军医疗人才和学科带头人非常渴求。二是高层次经管人才缺乏。我市深处内陆地区，经济欠发达，经济管理类人才很少，加快培养和造就高层次经济管理人才，成为振兴地方经济的当务之急，因此要快速发展我市经济，还需要大量的经管类人才。三是“大健康”“大数据”人才紧缺。随着省委、省政府提出“大健康、大数据、大扶贫”三大战略，大健康大数据产业得到了广泛的发展，因此需要大量的专业技术人才作为支撑。

2. 注重培养“育”人才

人才素质的提升关键在培养。一是探索建立“协同培育”机制。突出经济社会发展需求导向，建立学科专业、类型、层次和区域布局动态调整机制，统筹产业发展和人才培养开发规划，加强产业人才需求预测，加快培育重点行业、重要领域、战略性新兴产业人才。注重人才创新意识和创新能力培养，探索建立以创新创业为导向的人才培养机制，完善产学研用结合的协同育人模式。二是围绕产业创新育人模式。校企合作是破解企业用工难的“金钥匙”，实行“双导师”教学制度，完善“师带徒”形式。以高技能人才培养为重点，建立和完善应用技术型本科高校、职业院校与行业、企业、社会服务机构合作的技术技能人才培养机制。推行职业院校与企业联合招生、联合培养的现代学徒制，工学结合、订单培养、顶岗实习等培养模式。三是实施“知识更新”工程。大力实施专业技术人员知识更新工程，重点开展分级分类对基层医疗卫生、教育、农业等专业技术人员每年集中培训；对用人单位根据工作需要自主培养并获得学历学位的高层次人才，培养费用可由用人单位自主解决，同时享受与引进高层次人才同等的政策待遇。加大财政专项投入力度，全面落实技能人才培训补贴政策，鼓励企业与职业院校共建一批重点产业急需紧缺的高技能人才培训基地、技能大师工作室、技术技能人才工作站、实训基地、技能大赛训练基地，按规定可给予奖补。

3. 岗位练兵“强”人才

岗位练兵强素质。一是苦练技术。开展岗位练兵活动，提高人才技术含量，引导人才立足本职岗位勇于创新、建功立业，成为技术尖子，掀起比、学、赶、帮、超热潮，培育一流人才，创出一流产品。造就一支政治坚定、业务精通、作风优良、潜心研究的人才队伍，大力开展人才培养、岗位培训、业务竞赛、全员学习等各项工作，在人才中营造互相学习、自觉学习、终身学习的氛围，增强人才的创新力、竞争力和发展力，促进人人成才、全面成才，为铜仁事业的发展发挥重要作用。二是增强素质。开展“导师带徒”活动，鼓励自学成才，强化岗位练兵，让优秀人才脱颖而出。通过深入开展“导师带徒”活动，不仅增强团组织的凝聚力和号召力，而且使广大青年人才树立不断学习、终身学习的观念，充分调动学习培训的热情，形成浓郁的学习氛围，掀起岗位实践、岗位成才、岗位奉献的热潮。进一步加强与全国知名高校和科研院所的合作，围绕我市产业结构调整和高新技术产业发展，重点培养能源化工、装备制造、现代农业、教育、卫生、新材料、高新技术、金融、财会、外贸、电子商务、企业高管等领域紧缺的高层次、高技能人才。三是定向培养强品牌。采取订单培养和定向委托培养的方式，加大地方紧缺专业人才教育培养力度。加大组织协调工作力度，充分发挥资源聚集效应，着力打造具有一定影响力的人才工作品牌。

（四）强评价，人才考核呈现“新”作为

千秋基业，人才为先。实现中华民族伟大复兴，人才越多越好，本事越大越好，人才评价机制的指挥棒作用将越来越凸显。围绕实施人才强市战略和“一区五地”建设，以科学分类为基础，以激发人才创新创业活力为目的，加快形成导向明确、精准科学、规范有序、竞争择优的科学化社会化市场化人才评价机制，努力形成人人渴望成才、人人努力成才、人人皆可成才、人人尽展其才的良好局面，使优秀人才脱颖而出，确保人才评价质量。

1. 重视品德“识”人才

以识才的慧眼，坚持德才兼备，注重凭能力、实绩和贡献评价识别人才。一是以德为先，严把政治关。突出人才德的评价标准，克服唯学历、唯职称、唯论文等倾向，让各类人才各得其所，让各路高贤大展其长，为“一区五地”建设提供坚实保证。无论引进人才还是本土人才，管理人才还是技术人才，一视同仁，真正做到不唯学历、不唯身份、不唯资历，一把尺子量到底。建立公平竞争、公正考核的评价制度，努力营造各类人才和谐共事、共同发展的人才使用环境。二是注重业绩，严把职称关。进一步改革人才职称评价标准，突出用人主体在职称评审中的主导作用，合理界定和下放职称评审权限。这个主导作用是市场配置资源决定性作用的重要体现，是要让用人单位有评审权、聘用权。同时，将转化成果、推动产业、促进经济、服务社会等贡献作为职称评审的重要评价内容及指标，评选一批以科技成果转化运用成效为主要评价标准的高级职称。不将论文作为对应用型、实践操作性强的职称系列和基层专业技术人员的硬性要求。根据岗位实际，对专业技术人员和技能型人才的计算机和外语水平不作统一要求，科研人员承担的市场化横向科研课题与国家、省、市级纵向科研课题同等对待。

2. 创新方式“聘”人才

深化人才发展体制机制改革的核心是放权放活，激发和增强人才活力，让人才放开

手脚创新创造。一是强化用人单位“聘”的自主权。坚持德才兼备，以德为先的原则，注重凭能力、实绩和贡献管理使用人才。按照高素质专业化要求，改进事业单位岗位管理模式，扩大高校、医疗卫生机构等事业单位在岗位结构设置和岗位聘用上的自主权。建立事业单位岗位动态调整机制，研究制定高层次人才和急需紧缺人才职称直评和岗位直聘办法，对急需紧缺人才和有突出贡献的优秀人才，用人单位可在编制范围内设置特殊岗位直接聘任，不受岗位总量、最高等级和结构比例限制。取消事业单位公开招聘事前审批，实行备案制，加强事中事后监督管理，建立纠错和责任倒查追究机制。二是加大“聘”后管理力度。实行绩效考核并注重结果运用，建立年度考核与聘期考核相结合的专业技术岗位绩效考核管理机制，岗位绩效考核结果作为调整岗位、晋升职务和收入分配的重要依据，优秀者晋职，合格者续聘，不合格者低聘或解聘，促进人才能进能出、能上能下。支持高校、科研院所科教人员（含担任领导职务人员）按规定到与其工作或教学科研领域相关的单位或机构兼职，更好发挥其专业特长和作用；鼓励并支持高校、科研院所科研人员在完成本职工作前提下，到企事业单位兼职开展技术研发、成果转化、科技服务等，并按照有关规定获取相应报酬。三是落实基层人才“聘”的优惠。建立符合中小学教师、基层医疗卫生人员等岗位特点的人才使用制度。适当放宽事业单位专业技术人员职称岗位设置比例，鼓励专业技术人员，特别是县级以下事业单位专业技术人员，进行专业学习，获取高级别的职称资格和聘用，普遍提高基层专业技术人员的技术水平和素质。

3. 分类考核“评”人才

改革人才分类评价机制是人才评价的关键。一是实施人才分类评价。在重视高端人才的基础上，扩展人才概念，以创新能力和潜力为核心，建立科学、易操作的科研人员分类考核机制和办法，营造人人都是人才、人人都可以出彩的氛围，形成有利于人才竞相成长、各展其能的激励机制，汇聚创新合力。具体来说，在人才评价标准上，既要看“帽子”，更要看“里子”，“里子”是人才当前的创新能力和未来的创新潜力，要注重凭能力、实绩和贡献评价人才。二是坚持标准，分类评价。对基础研究人才，突出创新目标导向，注重单位考评和同行学术评价，重点评价研究成果创新价值、公益性、基础性作用和学术影响力；对应用研究和技术开发人才，突出市场评价，重点评价创新成果转化效益及对经济社会发展的推动作用；对哲学社会科学人才，突出社会评价和理论贡献，重点评价战略价值、决策参考、社会影响力；对急需紧缺的高技能人才，不受学历、资历等条件限制，突出实际操作能力，重点评价工艺水准和技艺能力。建立技能大赛与高技能人才评价的相应关系，通过竞争、竞赛、竞技评价人才。三是健全人才评价机构。加快培育一批高水平的人才评价、职业技能鉴定等第三方机构，加强评审专家数据库建设，建立评价责任制度和信誉制度。如玉屏县开展双向述职“评”人才，进一步掌握各类人才的专业发挥程度，对工作动态有一个全方位的了解，为因才因地施策、激活人才活力和差异化施策培养高层次人才奠定了一定基础。

（五）强激励，人才贡献再创“新”成就

完善人才激励机制，加强对于人才的服务保障，增强政策创新，以人才满意为标准，大力营造尊重人才重视人才的社会环境、识人用人的工作环境、惜才爱才的生活环境，加快建立人才个性化、人本化服务模式，为各类人才提供优质服务。

1. 健全机制“激”人才

“水不激不跃，人不激不奋。”健全完善人才激励机制，让人才实现“名利双收”，进一步调动各类优秀人才工作积极性和干事创业激情。一是健全完善人才激励机制。制定《铜仁市人才激励实施办法》，从政治、生活、精神和经济四个方面为实干者发出“激励红包”，最大限度激发各类人才干事创业积极性，真正形成“唯才是举、择才而用”的局面。建成目标明确、覆盖面广、导向作用强的人才嘉奖机制，用事业去吸引人，用真诚去留住人才，对作出突出贡献的创新型人才、企业家、高技能人才、优秀青年人才、外国专家及人才工作者给予奖励，对人才工作成绩突出的单位给予表彰，连续 5 年对新列入培养对象的市“百、千”层次创新型人才每年分别给予 10 万元、1 万元资助。二是探索设立铜仁“人才名人堂”。主要抓好市管专家命名表彰工作，大力培养省、市高层次创新型人才，建立首席科学家、特聘专家、黔灵工匠、荣誉市民、形象大使等荣誉制度，对作出突出贡献的各类人才予以命名。鼓励各地、各界、各学科对在重点领域作出突出贡献的人才进行表彰奖励，对新认定的贵州省创新人才团队一次性给予 10 万元科研补助。三是提高人才政治地位。对作出突出贡献的人才实行重奖，同时，提高专业技术人才的社会政治地位，发挥人才专业优势，让优秀人才列席各级党委常委会、政府常务会，参与重大工程、重大项目的审议，增强人才的荣誉感和归属感。对思想政治强、行业代表性强、参政议政能力强、社会信誉好、贡献突出的民营企业家和优秀科技人才，可作适当政治安排，提高政治待遇。

2. 成果转化“奖”人才

人才的价值在于为社会服务，创造更多社会财富。鼓励人才立足社会，扎根人民，将成果转化应用于实践。一是建立科研财务助理制度。改进科研项目及资金管理，严格执行上级科研项目及资金管理办法，依法赋予项目单位、领军人才、项目负责人科研项目的人财物支配权、技术路线决定权，完善项目承担单位法人责任制，为科研人员提供专业化服务。放宽财政科研经费预算调整权限，在项目总预算不变的情况下，提高政府科研项目间接费用比例。二是探索奖惩制度。主要建立有利于调动各类人才积极性的奖惩制度，运用风险投资、后补助、自主创新产品首购等方式，加大对人才创新创业的支持。对有贡献的科技人员及工作者实行重奖重用。加大对人才队伍建设的投入，逐步提高发展性投入用于人才资源开发的比例，把合理的人才培训经费、招

选聘经费、科研经费、奖励经费列入年度预算。高校、科研机构持有的科技成果可自主决定转移转化，所获得的收入全部留归单位，纳入单位预算使用，不上缴国库。单位对完成、转化职务科技成果作出重要贡献人员给予的奖励和报酬支出计入当年单位工资总额，但不受当年单位工资总额限制、不纳入单位工资总额基数。三是探索实行哲学社会科学研究成果后期资助和事后奖励制。鼓励高校教师厚积薄发，加强基础研究，勇于理论创新，推出精品力作。后期资助项目的资助对象必须是高等学校的在编在岗教师，具有良好的政治思想素质和独立开展及组织科研工作的能力，身体健康，能作为项目实际主持者并担负实质性研究工作。后期资助项目原则上在1～2年内完成，确有需要者，经评审专家一致同意，可延长至3年。

3. 改革薪酬“活”人才

薪酬是人才发挥作用的关键。加大力度推进事业单位分配制度改革，逐步完善福利制度，在收入分配上，制定人才倾斜的优惠政策，保证各类人才的福利待遇水平随着经济发展不断提高，为事业单位的深化改革和长远发展奠定坚实的人才基础。一是规范绩效考核制度。事业单位增强考核的操作性和有效性，打破吃“大锅饭”的思想，强化绩效考核的重要性和必要性。首先明确考核内容，细化考核指标，坚持定性和定量相结合的原则。依据有关文件规定，明确考核标准，考核内容要兼具态度和能力两方面，尽量采用量化指标，实在不能量化的，也要详细描述便于评价，这样不仅使考核更具有操作性，同时也保证了考核的公平性。其次，重视考核结果的应用。绩效考核能否真正起到人才激励的作用，取决于考核结果的运用效果，唯有动真格，把考核的结果同工资、职称职务晋升、培训、评先评优、降职和辞退等方面挂钩，考核才不会流于形式。考核优秀者，可以优先晋升、培训、评先评优等；而考核不合格者，给予敦促改进，否则调岗甚至解聘辞退。如铜仁职业技术学院实施内部质量保证体系改革工作，构建“一体五化”内部治理体系，推动学院快速发展。二是实行“以岗定薪，岗变薪变”薪酬分配方式。完善的薪酬体系可以增强事业单位活力，鼓励有条件的企事业单位探索高层次人才协议工资制、项目报酬制等分配办法，根据岗位、能力和贡献协商确定劳动报酬。因此，事业单位要结合制度改革，建立与岗位聘用制度相契合的薪酬分配制度，工资待遇要根据岗位职责、工作业绩、实际贡献加以衡量，实行“以岗定薪，岗变薪变”。因地制宜，适度创新薪酬分配方式，实行多元化分配机制，如对于优秀拔尖人才，可以越级聘任，享受更高专业技术工资标准，对于有突出贡献人才，可以给予政府津贴和奖励，对于引进的紧缺型高层次人才给予多重保障措施等。完善事业单位绩效工资总额管理办法，分类别、来源调控事业单位绩效工资水平，完善职工收入与工作业绩、绩效水平与事业发展挂钩的绩效工资动态调整制度。三是探索高层次人才“年薪制”。对高层次人才的协议工资和项目工资、专业技术人员市场科技服务收入、科技成果转化奖励、科研经费绩效奖励，均不纳入单位绩效工资总额。

建立企业首席专家、首席工程师、首席技师制度，试行年薪制、技能入股、期权激励和效益分成，逐步提高技能人才待遇。建立符合医疗卫生行业特点的医疗人员薪酬制度。国有企业聘用高层次人才，在聘用当年计算企业利润时，其薪酬不纳入企业薪酬总额。高校、科研机构可按政策规定自主决定绩效考核和绩效分配办法。对人才个人从事技术转让、技术开发、技术咨询、技术服务所取得的收入，经市级科技主管部门认定，可免征增值税。

（六）强保障，人才环境呈现“新”面貌

环境氛围对人才十分重要，良好的环境，可以让人才舒心工作，创造更多成果。全市进一步强化政策保障，优化高层次创新型人才成长环境，注重人文关怀、强化目标考核、加大宣传力度，让高层次人才引得进、留得住、用得好。

1. 人文关怀“爱”人才

人才需要关爱，用事业留人、感情留人、适当待遇留人“三个留人”的方针，想方设法为各类人才提供一个自由广阔的施展才华的舞台，形成人才良好人文氛围。一要坚持爱才的诚意。关心和了解高层次人才工作和生活困难，不断强化人才政治素养和政治理论水平，增强人才拒腐防变意识和能力，并提高人才福利和待遇，创造舒适的工作环境和良好的工作氛围，不断提升人才的归属感。二要营造爱才环境。打造公平、公正的用人环境，对每位人才不同的性格特点、文化层次、工作阅历等进行科学分析，分类培养指导，安排到适合发挥其作用的工作岗位，充分发挥其特长，真正做到人尽其才、才尽其用。积极推进干部人事制度改革，健全和完善行政、企事业单位干部人事管理制度，创造一个人才“能进能出、职务能升能降，优者上、平者让、劣者下”的用人环境。支持鼓励在职人才自我脱产进修深造，给发展潜力大的人才压担子，进行多岗锻炼，增加阅历，积累经验，促他们尽快成才。拓宽人才事业上升的渠道，坚决不让人才吃亏、不让人才埋没。三要解决人才“后顾之忧”。为了解决高层次人才子女对优质教育的需求，对引进的高层次人才，以及“双一流”大学、医科大学的优秀硕士、博士毕业生的子女，要求入（转）中心城区义务教育阶段优质学校或公办幼儿园的，可不受购房、居住、户籍等地域限制，要求转入或报考我市各类高中的，具有与本市居民子女同等资格。

2. 目标考核“留”人才

明确职责、加强问责是做好人才工作的关键。各级党委、政府要把推动人才强市工作摆在全局工作的重要位置，纳入重要议事日程，进一步建立健全党委政府统一领导、各有关部门齐抓共管的工作机制，牢固树立“一把手抓人才强市”的观念，亲自挂帅抓人才强市工作。一是强化队伍建设。进一步调整充实人才工作机构人员，统一指导全市人才工作，强化各级人才部门管理职能，明确机构和人员，发挥人才管理部门的

重要作用。必须加强人才工作办公室力量，强化人才工作办公室在处理人才工作统筹规划、宏观指导、调查研究、综合协调、督促检查中的作用。人才工作主管部门既要充分发挥牵头作用和参谋作用，认真搞好人才发展规划、统筹协调和政策落实，又要充分调动各科研机构、高等院校、企业以及各部门各单位的积极性，形成方方面面参与和支持人才强市的强大合力。二是强化人才考核。明确各级党委、政府的人才工作责任，将人才工作列为落实党建工作责任制情况述职的重要内容，实行党委（党组）一把手人才工作述职制度，领导干部要做好联系服务人才工作，政治上充分信任、工作上创造条件、生活上关心照顾，多为他们办实事做好事解难事。要带头联系专家，加强思想沟通和感情交流，当好“后勤部长”，为他们发挥聪明才智创造良好条件。明确职能部门在各地区、各行业、各领域人才工作的牵头责任，明确用人单位的主体责任，将人才工作纳入职能部门、用人单位领导班子和领导干部年度考核，考核结果作为领导班子和领导干部评价的重要依据。同时，市级层面建立人才发展体制机制改革定期通报制度和成效评估机制，对推进不力、效果不好的单位及领导实行问责。三要加强对于人才的服务保障。增强政策创新，以人才满意为标准，大力营造尊重人才重视人才的社会环境、识人用人的工作环境、惜才爱才的生活环境，加快建立人才个性化、人本化服务模式，为各类人才提供优质服务，营造全社会关心支持人才发展体制机制改革的良好氛围。

3. 强化宣传“敬”人才

舆论宣传是做好人才工作的助推器。大力弘扬爱国奉献精神，广泛宣传表彰爱国报国、贡献突出的优秀人才。精心策划，高端展示，加强政策宣传和舆论引导，以开展铜仁市人才奖等表彰奖励活动为载体，不断加强对人才政策、人才工作的宣传，推广更多的人才引进成功案例，搭建更多的人才交流互动平台。加强优秀人才和工作典型宣传，维护人才合法权益，营造尊重人才、见贤思齐的社会环境，营造鼓励创新、宽容失败的工作环境，营造待遇适当、无后顾之忧的生活环境，营造公开平等、竞争择优的制度环境，在全社会大兴识才、爱才、敬才、用才之风，营造全社会“尊重劳动、尊重知识、尊重人才、尊重创造”的良好氛围。

总之，“多士成大业，群贤济弘绩”。我们要以更高的站位、更宽阔的视野、更长远的眼光，扎实做好人才工作，努力推动形成优秀人才聚铜仁的良好局面，为实现“一区五地”目标，实现中华民族伟大复兴的中国梦提供有力人才支撑。

坚持“六个融合” 推动铜仁市职业院校和技工院校高质量发展

稳定就业、提高收入是最大的民生，加大群众职业技能培训力度，千方百计保就业是一项政治任务。职业教育是就业教育，技工教育是稳定就业的主渠道。经实地考察，铜仁的职业教育有质有量，而技工教育举步维艰，主要存在体制不顺被“矮化”、质量不高被“弱化”、投入不足“功利化”、数量不够“边缘化”等问题。在乡村振兴中，教育、人社、学校要“三箭齐发”，坚持“六个融合”（规划、体制、双培、专业、招生、就业），实现职业院校和技工学校融合发展，为推动铜仁“一区五区”建设和新时代高质量发展提供技术技能人才支撑。

新国发 2 号文件明确提出，“推动职业院校与技工院校融合发展”。在乡村振兴战略中，铜仁应加快构建职业院校和技工院校融合发展体系，用足用好职业院校和技工院校培训资源，大规模、高质量开展职业技能培训，不断提升劳动者综合素质和职业技能水平，为推动铜仁高质量发展，提供强有力人才和技能支撑。本课题组通过对全市技工院校实地调研，分析存在问题，提出坚持“六个融合”，为推动职业院校和技工院校高质量发展提供决策建议。

一、职业院校和技工院校的基本现状

（一）职业教育蓬勃发展

全市现有高职院校 4 所，中等职业学校 14 所，其中，国家级示范校 2 所，省级示范学校 4 所，省优质中职学校暨乡村振兴示范校 4 所，“中职强基”项目学校 8 所。铜仁职业技术学院是国家骨干高职院校、省部共建校、全国优质高职院校、全国乡村振兴优质校和国家“双高计划”建设单位。铜仁幼儿师范高等专科学校是贵州省“双高计划”建设单位。贵州健康职业学院为新建学校，办学规模已突破万人。贵州工程职业学院是 2014 年成立的民办高职院校，在校生达到 13000 人。全市现有高职教职工 2348 人，在校生 54000 余人，中职学校教职工 3040 人，在校生 35000 余人。

（二）技工教育举步维艰

全市现有技工学校 4 所（其中公办 3 所，有 1 所停止招生；民办 1 所）。铜仁市技工学校成立于 2005 年，现由铜仁职业技术学院领办。铜仁市交通技工学校成立于 2015 年，与铜仁市交通学校是“一套人马，两块牌子”。松桃县技工学校成立于 2016 年，与松桃县中等职业学校是“一套人马，两块牌子”（2018 年已停止招生）。铜仁市凯梵技工学校是 2020 年成立的民办技工学校，现有教职工 76 人。铜仁市武陵山技工学校正在筹建。全市现有技工学校在校生 1100 余人。

总之，全市职业院校和技工院校发展不平衡，主要表现在数量上有差距、质量上有差异，特别是技工院校，在办学规模、学生人数、教师数量、实训场地、培训质量存在明显差距，必须补齐短板。

二、职业院校和技工院校发展主要存在“四个化”问题

（一）体制不顺，技工教育“矮化”

“领办型”是创新发展的模式，高职院校领办技工院校，有利于利用其优质的办学资源推动技工院校的发展，应当大力支持。但工作也存在技工教育被“矮化”问题，主要表现在：一是办学自主权不够。如铜仁市技工学校专业设置和招生计划的确定要服从铜仁职院的整体安排。二是部分职能弱化。如铜仁市技工学校机构不健全，没有单独的编制、独立校区、稳定的投入，学校功能大打折扣。三是办学条件不完善。如铜仁市技工学校在铜仁职院内不是教学单位，职能部门职责不清，而技工学校既没有师资，也没有教室和实训室，组织起来难度很大。

（二）定位不准，技工教育“弱化”

职业院校与技工院校“双挂牌”（即“一套人马、两块牌子”）是目前主要的办学模式，它实现了“体制共存、资源共享、人才共育、责任共担”的办学目标。但工作中，办学定位不准，存在“重职教、轻技工”现象，导致技工教育被“弱化”。以铜仁市交通学校（铜仁市交通技工学校）为例：一是技工学生人数较少。学校现有学生 2407 人，其中技工学校学生仅有 67 人。二是政策不熟悉。学校对技工教育重视不够、把握政策不到位。由于全体教师和绝大多数学生的身份都属于职业院校，甚至有个别同志对学校“双挂牌”性质不甚了解。三是人才培养方案缺失。学校的人才培养完全按照教育主管部门的要求执行，技工教育没有单独制定技工人才培养方案，未能体现技工院校一体化课程教学的要求，失去了技工自身特色。

（三）投入不足，技工教育“功利化”

鼓励支持社会力量举办“民办型”技工院校，有利于发挥其灵活的办学方式和贴近行业企业的特点，同时，壮大技工院校的力量，减轻政府的财政负担。由于经费有限，教育存在办学“功利化”问题，具体表现在：一是师资不稳定。学校师资质量与公办院校相比存在较大差距，特别是在专业建设、科研课题申报和项目申报建设方面。如铜仁市凯梵技工学校的教师以新招聘教师为主，尚无1人评聘职称，教师专业素养正处于培育期。二是经费投入不足。由于民办性质从根本上讲是自负盈亏的企业，投入经费有限，学校的内涵建设不够，品牌特色不凸显，学校发展后劲不足，因此需要各级政府加大支持力度。

（四）重视不够，技工教育“边缘化”

从全市来看，由于社会各界对技工教育重视不够，认识不足，导致铜仁市技工院校发展相对滞后，技工教育呈现“边缘化”状态。一是学校数量不足，难以支撑发展。铜仁现有技工院校4所，数量在全省各市州中居于末位，是贵州省唯一一个既没有技师学院也没有高级技工学校的市、州，办学层次低、体系不完整，社会影响力小、家长认可度低，办学难度大。二是师资不足，难以提高质量。全市现有体制内技工教师几十人，支撑不了技工教育，而每年招聘技工教育教师没有单独计划，导致技工教师难度大，不能满足技工教育的需要。三是机构不健全，难以承担指导任务。人社部门作为技工院校的主管部门，机构不齐，人员较少，精力有限，对技工院校的发展指导不够。主管技工院校的铜仁市人社局就业促进与职业能力建设科仅有3人，承担市级层面工作职责12项，而技工院校的管理仅仅是其中的1项。

三、坚持“六个融合”，推动职业院校与技工教育高质量发展

（一）坚持“规划与发展”融合，实施布局“一盘棋”

市政府按照新国发2号文件精神，在乡村振兴中，坚持统筹规划、分类指导的原则，加强职业教育资源和技工教育资源优化整合。一是做大做强。“十四五”期间，全市技工教育学校总数达20所以上，实行“1+1”方式，即每个县（区）必须建好1所中职校+1所技工校，市属每1所高职院校领办1所技工校。同时，支持铜仁职院申报铜仁技师学院，并纳入高等学校序列管理。二是做专做特。按照“质量立校、特色兴校”的要求，通过5年建设，形成一批富有深度融合的特色学校，涌现一批国家级、省级、市级优质技工院校，鼓励各类办学主体通过独资、合资、合作等多种形式举办

各具特色的民办技工院校。三是强化协作。人社、教育、学校要加强协作，项目互补，大力推进高技能人才培训基地、技能大师工作室、省级示范校、中职强基工程等项目建设，推进职业院校和技工院校的同步发展。

（二）坚持“体制与职责”融合，实现发展“一体化”

一是理顺体制。全市现有18所职业学校与技工院校，均实行“一套人马，两块牌子，双主体、双育人”办学体制，同时，将技工教育工作列入学校班子年度绩效考核。二是明确职责。按照“各守一段渠，共育一个人”的要求，教育部门加强职业教育办学业务指导，人社部门要强化技工院校目标考核，职业院校和技工院校承担补贴性培训任务。三是队伍建设。通过政府“购买服务”的方式，根据办学采取“滚动式”聘用专业教师，加强技能名师和专业带头人培养，加大技工院校师资培训力度。完善符合技工教育特点的教师专业技术职务（职称）评审办法，开展教师互派、互聘、互评。完善职业院校技术技能人才引进制度，保障一线教师合理待遇，使他们安心、用心于技工教学，取得“双丰收”。

（三）坚持“双证与培育”融合，搭建人才“立交桥”

一是打通培养通道。构建中职—高职—本科的融通培养体系，打通中升高、中升本及中职毕业生升预备技师的通道，搭建起技术技能人才成长的“立交桥”。二是产教深度融合。建立完善规范有序健康的校企合作机制，推广“产业园区＋标准厂房＋职业教育”模式，实现职业院校、技工院校和园区企业的厂房、教室、宿舍、设备、人才等软硬件资源共享、合作育人、合作兴业、合作发展。三是建立学历、技能证书互认制度。支持技工院校与高等职业院校开展学分或课程互认，完成规定学分或课程的学生，可取得相应学历证书或职业技能等级证书。2022年起，全面实施职业技能等级认定，开展学历证书＋职业技能等级证书“双证书”行动，按规定颁发职业技能等级（职业资格）证书。全市“双挂牌”技工院校对符合条件的中级工班学生毕业时发放中专学历证书。

（四）坚持“产业与专业”融合，创新培养“新模式”

一是围绕产业办专业。引导全市职业院校和技工院校围绕“一区五地”建设和乡村振兴中重点产业调整办学方向，按照“错位发展”要求，统筹谋划专业建设，深入推进专业结构调整和优化，积极参与产业链人才培养建设工作。二是围绕专业创新模式。职业院校和技工院校优化“3＋3”“五年一贯制”中高职衔接模式，探索“2＋2”“3＋1”高职直通本科专班培养办学模式。三是围绕人才助发展。按照“资源共享、人才共育”的要求，支持技工院校大胆探索，提升办学质量和水平，将贫困家庭学生培养成德技兼修、人生出彩的技术技能人才，重点面向易地扶贫搬迁群众开办全免费订单职业教育技能班，提高他们的致富技能，建设知识型、技能型、创新型劳动者大军，实现“职教一人、就业一个、脱贫一家”。

（五）坚持“招生与就业”融合，修好发展“断头路”

就业是民生之本。一是搭建招生就业互动平台。通过技工招生平台，每年将技工院校招生纳入中考录取的范围，深化职业院校和技工院校招生就业制度，定期发布职业院校和技工院校招生专业情况，规范招生秩序，完善跨地区招生制度，实施阳光招生。加快建立将技工院校招生信息同步向初中应届毕业生推送机制。二是完善招生办法。采取“文化素质＋职业技能”等多种招生方式，为学生接受不同层次高等职业教育提供机会。要加强毕业生信息衔接，做好就业创业服务和就业兜底保障工作，强化精准施策促进毕业生就业创业。三是开展教育改革试点。支持全市技工院校参与中高职贯通培养“3＋2”分段的高职院校招生考试改革试点，构建“初中毕业—技工院校—高职院校”一条龙育人之路，让更多的技工学生“上升有空间，致富有技能”。

（六）坚持“培训与竞赛”融合，健全质量“评价尺”

一是精准培训。围绕就业重点群体，广泛开展就业技能培训，注重解决“工学矛盾”，对企业职工、农民工、新型职业农民、退役军人等群体，采取弹性学时、累积学时的办法开展职业技能培训。二是以赛促学。将技工院校纳入职业院校技能大赛暨全国职业院校技能大赛选拔赛范围，按有关规定符合免试资格的学生可享受中职免试升入高职，获奖教师可获得技能人才评先选优推荐、职称评审优先申报等资格。三是健全质量评价机制。坚持标准引领，实现职业（工种）评价规范，加强配套教材开发和题库建设，将职业技能培训纳入职业院校和技工院校质量评价体系，定期对职业技能培训工作开展情况、政府各项支持政策实施情况、教师利益相关措施落实情况进行检查和监督。

社会服务篇

构建“亲”“清”新型政商关系的铜仁实践研究

民无商不活，国无商不兴。目前，非公有制经济已成为我国经济的重要组成部分，但是一些地方出现了“官商勾结”等腐败行为，严重损害了政商关系，导致非公有制经济发展受阻。因此，需要构建健康、清廉、公开、透明的“亲”“清”新型政商关系”，这既是对其形态与内涵的准确和生动诠释，又是对新常态下如何处理好政商关系进行定调和划界。

铜仁市围绕“一区五地”建设，经济要发展、百姓要致富，必须大力发展非公有制经济。打赢脱贫攻坚战，同步建成小康社会，铜仁市按照“亲不违规、清不远疏、互动畅通、有为有畏”的原则，大胆探索，通过实施深化行政改革、释放“爱商”活力，明确权责清单、凝聚“亲商”合力，转变服务职能、提升“惠商”能力，创新工作机制、激发“安商”动力，强化监督执纪、保持“清商”定力等举措，构建了“亲”“清”新型铜仁政商关系，营造了“爱商、亲商、惠商、安商”良好环境。本文立足铜仁，面向全国，通过广泛调研、收集资料，认真总结铜仁市构建“亲”“清”新型政商关系的主要做法、成效以及成功的“铜仁经验”，分析存在问题，提出下步构建“亲”“清”新型政商关系的对策建议。

一、课题研究的背景与现实意义

（一）课题研究的背景

民无商不活，国无商不兴。改革开放30多年来，我国非公有制经济得到迅速发展，已成为社会主义市场经济的重要组成部分。当前，虽然地方政府都把发展非公有制经济作为推动地方经济社会发展的重要抓手，非公有制企业在数量和规模上都取得重大突破，但是，在推动非公有制企业发展过程中，部分地方假借非公有制经济发展而出现了不正当的政商关系，致使非公有制经济发展反而受阻。因此，研究和探讨经济新常态下的新型政商关系，打破政府和非公有制企业之间的壁垒，推动非公有制经济的快速发展已迫在眉睫。

党的十八大以来，以习近平同志为核心的党中央坚持全面从严治党，相继出台系列举措，强化党员领导干部作风建设，党内政治生态得到极大改善。但是，官员和商人之间“勾肩搭背”“称兄道弟”的现象依然存在。《中国共产党廉洁自律准则》《中国共产党纪律处分条例》出台和实施后，部分政府官员为了规避责任而为官不为，政商关系在过去“勾肩搭背”的基础上又出现“背对着背”等新现象。究竟应该如何处理好新时期的新型政商关系，2016 年 3 月 4 日下午，习近平总书记在看望出席全国政协十二届四次会议的民建、工商联界委员并参加联组讨论时指出，新型政商关系，概括起来说就是“亲”“清”两个字。这既是对其形态与内涵的准确和生动诠释，又是对新常态下如何处理好政商关系进行定调和划界。

为贯彻落实习近平总书记关于构建“亲”“清”新型政商关系的重要讲话精神，贵州省纪委、省委统战部、省监察厅、省工商联联合制定出台了《关于推动构建新型政商关系的意见（试行）》（黔联发〔2016〕4 号），要求全省各地、各部门认真贯彻执行。为此，铜仁市结合自身实际，认真探索构建新型政商关系的新思路、新举措，取得了较好的成效，但也还存在一些急需治理的潜在性和隐蔽性问题。因此，如何进一步总结构建新型政商关系的成功做法与典型经验，深入分析依然存在的深层次问题和原因，探索构建推动“亲”“清”新型政商关系健康发展的长效机制，仍是铜仁市深化全面从严治党，推动各项事业协调发展的一项重要内容。基于此，铜仁市纪委将“构建‘亲’‘清’新型政商关系的铜仁实践研究”作为专项课题，组织相关专家进行系统研究，旨在破解这一难题。

（二）课题研究的现实意义

1. 是推进全面从严治党的重要内容

一个地方的政治生态连着党风政风民风，对地方发展关系重大。自党的十八大以来，以习近平同志为核心的党中央审时度势，提出了协调推进“四个全面”战略布局，把全面从严治党作为“四个全面”战略布局的根本保证和基本前提，旨在着力净化党内政治生态，切实解决党内当前存在的一些突出矛盾和问题。从现阶段来看，影响政治生态的因素很多，其中政商关系、党内关系、干群关系是关键变量。随着作风建设的不断深入，政商之间既有藐视中央纪律规定，依然勾肩搭背的典型，又有以中央“全面从严治党”要求为幌子，相互避而远之，办事推诿等“为官不为”现象。这不仅有损我们党的形象，甚至会影响党的执政根基。因此，认真贯彻习近平总书记的“亲”“清”新型政商观，是当前各级党组织落实两个责任，推进全面从严治党向纵深发展的重要内容之一。

2. 是顺应经济发展新常态的必然要求

经济发展是一个永恒不变的时代主题，离开了经济发展，我们的脱贫攻坚、全面小康、社会和谐、强国强军等一系列伟大复兴的中国梦都将成为幻想。一个地方的经济社会发展，离不开非公有制经济的发展。对此，习近平总书记要求：“要坚持权利平等、机会平等、规则平等，激发非公有制经济活力和创造力。”作为非公有制经济主体的民营企业，在经济发展新常态下，受增长速度从高速转向中高速的影响，大量企业生产经营困难，不仅需要一个公平、公正的有序竞争环境，甚至需要更优厚的待遇加以扶持，然而，政商关系之间异化为相互利用的非正常状态，暗箱操作、政商勾结等现象严重扰乱了市场经济秩序，使非公有制经济主体苦不堪言。因此，如何认真贯彻习近平总书记的“亲”“清”新型政商观，充分发挥市场在资源配置中的决定性作用，推进各类生产要素的市场化配置，是顺应经济发展新常态的必然要求。

3. 是推进党风廉政和反腐败工作的现实需要

党的十八大以来，虽然党风廉政建设和反腐败斗争取得了实质性成效，但我们应清醒地看到，在高压反腐的态势下，政商之间还存在一些不容忽视的问题：一是痼疾未除。少数干部与企业串通顶风违纪搞权钱交易的现象仍未根治，如玉屏扶贫办窝案。二是走向另一个极端。部分领导干部不敢跟民营企业家交往而拒商、远商，这样的政商关系，同样影响市场公平，影响创业创新，仍是当前党风廉政和反腐败工作的重灾区。在新形势下，应进一步明确政商交往时，什么样的事可以做、什么样的事应该做、什么样的事不能做，厘清界限，从源头上遏制腐败增量。因此，认真贯彻习近平总书记的“亲”“清”新型政商观，是从根源上治理腐败的重要举措，是当前推进党风廉政和反腐败工作的现实需要。

4. 是推动铜仁同步全面建成小康社会的有力抓手

铜仁市第二次党代会描绘了“一区五地”的宏伟蓝图，明确要举全市之力坚决打赢脱贫攻坚战，全面消除绝对贫困，如期全面建成小康社会。虽然铜仁市贫困发生率由2012年的38.75%已经下降到2016年的11.48%，但我们应该清醒地看到，铜仁市贫困面大，贫困程度深的基本现状依然没有改变，要与全国同步全面建成小康社会的任务十分艰巨。铜仁百姓要致富、经济要发展，必须大力发展非公有制企业，构建“亲”“清”新型政商关系，形成“爱商、亲商、惠商、安商”的良好健康的政商关系。当前，需要在尊重自然规律和市场规律的基础上，依靠全市人民齐心协力，依托各类市场主体积极参与，构建良好的新型政商关系，切实推动全市产业发展，否则全面建成小康社会就会成为一句空话。因此，认真贯彻习近平总书记的“亲”“清”新型政商观，形成发展合力，是推动铜仁同步全面建成小康社会的有力抓手。

二、课题研究现状与理论基础

（一）课题研究现状

目前，从中国知网输入主题“新型政商关系”进行搜索可出现480条相关信息，输入主题“构建‘亲’‘清’新型政商关系”进行搜索可出现276条相关信息。归纳起来，专家学者相关研究和阐述的观点和内容主要有以下几个方面：

1. 关于构建“亲”“清”新型政商关系重要意义的研究

政商关系处理得如何，影响我国市场经济发展和政府职能转变，影响党的执政基础和社会主义性质。发展社会主义市场经济，政商关系是始终绕不开的重要话题，即企业发展离不开政府，政府更不能没有企业。构建“亲”“清”新型政商关系是法治经济新形势下政商关系的立规之本，有利于密切党同工商界人士的联系，有利于巩固和扩大党的执政基础。佟德志认为：政商关系的改善，提高了企业家的政治地位。构建新型的政商关系对于企业是一次痛苦的蜕变，但这确实有助于企业提高内在竞争力和行业的良性发展。对于政府新的政商关系也将是一次全面深化改革，有利于推进市场与政府的关系运行在制度化与法治化的轨道上。

2. 关于构建“亲”“清”新型政商关系内涵的研究

政商关系涉及政治与经济、政府与市场、政府与企业、官员与商人等多种关系，本质上是经济利益关系。新型的政商关系是建立在制度化、法治化的平等独立合作与互补的民营企业与政府之间的关系，是与完善的市场经济相适应、具有鲜明的非人格化特征的政商关系。新型政商关系，概括起来说就是“亲”“清”两个字。对领导干部而言，所谓“亲”，就是要坦荡真诚同民营企业接触交往，特别是在民营企业遇到困难和问题情况下更要积极作为、靠前服务，对非公有制经济人士多关注、多谈心、多引导，帮助解决实际困难；所谓“清”，就是同民营企业家的关系要清白、纯洁，不能有贪心私心，不能以权谋私，不能搞权钱交易。对民营企业家而言，所谓“亲”，就是积极主动同各级党委和政府及部门多沟通多交流，讲真话，说实情，建诤言，满腔热情支持地方发展；所谓“清”，就是要洁身自好、走正道，做到遵纪守法办企业、光明正大搞经营。

3. 关于构建“亲”“清”新型政商关系路径的研究

构建“亲”“清”新型政商关系路径，按照“亲不违规、清不远疏、互动畅通、有为有畏”的原则。“亲”“清”二字，要求官商之间保持距离但又不是背靠背，使政商之间尤其是领导干部与企业家的交往有了界限和基本遵循。对政府来说，做到“亲不违规、清不远疏”，从制度上、工作上真正关心企业发展，营造“爱商、亲商、惠商、安商”的社会环境。对企业来说，“亲”，就是要积极主动与党和政府沟通情况、交流看法，取得政府的理解和工作上的支持，以求真务实的态度建言献策，支持地方发展，充分发挥好企业自身的作用；“清”就是要洁身自好、遵纪守法，清清白白地做事，堂堂正正地经营，提升企业形象，促进经济发展，履行社会责任。

要使“亲”“清”新型政商关系富有活力、成为推动我国经济健康发展的新引擎，仅仅靠“管起来”是不够的，政、商两端都要“活起来”。构建政商关系的“新生态”，就要发挥法治的作用，将法治运用到市场调节中。调节政商之间的合作关系，需要双方在厘清边界、各司其职基础上相向而行的鼎力协作。要明确国家与市场、官员与企业家之间的互动边界，出台详细的、可操作的法律法规和政策制度。这就涉及权力结构和社会结构如何重组的结构性问题，也意味着是制度建设、结构流动、心态引导的问题。

（二）课题研究现状述评

虽然目前不同的专家学者分别从党的建设、政治经济、法治建设等视角对构建“亲”“清”新型政商关系进行剖析，也形成了大量的研究成果，但是，通过对相关文献进行梳理分析后发现，多数研究仍侧重于对构建新型政商关系的基本内涵与价值、内容与原则、表现与成因等理论研究居多，对如何结合地方实际情况就路径选择、成功实践等应用型研究并不多，依然存在一些研究盲点。因此，本课题结合铜仁市当前的具体实际，深入探索如何构建“亲”“清”新型政商关系的“铜仁实践”，在全面总结铜仁构建“亲”“清”新型政商关系生动实践的基础上，进一步探索新形势下构建“亲”“清”新型政商关系的有效路径和保障机制等内容，具有较强的研究价值。

（三）课题研究的理论基础

构建“亲”“清”新型政商关系既涉及党建研究领域，也涉及经济、法治等研究领域，因此，党建、经济和法治等相关理论对本课题都具有一定的指导意义。

1. 习近平总书记的“亲”“清”新型政商观

习近平总书记就如何处理好政商关系，推动经济社会健康、快速发展时指出：新型政商关系，概括起来说就是“亲”“清”两个字。对领导干部而言，所谓“亲”，就是要坦荡真诚同民营企业接触交往，特别是在民营企业遇到困难和问题情况下更要积极作为、靠前服务，对非公有制经济人士多关注、多谈心、多引导，帮助解决实际困难。所谓“清”，就是同民营企业家的关系要清白、纯洁，不能有贪心私心，不能以权谋私，不能搞权钱交易。对民营企业家而言，所谓“亲”，就是积极主动同各级党委和政府及部门多沟通多交流，讲真话，说实情，建诤言，满腔热情支持地方发展。所谓“清”，就是要洁身自好、走正道，做到遵纪守法办企业、光明正大搞经营。

习近平总书记关于“亲”“清”新型政商关系的阐述具有很强的辩证性和内在统一性。“亲”与“清”从内涵上来讲是彼此各异的，但并不是彼此对立、相互矛盾的，而是相辅相成、互为补充的。也就是要求我们在构建新型政商关系时，从政府、领导干部和非公有制企业以及非公有制企业人士各自的角度，既要搭建“亲”的平台、培育“亲”的环境、优化“亲”的举措、构建“亲”的机制、促进“亲”的和谐，又要划出“清”的底线、明确“清”的要求、严格“清”的约束、强化“清”的监督、凸显

“清”的成效，从而推进“亲”与“清”的互动，形成经济社会和谐发展的强大合力和内生动力。可以说，习近平总书记关于“亲”“清”新型政商观为我们如何构建新型政商关系指明了方向，回答了我们在这个问题上长期以来一直困惑的现实难题。

2. 政治生态理论

政治生态是相对自然生态、环境生态、经济秩序而言的一种社会政治状态，实质上为一种“软环境”“软实力”，是一个地方政治生活现状以及政治发展环境的反映，是党风、政风、社会风气的综合体现。习近平总书记多次强调政治生态建设的重要性，他指出：“做好各方面工作，必须有一个良好政治生态。政治生态污浊，从政环境就恶劣；政治生态清明，从政环境就优良。”“加强党的建设，必须营造一个良好从政环境，也就是要有一个好的政治生态。”也就是说，一个地方如果没有良好的政治生态，也就不可能实现健康、快速和可持续发展。

政商关系与政治生态恰似“树木”与“森林”之间的关系，政商关系这棵树生命力强，有活力，则政治生态这片森林就茂盛，反之，这片森林就会出现病灶甚至枯萎。习近平总书记提出“亲”“清”的政商关系准则，用“亲”和“清”为政商关系正名、定位，是一种正本清源之举，也是一种净化。这正是建立良好政治生态的基本要求。因此，构建新型政商关系，要以“四个全面”战略布局为引领，通过良好的政治生态，引导、规范和约束政商之间各司其职，各负其责，积极沟通，相互协作，这样，政商关系与政治生态就形成了良性循环。

3. 现代法治理论

法治在英文中直译为法的统治。古希腊哲学家亚里士多德在其《政治学》一书中指出：“法治应包含两重含义：已成立的法律获得普遍的服从，而大家所服从的法律又应该是良好的法律。”他认为：“法治应当优于一人之治。”法律体现着国家意志和人民意志，是全体公民的底线。虽然良好的社会秩序需要多元社会规范共同发挥作用，但法律在社会规范体系中具有最高地位，具有合法性评价和矫正的功能，任何社会规范都以不违背法律为底线。实际上就是强调了“法律至上”是法治的基本特征，“权力制约”和“保障自由”是法治的核心价值，这也是现代法治理论最核心的内容。

二、铜仁市构建“亲”“清”新型政商关系的生动实践

（一）铜仁市构建“亲”“清”新型政商关系的主要做法

近年来，铜仁市按照“亲不违规、清不远疏、互动畅通、有为有畏”的原则，在如何释放“爱商”活力、凝聚“亲商”合力、提升“惠商”能力、激发“安商”动力、保持“清商”定力等方面深化改革，细化措施，强化执行，切实推动“亲”“清”

新型政商关系的良性发展。

1. 深化行政改革，释放“爱商”活力

（1）深化简政放权，提高办事效率

为了方便企业办事，营造良好办事氛围，自2012年以来，全市全面深化简政放权，推动行政效能提升。一是大力推进行政审批事项取消和下放。全市共承接省级下放71项，下放52项，取消行政审批事项23项，转变为其他管理方式12项，保留实施284项。二是大力推进非行政许可审批事项取消和下放。共清理出非行政许可审批事项83项，其中，取消8项，转为行政许可事项26项，转为行政确认1项，转为其他类29项，转为内部管理19项。三是大力推进投资审批制度改革。严格执行市级权限内企业投资项目核准公示制度，并依托投资项目在线审批监管平台，将重大项目储备、政府投资三年滚动计划等纳入在线审批监管平台，全面实行投资项目在线审批，实现全流程在线运行和监管。

（2）加大商事制度改革，简化企业办事程序

自2012年以来，全市大力深化商事制度改革，简化企业办事程序和手续。一是大力推进注册资本登记制度改革。与全国同步启动实施注册登记制度改革，将注册资本“实缴制”改为“认缴制”，取消公司制企业最低注册资本及货币出资比例等市场准入限制。二是大力推进“先照后证”登记制度改革。严格依照《贵州省工商登记后置审批事项目录》，全力做好“先照后证”改革后对申请企业、监管部门的“双告知”等工作。三是全面推行“五证合一、一照一码”及个体工商户“两证整合”。出台了《铜仁市人民政府办公室关于印发铜仁市推行“五证合一、一照一码”登记制度改革实施方案的通知》（铜府办发〔2016〕108号）等制度，全面实施“五证合一、一照一码”及个体工商户“两证整合”，进一步降低市场准入门槛，提高了工商登记便利化水平。四是率先试行市场主体简易注销登记制度改革。制定出台《铜仁市人民政府办公室关于印发铜仁市企业注销登记简易程序规定（试行）的通知》（铜府办发〔2016〕41号）、《铜仁市人民政府办公室关于印发铜仁市个体工商户简易注销程序暂行规定的通知》（铜府办发〔2016〕174号）等制度，在全省率先简化注销登记程序、登记材料，创新注销公开方式，推动“僵尸”主体便利化退出市场，有效破解“进门容易出门难”的问题。五是推动商标注册便利化。及时宣传商标注册便利化改革政策，加大中国驰名商标、国家地理标志证明商标等培育和申报工作。

（3）深化投融资改革，破解企业融资难问题

一是做好整体谋划。制定了《铜仁市实施政府和社会资本和（PPP）总体方案》，明确全市实施政府和社会资本合作工作的总体要求、实施范围、项目归类划分及合作方式、PPP运作基本流程及操作要求等，增加项目实施透明度。二是完善配套政策。即将出台《铜仁市存量项目PPP运作方案》和《铜仁市基础设施和公共服务项目特许经

营管理办法》等政策，为企业项目投融资提供保障和服务，吸引更多的企业落户铜仁。三是深入推进 PPP 融资模式。编制全市适宜 PPP 模式的合作项目 272 个，总投资 2238.98 亿元。目前，已有 11 个项目（总投资 120 亿元）被国家发改委列入 PPP 项目推介目录。四是探索建立武陵山区互联网金融试点市。目前，正在制定《铜仁市探索建立武陵山区互联网金融试点市实施意见》等政策措施，探索与华创证券洽谈合作搭建铜仁市互联网金融服务平台等，为在铜企业拓宽项目融资渠道，切实破解企业融资难的问题。

2. 明确权责清单，凝聚“亲商”合力

（1）推行权责清单制度，明确责任主体

为规范政府职能部门的权力运行，减少有权无责争着干、有责无权躲着干的现象，全市着力推行权责清单制度，进一步明确责任主体，规范行政行为。一是细化部门权责清单。截至 2017 年 3 月，共列出市级行政权力事项 3555 项，对市直相关职能部门的权责进行了详细明确，并在铜仁市人民政府网进行公布。二是细化乡镇权责清单。截至 2017 年 3 月，全市 173 个乡（镇、街道）政府（办事处）共梳理编制权责事项 23916 项。三是梳理收费目录清单。自 2013 年以来，先后制定了《铜仁市行政事业性收费目录清单》《铜仁市涉企行政事业性收费目录清单》等，按照要求取消、停征或免征 189 项。针对上述清单，要求全部通过不同形式进行公开，一方面让政府职能部门明确自身的权力和责任范围，并主动接受社会监督；另一方面，也让企业知道业务办理的受理部门和相关程序，减少办事“跑冤枉路”的现象。

（2）划定“必须为”的底线，明确工作职责

为了防止国家公职人员不作为、慢作为、懒作为等现象，铜仁市着力划定国家公职人员的行为底线，推动国家公职人员在政商交往中主动作为。一是划定“必须为”的底线。“三个开刀”专项整治行动从另一侧面也提出了领导干部必须公开公平公正对待每一个企业，做好相关服务的具体要求。新出台的《铜仁市干部执行力问责办法》对领导干部中，有的随心所欲选择执行、有的敷衍塞责消极执行、有的欺上瞒下虚假执行、有的推诿扯皮低效执行、有的墨守成规机械执行、有的用权任性胡乱执行等“六种现象”的问责要求更为具体，实际上也是对领导干部在处理政商关系、推动发展中“必须为”的底线要求。二是明确“不可为”的规定。在《中国共产党纪律处分条例》《中国共产党巡视工作条例》和《中国共产党廉洁自律准则》等中央和省级相关规定的基础上，《铜仁市“三个开刀”专项整治行动实施方案》向企业和群众办事过程中“不找熟人办不成事”“有理有据得不到公正结果”“没有关系得不到公平对待”的三种行为开刀问斩，各级各部门专门结合自身实际制定了实施细则，对领导干部“不可为”作出了明确的规定。例如，铜仁市公安局提出开展“三个开刀”专项整治行动的六项具体措施：整治不上心、不用心、不尽心导致的作风漂浮、责任心不强、纪律涣

散等问题；整治不用力、不尽力、不给力导致的庸懒散慢浮贪、出工不出力、出力不出彩、做“混世魔王”等问题；整治不愿干、不会干、不善干导致的意识弱、素质低、能力差等问题；整治不愿为、不勇为、不作为导致的冷硬横推拖躲、吃拿卡要、“四难三乱”等问题；整治不公正、不公平、不公开导致的办关系案、人情案、金钱案等问题；整治不清明、不清正、不清廉导致的贪赃枉法、执法犯法、腐化堕落等问题。

（3）加强企业家队伍建设，筑牢“亲商”基础

针对当前部分国家公职人员“谈商色变”，怕和商人打交道等现象，铜仁市着力加强民营企业家队伍建设，打造一支诚信经营的民营企业家队伍，扫除国家公职人员的“恐商、畏商”心理障碍，推动政商合法交往、有序交往。一是加强民营企业家队伍教育引导，增强诚信经营意识。制定出台《铜仁市关于在非公有制经济人士中持续深入开展以“守法诚信、坚定信心”为重点的理想信念教育实践活动实施方案》，采取专题报告、辅导讲座、研讨交流等多种方式，切实加强习近平总书记系列重要讲话精神，省、市党代会精神以及“非公经济新36条”“民间投资36条”“新形势下如何加强非公企业党的建设”等学习培训，让民营企业家进一步坚定理想信念，明白自身的使命是发展好企业，为地方经济社会作贡献，从而自觉开展诚信经营、合法经营，通过公平竞争赢得发展，承诺不搞歪门邪道、不走捷径，与国家公职人员真诚做知心朋友，共同营造新型政商关系良好的政治生态。二是加强民营企业家队伍业务培训，提升企业经营能力。近3年来，组织500余人次非公有制经济人士代表参加省、市相关培训，如贵州省优秀企业家成长计划培训、贵州省年轻一代非公有制经济人士创业创新培训班学习培训，让非公有制经济人士在熟悉掌握中央、省委和市委有关重大决策部署的基础上，进一步学习企业经营管理的新思维、新理论、新方法，不断提升民营企业家善于谋划、勇于创新的经营管理水平，在做好企业经营管理的基础上，积极给政府提出合理化建议，共同推动政商关系和谐发展。

3. 转变服务职能，提升“惠商”能力

（1）加强干部队伍建设，提升服务能力

要安商稳商，必须要有一支懂政策、乐奉献、守纪律的干部队伍，为此，铜仁市采取系列举措，切实加强行政管理干部队伍建设，不断提升服务民营企业的能力。一是加强领导干部的教育培训。通过组织各级领导干部进入各级党校以及清华大学、浙江大学等高等学府参加学习贯彻党的十八大精神、政务服务能力建设等专题学习班，深入学习习近平总书记关于构建“亲”“清”政商关系、推动非公有制经济健康发展的系列重要讲话精神，着力提升领导干部对构建新型政商关系的认识和理解，提升自觉服务非公有制经济发展的能力，提升自觉服务非公有制经济发展的政治站位和思想道德境界。近年来，每年由市委组织部、市委统战部、市工商联联合举办一期非公有制经济发展专题培训班，由省外知名培训机构负责培训，内容涉及思想政治、经济发展等，

目前已赴北京大学、浙江大学、大连民族学院等地进行学习培训，培训人数达300余人。二是加强各类国家公职人员行政服务能力提升。以苏州、大连对口帮扶铜仁为契机，通过与苏州市委党校、苏州农村干部学院及大连民族学院举办各类培训班，先后组织1200人次的国家公职人员深入苏州、上海等发达地区参观学习促进非公有制经济发展的宝贵经验，提高国家公职人员发展非公有制经济的紧迫感和使命感，在做好“亲商”的基础上提高“清商”的能力，自觉架设政商交往的高压线。三是举办各种党风廉政建设和反腐败的专题培训班，通过专题讲座、观看教育警示片等形式，系统学习《中国共产党纪律处分条例》《中国共产党巡视工作条例》和《中国共产党廉洁自律准则》等相关内容，深刻认识与商人之间“勾肩搭背”的危害性，自觉厘清政商交往的边界，筑牢思想上的防线，守住行动上的底线，坚决不越红线，打造一支民营企业高度信任的行政管理队伍。

（2）优化政府服务，提升服务质量

要安商稳商，必须要为企业提供优质的服务，为此，铜仁市大力优化政府服务，不断提升服务民营企业的质量。一是出台“惠商”政策。在认真贯彻中央和全省关于大力发展民营经济相关政策的基础上，制定出台《铜仁市人民政府关于深化行政管理体制改革的实施意见》《铜仁市人民政府关于加快现代服务业发展的实施意见》《铜仁市企业在资本市场挂牌融资奖励实施细则》等系列政策文件，鼓励和支持民营企业发展。二是畅通投诉渠道。通过公布投诉电话、设置意见箱等，收集并查处各类投诉，营造良好的政务服务环境。三是推广“互联网+政务服务”。充分运用信息化手段，设立有关部门网上营业大厅，相关业务网上在线办理，让企业不出门就能直接办理相关事项。四是推进行政审批流程改革。督促进驻政务服务大厅的33个行政审批部门制发统一的书面授权书格式文本，制定相关审批流程，优化审批程序，让企业对所办事项一目了然。

（3）转变服务方式，提升服务效率

为了方便企业办事，提升“惠商”能力，铜仁市大力创新工作机制，不断提升服务效率，坚持以“主动服务、简化程序、减少环节、优化流程、提高效率”为工作目标，坚持按照“充分授权，高效快捷，务实廉洁”的原则，创新“一站式”和“代办式”服务方式，按照“一个窗口受理、一站式审批”的规范行政审批要求，出台了《铜仁市人民政府政务服务中心办件管理制度（试行）》等相关制度，强化事项办理规范，重点清理了申请材料中的各类“奇葩证明”“循环证明”，最大限度地减少办件材料，让企业少跑冤枉路。5年来，全市代办服务中心共为外来投资企业办理各项行政审批手续2000余项，重点跟踪服务企业500多家，发放各类宣传资料1000余份，制作招商引资代办服务指南1000余份，为广大来铜投资的客商发放投资绿卡900余张，极大地提高了项目审批效率，进一步优化了投资环境，提升了政府服务效能，赢得了广大客商的一致好评。

4. 创新工作机制，激发“安商”动力

（1）建立容错纠错机制，营造安商环境

铜仁市鼓励干部在构建亲、清型政商关系中，一方面大胆创新，勇于和善于与企业打交道，确保企业安心生产，另一方面正确对待干部在干事创业中出现的工作失误。特别是针对在当前党风廉政和反腐败高压态势下，尤其是《中国共产党纪律处分条例》等制度出台后，部分国家公职人员宁愿少干事，甚至不干事的现象，在划定其“必须为”底线基础上，制定出台了《铜仁市干事创业容错纠错暂行办法》等制度，对容错中的“错”进行了界定，对“在推动重大项目、重点工作中，因大胆履职、大力推进出现一定失误或引发矛盾；在亲商助企、服务群众中，因着眼于提高效率进行容缺受理、容缺审查出现一定失误或偏差”等应进行容错纠错的类型进行了专门明确，建立了领导干部干事创业的容错纠错机制，为领导干部勇于“亲商”、推动“亲”“清”政商关系健康发展提供了保护措施，让领导干部在政商交往中卸下包袱、主动作为，积极推动民营经济快速持续发展。

（2）建立责任追究机制，传递安商压力

铜仁市在实施安商政策中，为了明确责任，层层传递压力，先后制定出台了《铜仁市党委（党组）落实党风廉政建设主体责任和纪委（纪检组）落实监督责任清单（试行）》《中共铜仁市委关于加强执行力建设的决定》等制度，建立了各级党组织及其班子成员履行党风廉政建设主体责任的清单，把加强执行力建设作为全面从严治党、增强党组织凝聚力战斗力创造力的具体要求，作为推进全面深化改革和全面依法治市、提升执政能力和完善执政体系的重要内容，作为决胜脱贫攻坚、同步全面小康、谱写“一区五地”新篇章的重要抓手。针对少数领导干部不愿执行、不能执行、不会执行以及选择执行、慢执行、虚假执行等行为进行严查重处，坚决防止“推责任”“踢皮球”“守摊子”，迫使领导干部主动作为、积极作为，切实破解企业办事遇到的“旋转门”难题。

（3）建立协调联络机制，促进官商良性互动

为营造各种所有制经济主体公平竞争、共同发展的良好法治环境，铜仁市制定出台了《铜仁市人民检察院与铜仁市工商联（总商会）协调联络机制》等制度，明确要求铜仁市人民检察院在铜仁市工商联（总商会）设立检察服务室。各级检察机关邀请同级工商联（商会）每年召开 1～2 次联席会议，共同对服务非公有制经济工作中的重大问题进行讨论研究。建立非公有制企业法律投诉平台，由检察机关针对非公有制企业的特点，创新工作方式，通过开设专题讲座、运用典型案例以案释法等多种形式，在非公有制企业开展法律咨询、法治宣传教育等工作。拓展司法工作对商会的覆盖面，深入企业，及时有效地解决企业生产经营中遇到的法律问题，收集企业对服务工作的

意见建议，将商会会员企业内部与外部矛盾纠纷前置解决，并及时向有关单位反馈。工商联及时协调相关职能部门与企业进行沟通，协商解决办法，为非公有制企业参与市场竞争提供便利，有效促进政府相关部门与企业的交流与合作。

（4）建立项目廉政档案，强化源头治理

为了从制度上规范企业项目建设，从源头预防腐败，铜仁市大力推行项目建设廉政档案制度。一是分类建档，强化重点防控。将政府采购30万元以上、工程建设招投标200万元以上的政府投资类（含BT项目等）、招商引资类和国有资产处置类项目，全部纳入廉政档案管理范围，除建立工程档案外，均建立廉政档案。其中，廉政档案分为主体责任档案和监督责任档案两部分，主体责任档案重点记录项目决策、招投标等4个阶段和项目建设、设计、审批等17个环节的廉政风险点材料，特别针对以授意、递条子、打招呼等形式插手干预项目的，均采取以文字、图片、音像资料等形式记录在案。二是统一标准，强化程序管理。采取统一设计建档模板、出台11个方面的归档标准、资料收集、档案建立等4个程序，确保档案规范、全面、真实、精准。三是统筹推进，强化职责分工。全面部署、统筹推进项目建设廉政档案制度，及时研究解决相关问题，并明确项目建设廉政档案工作由各级政府主抓，具体由政府办牵头，发改、招商、财政等部门分别负责政府投资类、招商引资类、国有资产处置类项目廉政档案建立工作的指导和督促工作，各级纪检监察机关对廉政档案实施再监督再检查，重点查处违规违纪行为，档案部门设立专门档案室对廉政档案进行保管，做到各负其责、各司其职。四是强化考核，强化结果运用。制定出台《铜仁市项目建设廉政档案考评细则》，对考核指标进行量化，实行按季度考核，建立考核台账，并将考核结果作为项目验收、企业参与经营活动、廉政谈话、案件查处、责任倒查和问责追究、党风廉政建设责任制、绩效目标考核的依据。2016年以来，全市共有20余个项目因廉政档案不齐全被延迟验收；全市有133家企业因在工程建设施工活动中存在违法违规行为被禁止参与公共资源交易，94家企业被纳入诚信体系“黑名单”；全市通过项目建设廉政档案发现问题线索并立案5件，党政纪处分5人。

5. 强化监督执纪，保持“清商”定力

（1）广泛开展约谈，坚持挺纪在前

把纪律和规矩挺在前面，综合运用监督执纪“四种形态”，制定出台《党员领导干部廉洁自律约谈办法（试行）》《党风廉政建设市管干部约谈工作方案》《推进党员干部约谈常态化工作实施意见》等制度，切实加强干部约谈工作督促检查，确保干部约谈常态化制度化运行。2016年，全市对党员领导干部、重要岗位人员的预防提醒谈话21226人次，对倾向性、苗头性问题的询问示警约谈850人次，对责任追究或纪律处分的问责处分约谈924人次。通过推进约谈常态化，把纪律挺起来、严起来，切实增强了党员干部的纪律意识、规矩意识和责任意识，让国家公职人员随时保持清醒头脑，在政商交往中不碰底线、不踩红线、不越黄线。

（2）强化监督“不作为”，规范政商交往

为了有效防止干部在为企业服务中“不作为”行为的发生，要加大监督力度，重点进行管制。一是健全监督机构。按照市委领导、分级负责的原则，市县两级分别成立巡察工作领导小组，下设巡察办在同级纪委，负责处理日常事务。建立专门的巡察监督队伍，强化监督力量。二是扩大监督覆盖面。明确巡察对象范围，并将巡察对象中政府部门、人民团体、国有企业、事业单位党组（党委、党工委）领导班子及其成员政商交往中的相关内容纳入巡察内容。同时，加强对非公有制企业的监督。三是完善监督机制。各级党委（党组）积极履行巡察监督的主体责任，市委定期召开书记专题会议，听取市委巡察工作领导小组工作汇报，研究制定巡察工作操作规程，明确巡察范围和内容等。市委巡察工作领导小组先后不定期深入市级巡察对象单位和区（县）调研指导工作12人次，为巡察工作把脉问诊，厘清监督方向。四是开展“三个开刀”专项整治行动。2014年以来，铜仁市委针对在党政机关“不找熟人办不成事”、在司法执法系统“有理有据得不到公正结果”、在乡村两级“没有关系得不到公平对待”这三大顽疾，组织开展了“三个开刀”专项整治行动，明确规定各级各部门工作职责，并将“三个开刀”专项整治行动开展情况纳入党风廉政建设责任制考核内容，其考核结果与年度绩效目标考核挂钩。通过在服务窗口悬挂“监督举报牌”、摆放“告知监督牌”，开通举报服务热线，出台奖励实名举报人员暂行办法，明察暗访等举措，曝光各种影响政商交往的不正常现象和行为，对查处的“三个开刀”问题，坚持“一案双查”，实行当事人、监督人和主要领导“三方问责”，切实转变工作作风，净化政治生态环境，赢得企业对政府的信赖。

（3）严厉查处“乱作为”，坚持惩前毖后

为了营造良好健康的政商环境，要严查“乱作为”行为。一是加大审查力度。坚持无禁区、全覆盖、零容忍反对腐败，围绕“六大纪律”，抓住“五个时间”节点，紧盯“三类人员”，严肃查处“关键少数”，保持惩治腐败的高压态势。5年来，全市各级纪检监察机关共立案4995件，结案4679件，涉及县处级干部104人、乡科级干部1124人，给予党纪政纪处分5070人，涉嫌违法犯罪移送司法机关308人。二是坚持依法执纪。加强与司法、审计等部门协作配合，出台反腐败协调小组工作规则，成立追逃追赃工作办公室，充分发挥市委反腐败协调小组作用。出台信访举报工作规程、市管干部问题线索管理办法、党纪政纪案件协助审理办法、纪律审查工作内部操作规程等，推进执纪审查工作程序化、制度化、规范化。建立陪护人员库，出台“两规”措施操作规程等制度，实行委办局领导驻点值班制度，层层落实办案安全责任，实现依纪依法安全文明办案。5年来的高压反腐，着力强化了不敢腐的氛围，有效净化了政治生态，得到人民群众的拥护和认可。人民群众对党员干部的廉洁满意度从2011年的

49.10%提高到2016年的86.48%，提升37.38个百分点。

（二）铜仁市构建“亲”“清”新型政商关系的主要成效

1. 政商环境进一步优化，服务质量赢得赞誉

一是“三个开刀”整治行动，促进政风明显转变。通过开展“三个开刀”专项整治行动，截至2016年年底，全市上下共查处“三个开刀”问题446件，处理474人，其中党政纪处分407人，在“三个开刀”专项整治行动的持续推动下，铜仁市行风政风显著改善。为此，《铜仁市“三个开刀”破解三大顽疾》于2017年4月入选中央改革办印发的《改革案例选编（三）》，成为全国推广的标杆性案例，更是铜仁全面深化改革实践的一张闪亮“名片”。二是腐败行为得到明显遏制。以项目建设廉政档案为抓手的工程项目领域腐败治理取得显著成效，将项目建设廉政档案作为项目竣工验收条件，倒逼了项目业主主动规范建设程序和行为，提高了项目建设质量。截至目前，全市工程建设领域签订项目业主、勘察、设计、施工、监理五方廉政合同658个，签订率达到98%；项目前置审计率、核准招标执行率、决策环节合规率、施工许可证办理率、批复建设进度执行率分别达86%、100%、97%、99%、91%。由于项目建设廉政档案制度的防控，全市2016年贪贿案件同比下降46.81%。三是服务质量赢得高度赞誉。在构建“亲”“清”新型政商关系过程中，政府职能转变让企业充分享受了改革红利。如：东亿打火机生产项目，该公司从签约到建成12000平方米标准厂房和相关配套设施安装调试，到正式生产，仅用了45天，企业主对此高度赞誉。天翔棉纺公司董事长陈先进评价：“这个30万锭棉纱生产项目就是一个‘无中生有’的项目，这个项目是铜仁市和碧江区的领导干部去亲商、招商，才引进过来的。”

2. 政商关系进一步密切，良性互动明显增强

一是政商沟通互动明显增强。政商之间沟通渠道进一步畅通，相互沟通协调互动的格局基本形成。如：大龙检察室借助“沟通互动”“法律体检”“解答难题”三个平台，全天候为企业开通服务专线电话，定期开展劳动合同、财务制度等法律法规培训，帮助企业提高防范风险能力。印江县仅2016年领导干部深入企业就达120余次，解决企业反映问题20余个，帮助纳入百千万工程的工业企业完成产值17.2亿元，实现增加值4.52亿元。二是政商良性交往机制逐步完善。在“亲商”政策的支持下，政商之间合作进一步紧密。如：铜仁大龙经开区实施“五个一”项目推进机制，形成了领导有责任、部门有任务、干部有目标，每个项目有人过问、每家企业有人联系、每个环节有人对接、每个问题有人解决的生动格局。碧江区通过向商会派遣配置一名区政协副主席担任总商会会长，每季度听取一次基层商会和行业商会工作开展情况以及非公有制经济发展情况报告会方式，研究解决出现的实际问题，打破了政商交往的体制“瓶颈”。

3. 政商合作进一步深化，发展活力显著提升

一是市场经营主体快速发展。在良好的政商环境吸引下，铜仁市逐渐成为企业竞相涌入的投资“热土”。如：2016 年，全市共签约项目 663 个 1206.93 亿元，投产项目 683 个；固定资产投资 873.89 亿元，同比增长 21.8%；全市民营经济增加值完成 603 亿元，同比增长 17.66%；市场主体达 23.8 万户，同比增长 3.2 万户；注册资本金达 1111 亿元，同比增长 231 亿元；民间投资 767 亿元，同比增长 12.79%；新增就业 11 万人，同比增长 8.91%。民营经济占全市生产总值比重达 61%。二是政银合作不断深化。由于政商发展环境改善，政商合作逐步紧密，政银合作也逐渐深化。2015 年，国开行贵州省分行、农发行贵州省分行、中国银行贵州省分行、工商银行贵州省分行等金融机构纷纷与铜仁广泛对接项目，开展密切合作，其中，工商银行贵州省分行、农发行贵州省分行先后分别与铜仁市签订了 200 亿元和 300 亿元的战略合作协议，切实解决了企业融资难的问题。三是企业反哺社会责任感明显增强。在“千企帮千村”精准扶贫行动中，全市已有 120 家民营企业参与结对帮扶 154 个贫困村，实施帮扶项目 278 个，投入资金 2.07 亿元，受帮扶贫困人口达 10889 人，涌现出中伟投资集团、玉屏温氏畜牧有限公司、思南亿农公司等一批精准扶贫先进典型。如：碧江区在“百企帮百村”精准扶贫行动中，区内企业与 24 个贫困村签订了帮扶协议，并就乡村旅游、油茶、蔬菜等 10 余个扶贫项目与帮扶村达成了初步意向，为推进碧江区精准扶贫工作发挥重要作用。江口县在推进“同心共创·同步小康”行动中，500 余名商会会员参与打造同心美丽乡村、同心医院、同心学校、同心产业园、同心民营企业等 10 个特色同心品牌示范基地，共投入帮扶资金 600 余万元，带动了 3000 余户农户增收致富，修通村组公路 30 多公里，办实事 100 余件。

（三）铜仁市构建“亲”“清”新型政商关系的经验启示

铜仁市在构建“亲”“清”新型政商关系中，大胆创新，勇于探索，创造了新型政商关系“铜仁模式”，并取得了系列经验启示：领导重视是构建“亲”“清”新型政商关系的重要前提，挺纪在前是构建“亲”“清”新型政商关系的重要基础，干部尽职是构建“亲”“清”新型政商关系的关键因素，改革创新是构建“亲”“清”新型政商关系的内生动力，政治生态是构建“亲”“清”新型政商关系的根本保障，政企双赢是构建“亲”“清”新型政商关系的最终目的。

1. 领导重视是构建“亲”“清”新型政商关系的重要前提

自古以来，官商勾结始终是腐败的主渠道。一个地方的政商关系，不仅连着党风政风民风，折射一个地方的政治生态，也直接影响到一个地方的经济发展速度。然而，构建“亲”“清”新型政商关系，不是一句话的事，需要政策支持，制度保障，多方发力，形成齐抓共管的格局，这就需要一个地方的领导充分认识其重要性。多年来，铜仁市历届党委和政府的领导都高度重视政商关系建设，始终坚持把“亲”“清”政商关系的构建和治理作为推动经济发展的重要动力，作为党风廉政建设和反腐败的重点内容，作为铜仁市深化全面从严治党、构建优良政治生态的重要抓手。实行领导干部联系企业制度，明确具体任务，主要领导率先垂范，每年经常深入民营企业开展调研，及时解决政商关系构建过程中存在的各种矛盾和问题。尤其是对政商交往中存在影响政商关系正常发展的各种贪污腐化和推诿扯皮等现象，以“零容忍”的态度坚决予以打击和纠正。正因为如此，才有了铜仁今天风清气正的良好政治生态。

2. 挺纪在前是构建“亲”“清”新型政商关系的重要基础

政商关系历来是最微妙也是最复杂的交往关系。在政商交往中，商人为了谋取自身利益，不惜一切手段拉拢甚至腐蚀国家公职人员，而国家公职人员在各种利益诱惑面前，要守住清贫、耐住寂寞，除了自身坚定理想信念，更需要有严密的制度管控和高压警示，随时警醒他们牢记自己的“该为”与“不该为”，“能为”与“不能为”。多年来，铜仁市始终坚持挺纪在前，一方面加强相关制度建设，出台《铜仁市党委（党组）落实党风廉政建设主体责任和纪委（纪检组）落实监督责任清单（试行）》《党员领导干部廉洁自律约谈办法（试行）》《推进党员干部约谈常态化工作实施意见》《关于在党的群众路线教育实践活动中开展“三个开刀”专项整治行动的通知》等制度，编织严密管控网，从制度上构建不能腐的机制；另一方面运用好监督执纪问责的四种形态，全市开展立体式、全方位的大约谈，对党员领导干部、重要岗位人员的预防提醒谈话，对倾向性、苗头性问题的询问示警约谈，对违纪行为轻微可免于纪律处分的纠错诫勉约谈，对责任追究或纪律处分的问责处分约谈，形成了较好的提醒与震慑效果。

3. 干部尽职是构建“亲”“清”新型政商关系的关键因素

人的内心活动最复杂，使得人力资源成为各种资源中最活跃，也是最难控制的资源。对于一项目标任务来说，人力资源又起着决定性作用，尤其在构建“亲”“清”新型政商关系过程中，人的多种欲望和复杂的政商关系交织在一起，使原本复杂的政商关系增加更多变量。因此，如何打造忠诚担当、干净尽职的干部队伍，是构建“亲”“清”新型政商关系中最关键的因素。多年来，铜仁市着力加强干部队伍建设，通过与清华大学、浙江大学等著名高校携手，加强对各级国家公职人员的业务能力进行培训，增强对发展非公有制经济重要性的认识，不断提升他们服务非公有制经济发展的能力，主动转变服务观念和服务方式。通过廉政党课“教”、庭审现场“听”、警示基地“看”、廉政书中“悟”等方式，用“身边案”教育“身边人”，警醒国家公职人员必须保持清醒头脑，正确认识和处理好政商关系。同时，按照打造政治生态“护林员”的要求，用铁的纪律打造了一支勤勉敬业、恪尽职守，自身正、自身净、自身硬的监督执纪队伍，并出台《中共铜仁市委关于加强执行力建设的决定》等制度，狠抓以

“不落实之事”倒查“不落实之人”，让问责形成常态、形成震慑，真正为构建“亲”“清”新型政商关系发挥保驾护航的作用。

4. 改革创新是构建“亲”“清”新型政商关系的内生动力

改革创新是一个民族进步的不竭动力。任何一个地区、任何一个领域，如果没有改革探索，就会死水一潭。构建“亲”“清”新型政商关系，关键要在“惠商”“安商”“稳商”上下功夫，为此，铜仁市围绕服务非公有制经济发展进行了多方面探索，形成了很多有效的机制，对推动“亲”“清”新型政商关系产生了非常重要的作用。一是建立协调联络机制。搭建了非公有制企业与政府及各职能部门之间的对话与交流平台，有效解决了非公有制企业的诉求渠道，让非公有制企业找到归属感。二是建立项目监管机制。让所有项目实施透明化、责任终身化，确保非公有制企业参与竞争的公平性。三是建立干部干事的责任追究和容错纠错机制。鼓励干部主动作为，但又不能乱作为，有效调动了干部参与非公有制经济发展的积极性。四是加强行政改革，真正让非公有制企业感受实惠。例如，推行试点电子营业执照改革，并探索开展工商登记网上预受理登记，变“群众奔波”为“信息跑腿”，成为铜仁市“互联网 + 政务”的一张新名片。同时，在全省首创集群注册登记，进一步释放住所登记资源。对申请民族特色手工业（不含食品加工）、电子商务、创意设计的市场主体试行集群注册登记；以托管公司为依托，注册成立多家集群企业；发挥“3 个 15 万元”扶持微型企业发展政策、商标注册指导、格式合同规范等职能优势，为集群企业提供更为精细化的服务，助力企业抱团发展、集聚发展、创新发展。目前，全市已注册托管公司 6 家，带动 110 户集群企业抱团发展。

5. 政治生态是构建“亲”“清”新型政商关系的根本保障

近朱者赤，近墨者黑。要有既“亲”又“清”的政商关系，必须有良好政治生态做保障。正如习近平总书记指出的：“做好各方面工作，必须有一个良好政治生态。政治生态污浊，从政环境就恶劣；政治生态清明，从政环境就优良。政治生态和自然生态一样，稍不注意，就很容易受到污染，一旦出现问题，再想恢复就要付出很大代价。”铜仁市始终坚持把维护好铜仁风清气正的良好政治生态作为深化全面从严治党的重要内容抓严抓实，把构建“亲”“清”新型政商关系作为重要抓手落细落小；切实加强民生监督，企业利益得到保障；强化责任担当，全面从严治党责任有效落实；持续正风肃纪，党风政风持续向好；严格纪律审查，腐败蔓延有效遏制；探索改革创新，纪检体制改革纵深推进；强化自身建设，履职能力明显提升。全市党风廉政建设和反腐败工作取得显著成效，各项民调指标的满意度逐年递增。2016 年，人民群众对我市党风廉政建设和反腐败工作满意度达到 87.99%、干部作风满意度达到 86.95%、反腐败工作信心度达到 94.69%，为铜仁扎实推进经济社会发展营造了风清气正的社会环境，为铜仁推进全面深化改革提供了坚强的政治保障。

四、铜仁市深化“亲”“清”新型政商关系建设的对策建议

（一）铜仁市构建“亲”“清”新型政商关系存在问题及其原因

1. 存在的主要问题

虽然铜仁市着力构建“亲”“清”新型政商关系，并取得了较好的成效，但也存在一些突出问题，主要表现在：

（1）“亲”而不“清”更加隐蔽

官商交往领域历来是反腐败的重灾区，官商勾结也是滋生腐败的易燃点。十八大以来，部分领导干部虽然知道官商勾结的危害，但仍不收敛、不收手，而是借干部容错机制钻政策空子。一方面搞亲疏有别，对关系不好的企业不闻不问；对关系好的企业则甘当权力掮客，替人运作公关，甚至利用权力为不法企业审批“开口子”，充当“保护伞”。另一方面在朋友、亲戚和熟人之间搞相互帮忙，实现利益交换，扩大朋友圈，巩固利益链。通过不断开发自己的“人情银行”，积累“人情储蓄”，认为只要自己现在不拿不要，即使偶尔吃喝甚至不吃不喝，就可以规避处理。企图现在做好人情储蓄，梦想有朝一日反腐形势会变化或安全着陆后，再获取相关利益，其形式和手段更加隐蔽，严重丑化政商关系形象，阻碍了经济发展。

（2）“清”而不“亲”更加凸显

在反腐高压态势下，一些领导干部以政策、纪律为借口，谈商色变，远离企业。一方面，部分领导干部在处理政商关系时，担心把握不好与企业交往的分寸，生怕与民营企业家接触会成为重点盯防对象，对企业家选择避而远之的“软拒绝”，表面上客客气气，但不拍板、打“太极拳”，避免给自己带来麻烦；另一方面，部分领导干部认为“不干事可以少出事或不出事”，当前还是明哲保身为重，抱着“只要不出事，宁可不做事”的心态，安心做“太平官”“无为官”，不关注、不重视企业，庸懒散拖，消极作为，遇事能拖则拖、能推则推的现象逐步抬头，不吃不拿也不干的舍“亲”而保“清”现象越演越烈，严重影响健康的政商关系发展。

2. 原因分析

从铜仁市在构建“亲”“清”新型政商关系方面存在的问题来看，其原因主要有以下几个方面：

（1）认识上还存在误区

构建“亲”“清”新型政商关系，认识是基础。目前，部分领导干部在认识上还存有一些误区，主要表现在：一是部分领导干部对抓政商关系建设的主体责任认识不到位，没有深刻领会习近平总书记“亲”“清”新型政商关系的深刻内涵和逻辑关系，甚

至有人误认为既“亲”又“清”、既“清”又“亲”的新型政商关系可能是一种理论上的理想化政商关系，在实际操作中难度较大，因而工作中依旧老一套。二是部分领导干部认为抓发展才是第一要务，在与民营企业家交往过程中，为企业办事哪怕超出原则一点，只要自己不拿好处或者只拿一点好处，只要金额不大也没有什么大不了的，重“亲”轻“清”的现象依然存在。三是部分领导干部认为民营企业发展好不好与自己关系不是很大，当前党中央深化全面从严治党建设，尤其是《中国共产党廉洁自律准则》《中国共产党纪律处分条例》出台后，在反腐败的高压态势下，还是尽量稳妥一些，少与民营企业家交往，少做一些事，免得引火烧身，重“清”轻“亲”的现象越演越烈。

（2）制度上还存在盲点

构建“亲”“清”新型政商关系，制度是保障。虽然铜仁市先后出台了《关于建立项目建设廉政档案实施意见》等政策措施，对构建“亲”“清”新型政商关系产生了非常重要的作用，但从源头治理的角度来看，在制度体系建设上还存在一些盲点。一是缺乏专门支持铜仁市非公有制经济发展的专项政策措施。目前，转发中央和省里的相关文件较多，而结合铜仁市自身实际，进一步细化支持的政策举措较少。二是缺乏“亲”“清”交往界限等具体规定。目前，铜仁市在政商交往中应如何做到“亲”“清”的可操作性规定或制度还较为欠缺，以至于领导干部和民营企业家对“亲”与“清”界限还把握不准，互动就更难。三是缺乏深层次治理政商关系的地方性法律法规。目前，铜仁治理政商关系主要通过政府治理以及党风廉政和反腐败工作等相关制度来推进，而缺乏专门治理政商关系、推动非公有制经济健康发展的相关地方性法律法规，以至于政商关系治理的合力不强、机制不活。

（3）治理上还存在缺位

构建“亲”“清”新型政商关系，治理是关键。政商关系涉及行业多、对象广，治理上受多方面因素影响，以至于目前在政商关系的治理上还存在一些缺位。一是行政服务水平还有待提升。从目前来看，铜仁市在深化行政改革、简化行政审批等方面还不完全彻底，部分项目的审批、运作等透明度并不高，工作人员的服务意识、服务能力明显不足，导致民营企业对政府的信任度仍然不高。二是运行机制活力有待提升。从现阶段的情况来看，非公有制企业党的建设较为弱化，党建引领作用不强；政府与非公有制企业、政府各部门之间、领导干部与民营企业家之间在相互沟通、相互协作、相互监管等方面缺乏运行机制，工作合力有待增强。三是监督管理效果还有待提升。目前，在反腐高压态势下，政商之间的“不清”现象和案件得到有效遏制，但由于监管队伍数量有限和监管机制不健全，对隐形“不清”和不管不问、推诿拖沓等“不亲”等问题的监管还存在缺位，严重影响“亲”“清”新型政商关系成效。

（二）铜仁市深化“亲”“清”新型政商关系建设的对策建议

铜仁市构建“亲”“清”新型政商关系，应按照“亲不违规、清不远疏、互动畅通、有为有畏”的原则，打造最优质的投资发展环境，吸引和聚集市内外投资商在铜仁大胆投资、激情创业、安心发展，并从政策、服务和环境上全力支持企业发展，全市上下营造“爱商、亲商、惠商、安商”的良好社会环境。

1. 加强宣传教育，打好“预防针”

加大宣传力度，营造爱商、倍加尊商的社会氛围。我们要有将客商当成朋友亲人的诚心。无论本地还是外来企业家，凡为铜仁作出贡献的授予“铜仁荣誉市民”，贡献突出的市委、市政府将把他们的功名业绩镌刻在“铜仁荣誉殿堂”，激励企业家勇于创新、敢为人先、砥砺奋进，不断为铜仁发展创造新业绩。我们唯有树立“企业家就是朋友亲人”的理念，才能让企业家有宾至如归的感觉，把铜仁当成他们的“第二故乡”。在实际工作中，对企业家和投资者，要高看一眼、厚爱三分，真心实意对待企业家，真情实意为企业排忧解难，营造良好的尊商、敬商的社会氛围。

（1）加强正面引导，养成“规矩”意识

一是要加强对发展非公有制经济重要性的宣传教育，深刻领会习近平总书记关于发展非公有制经济的讲话精神，充分认识到大力发展非公有制经济不仅是民营企业自身的事，也是各级政府的职责，全社会都应该关心和支持非公有制经济发展，政府各级部门必须摘掉“变色镜”，以实际行动关心和支持民营企业的发展壮大。二是要发挥网络、微信、微博等新兴媒体作用，大力开展送政策进民营企业系列宣传活动，让民营企业熟悉知晓，用足用好政策谋求发展，切实提升政府在民营企业中的公信力。三是要围绕培育社会主义核心价值观的总体要求，以法律法规教育为重点，让广大政商人士全面养成“规矩”意识，自觉做到固守信仰、敬畏法度、遵从内心。

（2）加强反面警示，明白“为”与“不为”

通过对不正当政商关系的反面典型宣传，让领导干部和民营企业家都从中接受警示教育，认识到政商交往违规违纪的危害性，慎重“为”与“不为”。一是要以反面典型警示国家公务人员深刻领会习近平总书记常讲的“鱼和熊掌不可兼得”“当干部就不要想发财，想发财就不要当干部”等深刻内涵，自觉锤炼党性，明白自己的“该为”与“不该为”，彻底从“官本位”转向“民本位”。二是要以反面典型警示民营企业家，深刻领会习近平总书记提出的民营企业家“要洁身自好、走正道，做到遵纪守法办企业、光明正大搞经营”等系列要求，加大廉政文化进园区、进企业、进车间的宣传力度，让企业家清楚“能为”与“不能为”，通过诚信经营、合法经营获得政府的支持与帮助，共同塑造健康向上的政商交往文化。

2. 完善制度体系，筑牢“防火墙”

（1）完善激励制度，乐于做企业的“娘家人”

一是在《铜仁市招商引资优惠政策若干规定》等政策基础上，从用地、税收、人才、技术、融资等方面继续出台针对性强、接地气的激励性政策措施，并建立政策措施成效清单与台账，吸引和鼓励企业长期落户铜仁投资兴业。二是在《铜仁市干事创业容错纠错暂行办法》等制度基础上，进一步细化和完善领导干部自觉服务非公有制企业发展的激励性举措，解决领导干部亲商亲企的后顾之忧，乐于做企业的“娘家人”，主动“靠前”服务，避免怠商、躲商、拒商等现象。三是完善企业诚信评价机制，对于廉洁记录良好的企业和企业家，予以表彰、鼓励、扶持，并着力提高优秀民营企业家的政治地位；通过各种传统主流媒体和互联网新兴媒体宣传典型，在民营企业家中起到典型示范作用。

（2）严格约束制度，管控好交往的界线

一是要及时清理不合时宜的制度，列出清晰明了的“制度清单”，堵住“后门”。二是要探索制定《铜仁市政商交往守则》等约束性制度，进一步划清政商交往边界，让领导干部和民营企业家都明白哪些事能做、哪些事不能做，主动控制朋友圈、净化生活圈、纯洁娱乐圈。三是要继续推进政商交往的制度精细化、系统化，增强可操作性，进一步细化构建“亲”“清”政商关系的正负面清单，明确政商之间各自的责任和义务，划出最严厉的政商交往底线，让领导干部和民营企业家把握好交往的尺度、管控好交往的界线。

3. 强化队伍建设，练好“强筋骨”

（1）强化干部队伍建设，当好企业的政策宣讲员、决策参考员

一是要加强干部队伍形势研判能力建设。要借全民阅读活动开展的契机，组织干部队伍通过多形式、多渠道的专题，系统学习习近平总书记系列讲话、中央有关的政治和经济理论等，提升干部队伍对经济社会发展形势的预判、宏观政策的把握、产业发展前景的预估等研判能力，能结合企业的实际给予一定指导，当好企业的政策宣讲员、决策参考员。二是要加强干部队伍岗位专业能力建设。要通过专项的专业知识培训、岗位能力训练等形式，加强干部队伍立足岗位能力培训，让干部熟练掌握岗位所需的业务知识和业务技能，在工作中能及时解决企业所急的各种难题，善于应对岗位面临的各种复杂局面，当好企业困难排解员、应急消防员。三是要加强干部队伍综合管理能力建设。要通过专题培训、挂职锻炼等形式，加强干部队伍的沟通交流、组织协调等综合能力培养，提高干部队伍综合管理、应急处置等水平，及时沟通、化解政商交往中的各种矛盾和风险，当好企业的工作联络员、处置协调员。四是要加强政商政治生态“护林员”队伍建设。要用铁的纪律打造一支政治立场坚定、思想作风过硬的监督执纪专业队伍，着力培育一支公正无私、刚直不阿的兼职监督队伍，共同担当维护“亲”“清”政商关系政治生态的“护林员”，切实推动“亲”“清”政商关系政治生态建设。

（2）加强企业家队伍建设，打造一批“创业能人”

一是打造一批“商界精英”。以大企业大集团为重点，通过资源优化配置和特殊政

策激励，培养造就一批具有国际化视野、市场驾驭能力强、积极承担社会责任、国内外知名的领军型企业家，做大做强民营企业，助推地方经济社会快速发展。二是打造一批职业经理人。以高层次经营管理人才为重点，以促进企业经营管理现代化、规范化为目标，加强企业经营管理知识和实务培训，加快培养和聚集一批职业道德好、专业水平高、管理能力强、经营业绩优的职业经理人，带动非公有制经济市场主体良性发展。三是打造一批“创业能人”。以高科技、高成长性中小型和初创型企业为重点，以培养专、精、特、新企业为目标，通过创业指导和政策支持，培养一批富有创新精神和创业激情、示范带动作用较强的创业型企业家。要通过企业家队伍建设，提高民营企业正当经营、合法经营、公平竞争能力。

4. 深化行政改革，打破“旋转门”

（1）规范行政权力，净化政商生态环境

一是要全面深化改革。在全面梳理现有行政职权基础上，在“减、优、放、管”上狠下功夫，健全权责清单制度，大力清理精简行政审批事项，依法依规厘清行政管理事项，制定切实有用、实用、管用的权力清单，确保管理不越权、服务不缺位、用权受限制，为新型政商关系营造相对平等的主体地位。二是要强化行政责任。要促进政商关系的法律法规建设，以法律法规和规范性文件形式，明确行政管理、服务事项的实施主体和监督主体，保障相关部门对企业的服务质量。三是要强化权力监管。要进一步健全政务信息披露制度，加大政务信息公开力度，实现权力清单和权力运行过程的可视化，坚决消除行政部门差别服务和选择性执法的“设租”空间，增加权力运行透明度，净化政商关系生态环境。

（2）转变服务方式，创新服务载体

一是要推进服务理念转变。要加强对国家公务人员服务能力提升培训，让国家公务人员意识到他们拿着纳税人的钱，为企业办事是天经地义，是职责分内的事，干不好是失职，不干更是渎职，提高主动干、要干好的积极性。二是要加强“互联网＋政务服务”建设，推进松散的政务服务的统一和流程再造，建立“一门式网格化”创新体系，加快完善以网上办事大厅为龙头的政务服务体系，让居民和企业少跑腿、好办事、不添堵。三是要鼓励各区县园区成立专门的企业帮办服务中心，实现一站式服务，做到“企业有事、帮办跑腿”。四是要推行“菜单式”“代办式”“预约式”服务，组建相关的工作人员深入园区、深入企业、现场咨询答疑、现场办理相关事项，让企业家从过去“跑关系”“泡圈子”中解脱出来，专心做事，真正感受政府的“亲商”实惠。

5. 强化治理创新，激发“新活力”

（1）搭建服务平台，开展“双向诊断”

一是搭建信息服务平台。要在信息化政务平台建设的基础上，发挥工商联的桥梁纽带作用，在铜仁市及各区县工商联网站上开设“非公企业综合服务信息平台”“在线咨询”“意见信箱”等，及时发布相关政策信息，帮助企业答疑解困。二是搭建诉求畅通平台。以工商联和行业协会为纽带，通过微信群、联席会议等形式，拓宽信息渠道。完善领导干部挂钩帮扶企业制度，让联企干部在为企业“望闻问切”、精准施策、重点帮困的基础上，及时上传企业诉求，推动政府“对症下药”，构建政商互动的“双向诊断”机制。三是搭建教育培训平台。要建立民营企业家定期培训制度，通过举办培训班、交流论坛等形式，对民营企业家集中开展民营企业发展政策、党风廉政纪律、现代企业经营管理知识等内容的宣传教育，让民营企业家在提升能力的同时，增强责任和纪律意识，促进与政府部门和行业专家的交流互动。

（2）建立高效运行机制，扫清政商关系“肠梗阻”

一是强化党建引领。要加强党对非公有制经济的领导，加大非公有制企业基层党组织建设力度，对有条件的企业必须设立支部、总支等基层党组织，对暂时不具备条件的必须挂靠到相应的党组织，探索大型非公有制企业委派党组织书记制度，全面落实政商良性互动发展的主体责任，及时为企业把握正确的经营方向把脉，引领企业及其负责人诚信经营、合法经营。二是完善治理体系。要从政府、市场、企业三个层面探索和完善治理体系。从政府角度来讲，要按照法治政府建设要求，推动地方政商关系立法，制定出台促进“亲”“清”政商关系的地方性法律法规，以立法的形式规范政商关系；要按照效能政府建设要求，建立程序简化、运转高效的运行机制，扫清政商关系的“肠梗阻”。从市场角度来讲，要积极引导市场主体强化信用意识，调动行业协会商会等社会组织参与市场监管的积极性，充分发挥新闻媒体的舆论监督作用，维护公平竞争的市场环境。从企业角度来讲，要推动各企业建立和完善现代企业治理制度，严格按照公司章程依法治理，形成相互衔接、协调有序的权力分配体系和科学高效、灵活有力的运行机制，并将依法治企理念融入企业文化建设之中，推动企业管理由“人治”向“法治”转变，构筑企业遵法守法的“防火墙”。

（3）强化监督问责，严惩腐败行为

一是强化监督。加强对机关单位工作人员尤其是领导干部社交圈、生活圈、休闲圈的监督，对政商交往中出现的苗头性、倾向性问题，早发现早提醒早纠正；加大对不作为、慢作为、乱作为等行为的暗访曝光执纪力度；畅通信访举报渠道，加大对涉及官商勾结、为官不为等问题线索的实名举报对象的曝光查处力度。二是坚决惩戒。始终坚守《中国共产党纪律处分条例》底线，紧盯重点人、重点事、重点领域，架起守护政商关系的高压线。执纪执法部门要坚决打击官商勾结、向企业“吃拿卡要”等损害企业利益的腐败行为。三是严肃问责。严格执行《中国共产党问责条例》，参照省的做法，列出政商交往的正负清单和为官不为的追责清单，明确问责的具体情形、工作流程等，形成层层督查问责机制，以问责倒逼责任落实。

铜仁“五大”机制　助力精准脱贫

精准扶贫方略实施以来，铜仁市坚持以习近平新时代中国特色社会主义思想为指导，认真学习贯彻习近平总书记关于扶贫开发系列重要论述，党中央、国务院和省委、省政府关于脱贫攻坚系列决策部署，坚持以脱贫攻坚统揽经济社会发展全局，坚持把脱贫攻坚作为头等大事和第一民生工程，坚持精准扶贫精准脱贫基本方略，聚焦脱贫攻坚关键领域，在实践中探索构建“五大机制”确保精准脱贫，发起总攻，尽锐出战，脱贫攻坚取得了决定性成效。2014 年以来全市累计减少贫困人口 88.32 万人，贫困发生率从 24.74% 下降到 1.16%。铜仁市精准扶贫精准脱贫的创新模式、典型经验、显著成效得到党中央、省级领导的充分肯定，为市级脱贫攻坚探索了可参考、可复制、可借鉴的“铜仁经验”。

一、构建东西部协作机制，确保结对帮扶精准

（一）“县乡”结对帮扶

苏铜两市各 10 个县级市（区、县）实行“一对一”帮扶，苏州 100 个镇（街道、开发区）与铜仁 122 个贫困乡（镇）结对，其中，铜仁碧江区、万山区、玉屏县、江口县、石阡县、沿河县等 6 个区（县）的 76 个贫困乡（镇）与苏州市 57 个经济强镇（街道）实现区镇结对双向“全覆盖”。苏铜两市各结对镇（街道、开发区）互派年轻干部定期赴对方乡镇帮扶或挂职学习。

（二）“村村（企）”结对帮扶

铜仁市 446 个贫困村（含全部 319 个深度贫困村）分别与苏州市 409 个村（社区、企业、协会、商会）结对，并积极创新帮扶模式。“千企帮千村”行动扎实推进，349 家民营企业和商（协）会通过产业帮扶、就业帮扶、公益帮扶等方式结对帮扶 538 个村，2017 年以来，完成投资 11.22 亿元，惠及贫困人口 36874 人。

（三）“教育医疗”结对帮扶

在苏铜两地教育卫生部门的共同努力下，铜仁市 538 所学校、193 家县级医院及乡

镇（街道）卫生院与苏州市438所学校、127家区（镇）卫生院实现结对帮扶。2017年以来，铜仁市977名教师、399名医务人才到苏州进修培训，苏州市227名教师、283名医生到铜仁开展专项帮扶，并在铜仁10个区（县）打造了22个教育和医疗“组团式”帮扶试点。

（四）“社会组织”结对帮扶

2017年以来，铜仁市收到苏州市社会各界捐赠物款近1亿元，重点用于贫困学生资助、孤寡老人关爱、救灾捐赠等。注册“中国社会扶贫网”贫困户1837279人，爱心人士86180人。积极开展“百家社会组织帮百村”助力脱贫攻坚行动，登记注册的社会组织共计1042个，其中社会团体595个，民办非企业单位447个。2017年以来，共组织215个社会组织参与扶贫攻坚工作，开展产业、智力、商贸、捐赠、志愿等多种帮扶，共投入资金、物资达5026万元，开展免费技术培训6100户18300人次，志愿服务260次，服务贫困群众94800人。

（五）“园区共建”携手并进

2017年以来，苏铜两市共建各类园区17个，引进企业100余个，实际完成投资近100亿元，铜仁引进各类技术65项，帮助近20万贫困劳动力实现就业。碧螺春茶叶生产及加工技术、冠玉枇杷、鸡头米、鲥鱼等一批苏州农业先进技术和品种在铜仁市贫困乡村扎根开花。碧江区苏铜产业园成功上升为省级战略合作共建园区，2018年实现产值105亿元。建设农产品共建直供基地17个，面积22007亩，2018年以来销售到苏州的优质农产品近3亿元。

二、构建易地搬迁机制，确保安置群众能致富

（一）区域协作合力

铜仁市通过成立市、县两级易地扶贫搬迁指挥部，建立迁出地、迁入地跨区县搬迁联席领导小组，优化区县移民管理部门机构设置，建立派驻干部制度方式，不断完善统筹易地扶贫搬迁工作，进一步科学安排部署跨区县搬迁事宜。按照“因地制宜、科学规划、精准施策”原则，铜仁市坚持城镇化集中安置方式，全力实施以自然村寨整体搬迁为主，实行跨区县行政区域的“大破大立”，并把经济要素集聚功能强、创业就业机会多、人口承载容量大的碧江区、万山区及周边大龙开发区、铜仁高新区作为安置地，实现移民群众快步脱贫、搬出地减负前进和迁入地加速发展三方共赢；通过设立移民安置区基层组织，按村级架构设置社区基层组织，真正实现服务移民群众“零

距离”，促进移民社区和谐稳定。

（二）住房安置合意

在增强搬迁意愿上，铜仁市实行迁出地、迁入地共同组织符合搬迁条件的群众多批次参观安置区完善的教育、医疗、交通、就业等社会公共服务设施，做到搬迁群众心中有底、心中有数、心中有望，增强群众搬迁积极性和搬迁意愿。在统一住房标准上，铜仁市坚持安置房配置标准适用原则，严格落实住房面积政策，既改善群众居住条件，又避免“屋大成本高”。在降低入住成本上，铜仁市严控建房成本、统一住房简装修和购置家具，不让搬迁群众因搬迁负债，让搬迁群众拎包入住。

（三）完善服务合心

铜仁市不断建设服务设施，在就学上计划投资51.34亿元，于碧江区、万山区、铜仁高新区和大龙开发区规划新建学校35所，满足搬迁移民和周边群众子女就近入学需求；在就医上计划投资7198.54万元，在安置区规划新建社区卫生服务中心2个、社区卫生服务站17个，改建社区卫生服务站11个，满足移民群众就近便捷就医。探索易地扶贫搬迁跨区县安置地编制分配改革，2018年铜仁市为碧江区、万山区、大龙开发区、铜仁高新区核增基础医疗服务编制126名，下达调增安置地教师编制121名，为万山区、大龙开发区、铜仁高新区调增基层政府所属事业编制61名。推行跨区县易地扶贫搬迁教职工调配工作，已从迁出地调入安置地教师121名，医疗服务人员调配到位50名，基层政府所属事业人员调配正筹备中。完善服务保障，铜仁市设立“一站式”服务窗口，安置地教育、卫计、民政、人社、公安等职能部门派驻干部进驻移民安置小区快捷办理搬迁群众民生事务，不断推进农村低保和城镇低保、新农合和城镇居民医保、农村养老保险和城镇养老保险有效衔接，并以新农合筹集资金集中划转方式，让移民群众在迁入地新农合定点医疗机构就医实行现场减免，其中建档立卡贫困户实行“先看病后付费”，特困户由迁入地民政部门实施临时救助，实现了移民群众医疗费用报销的“无缝衔接”。

（四）产业扶贫合利

在鼓励入企就业上，铜仁市以补贴企业职业培训经费等方式，大力开展职业技能培训，为安置地周边企业输送产业工人。通过成立社区劳务合作社，承接产业园区内企业外包的低难度手工活，让未能入企务工人员和残疾人在家就业。通过政府购买公共服务，为年龄偏大、文化偏低、技能偏弱的移民群体提供公益性岗位。全市跨区县搬迁群众通过就近就业、自主创业、外出务工、公益性岗位兜底等方式，实现户均1人以上就业；在形成抱团发展上，铜仁市成立搬迁后续发展公司，下设物业管理子公司，对安置点物业实行市场化管理；下设劳务输出子公司，对安置点劳动力进行劳动技能培训并进行劳务派遣；下设产业发展子公司，通过商业门面租赁、经营政府性资产、兴办移民经济实体等形式创收，并将部分收益用于补助移民群众。在深化农村“三变”改革上，铜仁市将整村整寨迁出的承包地、林地、宅基地进行集中收储，并规模化流转给农业经营主体发展扶贫产业和乡村旅游业，增加移民群众“三块地”财产性收入，并不断探索创新建立利益联结机制，带动群众共促产业发展、共享发展红利。在推进自主创业上，充分发挥创业专家团免费提供培训指导、项目推介以及“特惠贷”等政策的综合作用，鼓励和扶持移民群众从事加工业、商贸运输、装修、农村电商等产业脱贫致富。

（五）文化认同合群

为弘扬社会主义先进文化，铜仁市开展“牢记嘱托·感恩奋进”教育，用好新时代农民讲习所、道德讲堂等阵地，培育和弘扬新时代贵州精神，教育引导群众发扬自力更生、艰苦奋斗精神，通过勤劳双手实现脱贫致富。实施文化惠民、文化励民、文化育民、文化富民“四项工程”和文化产业千村扶贫计划，加快文化振兴进程。开展春晖行动，充分发挥迁出地和迁入地春晖使者人熟、地熟、事熟的优势，通过春晖社广泛开展多形式志愿服务行动，协助社区开展文明创建、法律咨询、结对帮扶、邻里互助、健康理疗等10余个服务项目，让移民群众尽快融入安置。

三、构建资金管理机制，确保扶贫资金安全

（一）“把四关”确保项目安排精准

一是把好项目规划储备关。铜仁市结合区域脱贫攻坚目标和产业规划布局，在充分调研贫困现状、区域贫困程度、资源优势及承载能力基础上，以产业发展扶持到村到户、生活条件改善到村到户、致富能力提升到村到户为出发点和落脚点，提出规划并拟定实施项目，充分论证项目建设效益，突出可操作性和带动能力，为决战脱贫攻坚提供强有力的项目支撑。二是把好项目受益对象关。铜仁市精准锁定贫困对象，通过入股分红、“1+N”扶贫带动、公司+合作社+基地+贫困农户利益联结、“村支两委+合作社+贫困户”“党组织+”等方式建立利益联结机制，确保贫困户真实受益增收。三是把好项目申报审批关。铜仁市严格项目申报、论证、评估、审批、立项、批复程序，采取公开竞争、集中论证等方式确定立项，保障项目安排精准，提升扶贫资金使用成效。四是把好项目组织实施关。铜仁市明确乡镇（街道）作为项目实施主体，做到工期任务安排上墙、责任落实到人。在项目实施前，与委托具体实施单位签订合

同，做到项目实施、资金使用等各重要环节的全程痕迹管理和项目档案归档。在项目实施中，对项目的具体情况、实施单位、管理单位、资金管理单位、投诉举报单位和监督电话等情况进行公示，保障项目实施公开透明度。努力培育农民专业合作组织，大力推进农业产业化经营，促进农民增收，实现项目实施红利长效释放。

（二）“抓五率”确保项目早落地

一是抓好项目开工率。铜仁市规定已完成项目评审和立项批复的项目必须在10个工作日内启动实施。二是抓好项目竣工率。铜仁市制定每个项目节点任务计划表，明确具体责任人和推进措施，定期对项目实施情况开展督查检查，及时发现和解决项目实施过程中存在的问题。对不符合规定或进度缓慢的，及时下达限期整改通知书，保障项目建设高效推进。三是抓好项目验收率。铜仁市规范建立项目竣工验收制度，项目验收前，县、乡两级验收组均编制扶贫项目验收工作方案，结合项目建设内容，制定翔实的验收标准和细则，并对验收组成员开展专项培训，实现精准评估保质量。四是抓好资金拨付率。铜仁市采取“设立专户、建立专账、封闭运行”模式，严格按照施工进度和“532”比例规定拨付资金。在资金运行上严格遵守“三专”（专户储存、专人管理、专账核算）要求，保障项目资金及时拨付到位。五是抓好资金使用率。铜仁市规定项目评审通过后，必须于5个工作日内下达资金文件。项目竣工验收合格后，30个工作日内完成报账请款。对不按规定时限和要求及时报账的，严格执行奖惩制，对滞留资金大的单位予以约谈问责。

（三）“重四严”确保项目管理严谨

一是重组织保障，严管理，当好资金“监督员”。铜仁市高度重视财政扶贫项目资金监管工作，县、乡专门成立财政扶贫资金监管工作领导小组，负责协调、指导、督促财政扶贫资金规范使用。项目所在村组建项目监督小组，由村民代表村集体推荐5名以上德高望重、公正廉洁的群众组成，对扶贫项目的申报、实施及验收进行民主监督。二是重建章立制，严要求，筑好制度“高压线”。铜仁市健全完善财政专项扶贫项目和资金管理工作运行、监督问责、绩效考评等制度，全方位建立管理规范、程序畅通、符合实际的项目运行管理机制，确保项目的选定、申报，资金的请款、报账，项目的竣工、验收等各个环节有章可循、有规可依，确保扶贫项目立项审批规范、项目运行推进顺畅和档案管理规范、资金报账进度有序推进。三是重过程管理，严监管，织好执行“监督网”。铜仁市强化项目实施前、中、后监督过程管理、痕迹管理，开展“扶贫云”实时监控，市一级按每月调度监管扶贫项目及资金实施使用情况，督促区县做好整改落实；区县每月组织一次扶贫项目资金专项自查，积极开展项目实施问题整改“回头看”；公示公告财政专项扶贫资金项目，接受社会监督；落实责任可追溯制和责任追究制，注重项目廉政档案建设和管理，专人管理、专门存放，为项目资金监管提供全面真实的第一手资料。四是重压实责任，严督查，把好管理“安全阀”。铜仁市各级政府层层签订脱贫攻坚目标责任状，层层传导压力，实行“一月一调度、一季一督查、半年一检查、年终全面检查”工作机制，确保项目管理实施出成效。市县两级均把扶贫项目资金管理使用作为监督执纪问责工作重点，开展事前、事中、事后全过程业务指导监督，尤其加强事前介入，确保资金安全运行，对各类违纪违规行为零容忍、严惩处，对闲置、贪污、挤占、挪用、截留扶贫资金的单位和个人，依规依法从重从严处罚。

四、构建干部关怀激励机制，确保干事创业积极性

（一）选拔任用引导担当

对在脱贫攻坚工作考核中表现优秀的、实绩突出的、在评估验收中零问题的、获得省市表彰的脱贫攻坚一线干部，按照组织程序优先提拔使用。对连续两年考核居本区县前三名的乡（镇、街道）党政主要领导，符合提拔任职资格条件的，优先提拔重用。对在脱贫攻坚出列验收省级评估考核中零问题的贫困村联系帮扶干部和驻村“第一书记”、驻村工作队队员，符合提拔条件和任职资格的，根据工作需要，按照组织程序优先提拔重用。对在脱贫攻坚工作中表现特别优秀的村“两委”主要负责人，经过组织程序，可直接提拔进入乡镇党政班子任职。对获得省部级以上脱贫攻坚表彰的一线工作人员，建立跟踪管理台账。加大面向脱贫攻坚一线表现优秀的村干部、大学生村官、“第一书记”和驻村干部定向招录乡镇公务员力度。凡在脱贫攻坚期内年度考核评为“优秀”等次的脱贫攻坚一线干部，在次年度参加市、县直机关事业单位公开遴选（选调）工作人员考试时，在笔试成绩中加 5 分。打破身份界限壁垒，畅通党政机关与企事业单位干部流动渠道，对在脱贫攻坚一线表现优秀的国有企事业单位科级以上干部，优先考虑调任同职级公务员领导职务。2018 年以来，共提拔重用脱贫攻坚一线干部 1441 人，办理公务员调任 143 人，对 58 名实绩突出的村干部任期内享受副科级干部待遇，市级以上表彰奖励 859 人。

（二）容错纠错推动担当

鉴于基层脱贫攻坚任务重、追责问责多，为最大限度激发脱贫攻坚一线干部干事创业积极性，让一线干部安心干事、担当作为，铜仁市在深入调研的基础上，先后制定出台了《铜仁市干事创业容错纠错暂行办法》和《铜仁市加强脱贫攻坚一线干部容错纠错推动担当作为实施细则》，从问题性质、工作依据、主观动机、决策过程、履职取

向、情节后果、纠错表现、群众态度等 8 个环节甄别干事创业中的失误和偏差，明确经济建设、社会治理、风险防范、工程项目等领域的 29 种容错情形。同时，界定严重违纪违法、政治方面有问题、触碰生态环境保护红线等 8 种不予容错情形，健全完善甄别研判方式和容错认定机制，分类细化符合容错纠错情形和不予容错纠错情形，做到可操作能落地。探索推行问责机关在启动问责程序时同步启动容错认定机制，除单位或个人主动向受理容错免责的问责机关提出申请外，问责机关在启动问责程序的同时，同步考虑是否符合容错条件、有无容错情形，自动启动容错认定机制。完善容错申请调查核实链条和畅通结果认定反馈渠道。加强廉政档案建设，及时将容错纠错认定结果归入干部人事档案和廉政档案。

（三）激励褒奖促进担当

坚持“先进获奖励、优秀得表扬”的鲜明导向，强化荣誉表彰。对受县级及以上表彰的脱贫攻坚一线干部，且所驻村如期实现脱贫摘帽或者顺利通过国家、省级验收的，绩效奖励提高 10% 。提高脱贫攻坚一线集体和个人在评选先进党组织、优秀共产党员、优秀党务工作者、优秀党组织书记、优秀村“第一书记”、五一劳动奖章、三八红旗手等各类表彰中的比例，一般不低于 30% ，并按规定给予相应奖励。对选派到艰苦边远区县的村“第一书记”和驻村干部，驻村帮扶满 6 个月以上的，按派驻区县的标准发放艰苦边远地区津贴。建立村干部报酬增长机制，推行“基本报酬 + 任期报酬 + 绩效报酬 + 养老保险”制度，实行绩效报酬与工作实绩挂钩，最高可达 4000 余元。建立完善意外伤害和特殊疾病医疗风险保障基金、抚恤救助金和带薪休假制度，着力解决脱贫攻坚一线干部后顾之忧，引导他们在脱贫攻坚前沿阵地安身安心、勇于担当、攻坚克难。2018 年以来，全市 14608 名干部落实了年休假，安排了 21065 干部参加健康体检，对 112 名在工作期间发生意外伤害或特殊疾病的干部，给予救助或一次性补助 368. 94 万元。对 2018 年度考核“优秀”等次的 1702 名“第一书记”和驻村干部，年终绩效奖金按所在单位考核等次上浮 10% 的比例给予奖励。对在脱贫攻坚一线因公牺牲的村干部，参照国家机关工作人员抚恤办法及标准，按上一年度全省农村居民人均可支配收入的 20 倍加上本人生前 40 个月的基本报酬给予一次性补助。

（四）“关键少数”带动担当

坚持新时代好干部标准，注重在脱贫攻坚一线考察识别“关键少数”，注重将“政治上靠得住、工作上有本事、作风上过得硬、人民群众信得过”的优秀干部选拔到脱贫攻坚“关键少数”岗位上来。按照“保持稳定、应换尽换、尽锐出战”原则，开展市县乡村四级干部分析研判，对不能胜任现职的干部，坚决调离，对表现不佳的干部，实行“悬帽攻坚”。去年以来，调整轮换“第一书记”453 人、驻村干部 539 人。调整极贫乡镇和深度贫困村所在乡镇班子成员 19 人。注重发挥“关键少数”的表率带动作用，加强对“关键少数”履职情况的跟踪督查，把脱贫攻坚工作纳入“关键少数”核心工作指标，作为述职评议工作重要内容，作为评价是否担当作为的主要依据。建立脱贫攻坚工作定期汇报制度，派出干部向派出单位、村向乡、乡向县、县向市动态汇报脱贫攻坚工作。建立市县组织部部长与脱贫攻坚一线干部谈心谈话制度，及时掌握思想动态，帮助解决难题。

五、构建防贫预警监测机制，确保真脱贫脱真贫

（一）建立监测机制，精准摸清防贫对象底数

一是锁定监测对象。围绕已脱贫人口稳定脱贫、未脱贫人口全部脱贫、非贫困人口不致贫“三大目标”，将未脱贫的建档立卡贫困人口全部纳入监测对象，确保全部脱贫；将有返贫风险的已脱贫户纳入监测对象，确保稳定脱贫不返贫；将有致贫风险的非建档立卡贫困户纳入监测对象，确保从源头上阻止致贫。二是明确监测程序。监测程序分为一般识别程序和简易识别程序。一般识别程序针对家庭年人均纯收入低于标准以下，因病因学刚性支出远大于收入，民政特困供养对象、长期保障户、重残监测对象，采取“群众申请、入户调查、部门比对、村民小组评议、村民代表审议、村级公示、乡镇复核、县级备案”程序进行识别；简易识别程序针对因灾、突发大病、突发事故等特殊情况监测对象，采取“群众申请、入户调查、村三委评议、部门比对、村级公示、乡镇复核、县级备案”程序进行识别。三是建立监测台账。建立防贫监测预警系统，由管理人员将重点监测对象家庭成员基本情况、就医就学就业情况、收入支出情况等录入系统。

（二）建立预警机制，实现防贫对象动态管理

一是坚持动态预警。按照“统一管理、动态调整”原则，网格员、驻村工作队、帮扶责任人“三支队伍”每月对重点监测对象进行走访对比，定期了解收入支出、产业就业、就医就学、住房饮水等情况，常态掌握防贫对象变化情况。把防贫对象分为“返贫致贫临界户”“返贫致贫边缘户”“返贫致贫监测户”三类人员，实行红、橙、黄三级管理。二是制定评估报告。围绕“一达标两不愁三保障”标准，按照既不降低标准也不吊高胃口的要求，通过准确的收入与支出评估，逐户制定防贫方案，提出保障评估报告，形成“一户一报告”，并将每户评估报告录入管理台账。采取半年一次的方式，对防贫对象进行综合评估。对有致贫返贫风险的，提前预警、及时干预，采取有效措施帮扶；对稳定实现“两不愁三保障”、无致贫返贫风险的，及时退出重点监测

对象。

（三）建立保障机制，防止防贫对象返贫致贫

一是启动第一重保障，落实扶持政策。整合产业扶贫、就业培训、创业支持、医疗救助、教育资助、应急救援、住房保障、低保保障等政策，实行“一增一降一保障”扶持。落实政策保障资金、公益性岗位（护林员）就业、集体经济产业务工、社会公益救助四项措施，确保监测对象稳定脱贫。二是启动第二重保障，争取公益资源。充分利用东西部扶贫协作等资源，积极争取“社会众筹、公益团体、爱心人士、慈善基金、中国扶贫网”等支持，根据扶持对象因病、因学、因灾所需，有针对性补足政策短板，解决现有政策和部分群众实际困难之间契合度不够的问题。通过采取纳入民政重点保障对象、产业分红倾斜、安排公益性岗位、开展社会公益“水滴筹”等措施，确保监测对象不返贫。三是启动第三重保障，实施防贫救助。建立防贫救助资金池，防贫救助资金池实行滚动发展，不断争取公益资金注入，如资金池不够负担救济支出，则由财政及时注资补足。防贫救助资金重点针对因灾、突发大病、突发事故等新致贫对象，通过相关政策和公益资源扶持后仍然无法达到“两不愁三保障”要求的防贫对象，及时启动“防贫救助”项目，按照核查、认定、公示的程序实施救助，确保不出现一例返贫、不发生一起致贫，确保真脱贫脱真贫。

关于铜仁市打造“四安家园”路径探析

实施易地搬迁工程，是脱贫攻坚的重要举措，是拔掉“穷根”的关键所在。“十三五”期间，贵州省铜仁市共搬迁64759户293579人，建设144个安置点。铜仁市紧扣做好易地扶贫搬迁“后半篇”文章，按照“探新路、走前列、做示范、促发展”的工作思路，在实施“新市民·追梦桥”工程基础上，共创安置区群众“居安、业安、身安、心安”的四安家园。通过实施“三小”工程（小区、小家、小事），即打造144个平安“小区”、建设6万多户幸福“小家”、服务百姓一系列“小事”，让安置区群众“居得好、过得好”，提升安置区群众的获得感和满意度，为持续助力易地扶贫搬迁后续工作，创造“铜仁经验”。

一、打造平安“小区”，净化人居环境

小区稳则社会稳。安置小区是易地扶贫搬迁群众集中生活的地方，小区治理是篇大文章，是安置区精细化、科学化管理的重要方面，是打造搬迁群众美好家园的基石。铜仁市坚持标本兼治，完善社区治理体系，强化队伍建设，健全工作机制，把安置小区治理体系建设作为一重要任务，对全市144个安置区进行全面有效的治理，通过打造平安“小区”工程，优化人居环境，提高搬迁群众安全感。

（一）以党建为引领，健全治理“新格局”

铜仁市坚持党建引领，推动小区自治，引导小区居民自我服务、自我管理、自我教育、自我监督，着力打造“生活圈”“服务圈”“管理圈”高度统一、共建共治共享有效衔接的小区治理新格局。一是紧贴群众需求，提升治理效能。在条件成熟的安置小区成立功能型党支部，从居住在小区的党员中遴选能力突出、热心负责的同志担任党支部委员会委员，筑牢组织堡垒。科学设置楼栋党小组，引导党员担任楼栋（单元）党小组长、楼栋长（单元长）、楼层长，构建城市基层“街道党工委—社区党委—小区党支部—楼栋党小组”四级架构。二是强化队伍建设，健全工作机制。实行“一分析三报告”工作机制。围绕刑事案件、治安隐患、矛盾纠纷、交通秩序管理、进京赴省非防等开展联动排查化解，及时发现和消除移民安置区的各类风险隐患，做到“矛盾

不上交、风险不外溢”。整治和管理社区网格内出租房、棋牌室、娱乐场所、夜市、网吧等治安突出问题，依法严厉打击和惩治“黑拐枪”“盗抢骗”“黄赌毒”“食药环”和非法集资、网络传销、电信诈骗、网络诈骗等违法犯罪活动。进一步加强和改进人民调解委员会建设，强化易地扶贫搬迁安置区网格治保组织、老党员、老教师、老干部、网格社工和治安志愿者等群防群治队伍建设，建强移民安置小区治安联防队伍，广泛开展法治宣传、治安联防巡逻、矛盾纠纷排查化解、特殊人群和重点青少年群体等服务管理。

（二）坚持标本兼治，强化整体推进

铜仁市坚持标本兼治，整体推进综合治理安置小区。一是坚持警务前移，科学设置警务室。在3000人以上安置点设置警务室23个，实行一室一警或一室多警，具体做好重点人口管控、基础信息采集、社情民意收集、矛盾纠纷调解等警务工作。二是开展智能平安小区创建。围绕智能平安小区“五个一”标准，在安置小区内安装人脸识别、智能停车、人脸门禁等技防设施，积极开展智能平安小区创建。目前，已建成沿河官舟、德江县玉水街道楠木园、思南塘头旗山、玉屏飞凤、大龙德龙新区和万山旺家花园、城南驿安置区7个智能平安小区。三是积极开展矛盾纠纷排查化解。深入推进公安机关“一分析三报告”工作机制，积极开展矛盾纠纷和安全隐患排查，及时发现移民安置区的“风险点”，及时化解，消除隐患，做到“矛盾不上交、平安不出事”。今年以来，全市易地扶贫搬迁安置区共排查化解矛盾纠纷1138起。四是严厉打击和惩治违法犯罪活动。深入推进“易地扶贫搬迁安置点社会治安整治工作”“吸毒人员大排查大管控活动”“扫黑除恶净土行动”等专项行动，对安置区警情和案件进行梳理、分析、研判，对发生的违法犯罪活动进行严厉打击。今年以来，全市易地扶贫搬迁安置区共查处治安案件114起，破获刑事案件30起。五是加强易地扶贫搬迁安置区周边交通秩序管控。公安交警部门以“两客一危”、校车、重型货车、面包车和摩托车为重点车辆，以酒驾、毒驾、无牌无证、“三超一疲劳”“两占”等为重点交通违法行为，以节假日、上放学日、重大活动日为重要节点，持续开展区域性、专项性集中整治，形成“严查严管”常态模式，全力净化路面及易地扶贫搬迁安置区周边的交通秩序。六是强化安置点群防群治组织建设。坚持党委领导、政府主导、公安指导的原则，积极组织易地扶贫安置社区强化治保组织、保安员和治安志愿者等群防群治工作队伍建设。截至目前，全市易地扶贫搬迁安置区共组建180个治保组织、132个义务巡逻队。

（三）聚焦区划设置，完善社区治理体系

一是合理设置管理单元。按照科学规范、因地制宜的原则，全市易地移民搬迁安置

区共批复成立社区38个、居民小组775个，析置街道7个。未成立社区的安置区据实纳入原村委会或居委会管理，实现了管理单元全覆盖。二是选优配强社区干部。指导安置社区依法成立选举工作指导机构，严格规范选举程序，把好选人用人政治关。全市38个移民安置社区全部选举成立了居委会，组建了一支为搬迁群众“服好务、办好事、办实事”的社区干部队伍。三是着力完善服务设施。全市新成立的安置社区已建立38个社区服务站，并在条件成熟的社区创建智慧社区，将政务服务和民生关怀直接连接到群众家门口，为搬迁群众提供“线上+线下”的就业、就医、社保、生活娱乐等方面“全方位、一站式”服务，实现社区服务功能全覆盖，全面提升服务质量和水平。四是有序引导居民自治。完善安置社区民主决策、民主监督、居务公开等制度建设，推动居委会有序开展居民自治，创建“三靠”工作法，积极引导搬迁群众组建志愿服务队，有效促进社区参与和社会融入，让搬迁群众真正成为社区主人。五是充分发挥社区治理平台作用。统筹易地扶贫搬迁安置区综治中心、警务室、法官工作站、检察官工作站等建设，着力完善“雪亮工程”“天网工程”全覆盖，强化视频监控和智能门禁的联网应用，整合网格化服务中心、矛盾纠纷多元化解中心、群众工作中心、公共法律服务中心、法律援助中心等，实现与相关部门资源整合、信息共享、协调一致，发挥好社区治理平台作用。截至目前，全市易地扶贫搬迁安置区建立综治中心72个，划分网格数394个，配备网格员529人，其中专职网格员139人；设置安置区警务室56个，配备警务人员（含辅警）181人；投入各项技防设施2052台。

二、建设幸福“小家”，创建和谐家园

家庭是社会的细胞，是国家发展、民族进步、社会和谐的重要基点，建设幸福家庭，让每个人的生活更美好。家庭幸福是每个家庭的愿望，也是每个人追求的目标，幸福需要创造。铜仁市实施“五抓五建”工程，打造6400多户安置群众温暖幸福文明之家。

（一）抓组织促建设，建奋进之家

党建引领是统揽。坚持党建带妇建，妇建服务党建，深入开展政治型、先进型、群众型、服务型、创新型、公益型的“六型组织”创建，不断完善妇联组织参与社会治理的路径举措，提升妇联组织思想政治的引导力、基层建设的组织力、服务群众的服务力和服务大局的贡献度。印发《关于坚持党建带妇建着力创建“六型组织”的通知》《市妇联关于开展“新市民·追梦桥——贴心娘家人·温润移民家”工作实施方案》《铜仁妇联系统纵深推进“新市民·追梦桥”见实效创品牌工作实施方案》等文件13

个，投入各级各类资金 2593.5 万元。按照融入型、提升型、发展型、小康型“四型”社区建设标准，加强妇女之家、儿童之家建设。今年争取到省级“妇女之家”建设补助 39 万元，“儿童之家”建设补助 17 万元，争取市移民局 102 万元项目资金用于妇女儿童之家建设及女性服务组织的培育，确保 15 个市级示范点及新培育的 25 个市级示范点“妇女之家”“儿童之家”全覆盖。

（二）抓培训促就业，建幸福之家

创业就业是关键。聚焦搬迁妇女的长远生计和安居乐业，通过“三女培训”“锦绣计划”等让安置区妇女实现就地就近就业，解决妇女就近就业 10000 余人。今年，“三女培育”任务全部放在易地扶贫搬迁安置区上，现已完成全年 4200 人的培训任务。在传统技能培训的同时，与人社部门开展了“女主播带货助脱贫行动”培训班，让广大视频爱好者积极参与脱贫行动，举办“抖燃铜仁她风采”短视频征集展播活动，扩大女主播的影响力，展示铜仁女性风采。积极与苏州市妇联、苏州工艺美术职业技术学院对接，将于 10 月 25 日至 31 日举办苏铜锦绣计划培训班，提升我市“锦绣计划”产品设计水平。

（三）抓关爱促服务，建温暖之家

关爱服务是根本。切实加强对妇女儿童的关爱，投入帮扶资金 2250 万元，解决她们的困难和问题。一是开展“花蜜行动圆大学梦”资助活动。安排 15 万元对今年 50 名应届高中毕业考入二本以上的易地扶贫搬迁贫困学子进行资助。二是加大国奶扶贫项目覆盖。9 月 20 日，组织全市 124 个安置社区的妇联主席召开了“新市民·追梦桥”国奶扶贫工程项目推进会，并进行了业务培训。加大奶粉申请力度，切实减轻家庭经济负担。目前，易地扶贫搬迁安置区 1600 余户享受到公益资助金，折价 1237 万元。三是加强东西部扶贫协作。已获得“苏黔精准扶贫·春蕾计划”项目资金 676 万元。目前，正积极与江苏省妇女儿童发展基金会对接，争取“音乐种子”助学项目，对易地扶贫搬迁安置区 100 名困境儿童每年每人资助 1200 元，让搬迁家庭孩子圆求学梦。四是深入开展“一对一”精准结对关爱行动。获得“UU”助学金 100 余万元，对每名帮扶儿童每年捐赠 1200 元，直至高中毕业。针对 427 名事实无监护困境儿童，招募“爱心妈妈（爸爸）”进行结对帮扶，开展“五个一”帮扶行动。易地扶贫安置区有一个叫龙茜的女孩，成绩优异，她的乐观坚强和优秀感动了“UU”公益组织，资助她前往郑州同安中医骨伤科医院进行治疗。五是加强“两癌”患病妇女救助。今年，录入全国“两癌”救助系统 350 人，现获得救助的有 254 人 254 万元，其中约占 20% 的患病安置区妇女实现了救助全覆盖。

（四）抓维权促保障，建和谐之家

妇女维权是动力。扎实推进“暖心大姐——三建三代三访”服务机制（三建：搭建服务平台、组建调解队伍、创建平安家庭；三代：代言、代办、代访；三访：主动走访、联动接访、情动回访），积极创新妇女儿童维权服务品牌。如玉屏县开设“家和”工作室、大龙开发区在安置区建立“三和”工作室（家庭和美、邻里和睦、社区和谐），调解家庭矛盾纠纷、邻里纠纷等。为提高社区妇联干部的婚恋家庭调处能力，在市委组织部的关心下，10 月 12—16 日在铜仁学院举办了婚恋家庭纠纷排查化解培训班，全市 124 名易地扶贫搬迁安置区妇联主席参加了培训。

（五）抓教育促风尚，建文明之家

宣传教育是能量。铜仁市始终把对妇女群众的思想政治引领放在更加突出、更加重要的位置。9 月 12 日，“决战脱贫立新功不负韶华筑新梦”百千万巾帼大宣讲走进碧江区矮屯安置点，邀请“贵州省三八红旗手”、女干部等进行现场讲述，她们用通俗易懂的语言为安置区群众讲述了自己不懈奋斗的感人故事，鼓励和感召更多人勇于追梦，凝聚和传递正能量。9 月 27—28 日，市文体广电旅游局、市总工会、团市委等部门共同举办了“新市民·追梦桥”暨“颂祖国·赞家乡”群众广场舞展演活动，来自全市的 39 支广场舞队伍展演了规定舞曲和自选舞曲，其中来自易地扶贫搬迁安置区的碧江区地里社区、矮屯社区队伍获得了优秀奖。

三、解决群众“小事”，提高百姓生活质量

群众利益无小事，一枝一叶总关情。所谓“小事”就是涉及安置区群众文化生活、子女就读、百姓就医、就业收入等难事、杂事。开展优质服务，一点一滴见初心，快速响应安置小区“小事”、刚性约束小区“难事”、尽力解决安置小区“杂事”，为搬迁群众生活提供全能、精准、暖心的服务，使他们真正感受政府关怀和党的温暖。

（一）文化，点亮安置区群众精神生活

丰富的精神文化生活，是全面小康的一个重要方面。对安置区群众而言，公共文化服务是身边贴心暖心的精神家园和心灵港湾。近年来，铜仁市大力开展文化惠民工程，开展“四送”“四享”文化服务，不断加强公共文化服务建设，为安置区的文化生活奔小康打下了坚实基础。文化生活奔小康，既需要文化市场的繁荣，更需要公共文化服务的不断发展。一是开展“四送”文化服务。围绕“感恩教育、弘扬社会主义核心价

值观”等主题，按照每季度送一场演出、送一场电影、一堂文化讲堂、一场读书活动的标准开展文化惠民活动。今年，铜仁市还举办了2020年“新市民·追梦桥”全市群众广场舞展演活动，群众反应热烈。截至目前，全市易地扶贫搬迁安置区开展文艺演出1005场次、感恩教育2102场次、公益电影放映768场次、文化讲堂813场次、读书活动625场次，其中今年开展的“文军扶贫冲刺90天打赢歼灭战”文艺巡演活动得到了群众的一致好评，充分发挥了“文军队伍”在脱贫攻坚中的生力军作用，为坚决打赢歼灭战凝聚了文化的磅礴力量。二是开展“四享”文旅服务。围绕“搬得出、稳得住、能致富”的目标，进一步加大文化惠民力度，让安置区群众享受免费的广播电视服务、享受免费的文艺辅导培训、享受优惠的旅游景区服务、享受文化产业就业指导服务。截至目前，安置区广播电视服务实现了全覆盖，全市旅游景区对4万余人次的贫困群众进行了优惠服务，开展文艺辅导培训813场次，辅导群众3万余人次，在安置区建立图书馆分馆86个、文化馆分馆62个。其中，铜仁市文化馆在德龙新区设置分馆，开设常规性的美术、书法、舞蹈培训班，让安置区的孩子享受到免费的艺术培训服务；铜仁市图书馆为高新区兴园社区、龙江新区安置区图书馆分馆配备了近8万元的书籍。三是抓整合，建综合性服务平台，为安置区群众提供便捷的公共文化服务渠道。整合市域已建成的乡镇（办事处）综合文化站、党员远程教育服务点、公共电子阅览室、文化信息共享工程、农民体育健身工程等文化阵地和设施，形成综合性服务平台，为安置区群众提供文化服务。四是举办健康教育讲座。制定《铜仁市卫生健康局支持沿河县易地扶贫搬迁安置点工程的具体措施》，组织市医疗机构医护人员，利用“万医下基层”“党员干部到一线”“巡回医疗义诊”“新市民·追梦桥”工程暨“5·29会员活动日”“7·11世界人口日”宣传服务活动等方式到安置区开展巡诊义诊活动，举办健康教育讲座，宣传疫情防控、“三减三健”等科学健康知识，改变原有生活陋习，自觉养成文明的卫生习惯。

（二）教育，点燃安置区群众子女希望

教育为先，精准扶贫先扶智，享受优质教育是安置区百姓安居乐业的最基本权利。铜仁市将“社区学校”纳入“易地扶贫搬迁安置区学校”建设，把“社区教育体系”作为“易地扶贫搬迁安置区学校五大体系建设”之一，明确办学职能，总体规划布局，统筹建设推进。一是分级建立管理机构，加强督促指导。把社区教育纳入各级教育行政部门的议事日程和教育教学工作年度目标考核，推动了社区学校创新发展，做到有组织领导、有服务指导、有活动场所、有教学效果、有特色品牌。二是打牢基础，让社区教育“有家可归”。部门联动，整合共享部门社区教育资源。社区教育是一个系统的多功能的涉及部门众多的教育工程，因此，易地扶贫搬迁安置区社区学校，除用好社区自身资源外，还采取多部门联动方式，整合共享资源，整体推进社区教育全面实

施、全面发展和品牌建设。筹措资金，新建共建社区教育场馆。铜仁市委、市政府历来都非常重视教育，不仅投巨资建设“乡愁故园”和“五馆三中心”，而且区（县）委、区（县）政府及街道、社区在易地扶贫集中安置区也加大“四点半课堂”“社区教育大讲堂”“老年益学堂”“儿童之家”“妇女之家”“康养活动中心”等建设，更加注重环境育人和全民学习，让社区的每一寸土、每一块砖、每一面墙、每一片草地，都实现美化、净化、硬化、绿化、艺术化，给人以美的感染和教育的熏陶。三是优化队伍，建设四支社区教育团队。按照“优化结构、提高素质”的思路，以“学历 + 职称 + 技能”的模式，重点建设管理、专职教师、志愿者服务和专家咨询四支社区教育团队，四支师德高尚、结构科学、理念先进、业务精湛的高素质社区教育团队正在形成。同时，坚持“教育课程化、体验社会化、培训特色化、课程多元化”的理念，围绕“加快建设学习型社会，大力提高国民素质”和“构建服务全民终身学习的教育体系”，组建社区教育科研团队，积极开展研究，初步形成“理论性、实践性、探索性”相融合的科研团队和“教材 + 视频 + 体验”社区教育课程体系。

（三）医疗，解决安置区群众健康“烦心事”

全民健康，是时代的呼唤，也是百姓的期盼，更是百姓安居乐业的诉求，没有全民健康，就没有全面小康。健康铜仁的核心是以人民为中心，本质上是改善人民健康状况，实现人民健康全覆盖。一是实行“三到位”服务。首先医疗卫生后续服务到位。按照“栋不漏层、层不漏户、户不漏人”的原则，将易地扶贫搬迁安置区常住贫困人口纳入家庭医生签约服务，4 类慢病患者纳入慢病管理，确保长期入住的贫困人口应签尽签，慢病患者纳入管理并全程跟踪随访；按照“四定两加强”原则做好国家规定的大病救治服务；认真落实好县域内定点医疗机构“先诊疗、后付费”政策。其次健康助力行动到位。铜仁市卫生健康局认真贯彻落实市委办《关于印发〈铜仁市工青妇组织实施“新市民·追梦桥”工程细化方案〉的通知》（铜委办字〔2020〕5 号）文件精神，召开党组会议研究相关工作，按照职能职责结合工作实际，制定了《铜仁市卫生健康局支持实施“新市民·追梦桥”工程工作措施》；为切实提升妇女健康水平，与市妇联联合印发了《铜仁市 2020 年农村妇女宫颈癌乳腺癌检查项目实施方案》，“两癌”免费筛查工作，优先覆盖 35 ~ 64 岁建档立卡贫困家庭、低保户和易地扶贫搬迁安置户妇女。各区县医疗保障局主动与移民局对接易地扶贫搬迁安置区搬迁人口数据，及时组织村组干部逐户、逐人摸清安置区群众参保底数，以安置区为单位建立参保台账。对服刑、参军、死亡、异地医保等合理化原因未参保的要提供佐证资料，确保建档立卡贫困人口 100% 参保，其他安置区群众应保尽保。二是强化惠民措施，让群众“看得起病”。为了让安置区群众看得起病、住得起院，每个小区建有一所卫生室，小病不出小区，及时治疗。全市已构建了“门诊报销、一般住院报销、大病报销和重特大疾病报销”四层医疗保障网络。三是完善便民设施，让群众“看得上病”。实行假日门诊，方便群众就医。目前，全市共有民营医院59所，编制床位3099张，实有床位3690张，占全市医疗机构总床位的24.5%，形成了公立医疗机构与民办医疗机构有序竞争、优势互补、良性发展的格局。为使安置区群众认识到家庭教育的重要性，市计生协会与市委组织部、市妇联、市教育局联合主办2020年铜仁市“新市民·追梦桥”——“幸福家”家庭教育“七进”大讲堂系列讲座，为更好地促进家庭关系和谐发展、社会安定起到了积极的推动作用。四是内外兼修，让群众“看得好病”。采取“引进来、送出去、定点培养”等方式，不断提高安置区医疗服务质量和服务水平，制定了医德医风绩效考核办法，坚持每月开展医德医风调查，严格兑现奖惩。五是医疗保险，让群众“方便看病”。实现基本医疗保险跨省异地就医全国联网直接结算，从而完善广覆盖、多层次的城乡医药卫生体系。实施便民医疗服务，逐步整合建立城乡统筹的居民基本医疗保险制度，全面推行城镇居民医疗保险，启动城市合作医疗，参保覆盖全社会，切实解决安置区群众“不方便看病”问题。

（四）就业，解决安置区群众致富“瓶颈”

“搬迁是手段，致富才是目的”，就业是民生之本。稳定就业是安置区群众生计保障的根本，强技能是安置区群众能致富的“金钥匙”。一是搭建一个平台，多措并举增就业。大力培育发展劳动密集型轻工产业，带动就业群众致富，已培育“工业化精准扶贫示范企业”3家、跨区县易地扶贫搬迁就业示范基地2个。利用大数据智能化服务平台，建立“岗位数据库”和“就业数据库”，提供精准的就业服务。落实创业就业政策，引导安置区群众租赁安置区门面，发展自主创业；发挥产业孵化园区创业带动作用，扶持安置区群众自主创业；探索实施跨区县易地扶贫搬迁“1211”就业保障服务机制，创建就业扶贫车间，开展安置区劳动力全员培训，全力做好安置区群众就业服务工作。二是培养就业“一条龙”。“一技在手，致富不愁”，为了提高安置区群众就业能力，强化技能培训是基础，增强就业能力是关键，提高就业质量是目的。区县按照“围绕产业办企业、围绕职业强技能、围绕就业做培训、围绕致富送技术”的工作思路，实现培养就业“一条龙”。围绕就业搞培训，鼓励行业、企业和学校开展职业培训、以工代训、定向培训、定岗培训，加大“订单式”“班组式”技能培训力度，让有培训意愿和劳动能力的安置区群众至少接受一次职业技能培训、掌握一项职业技能，力争培训一人、就业一人。围绕岗位强技能，精准对接、因户施策，针对不同人员、不同岗位、不同职业和安置区群众的技术现状，实施就业培训，确保培训内容和岗位需求相对应，使安置区群众“有技术、有岗位、有收入、能致富”，一户一人以上稳定就业达到100%。三是完善一个体系。聚焦兜底保障，完善公共服务保障体系，全面完成易地扶贫搬迁低保转接工作，及时将符合条件的易地扶贫搬迁对象纳入低保保障范围。截至目前，全市纳入低保保障的易地扶贫搬迁移民 61172 人，其中纳入城市低保 53273 人，纳入农村低保 7899 人。

目前，铜仁牢记嘱托，感恩奋进，大胆创新，以创“四安家园”为载体，持续做好易地扶贫搬迁“后半篇”文章，推动易地扶贫搬迁安置区向更高质量发展，推动安置区群众生活向更高水平迈进！

铜仁：党建引领　助推“四安家园”提质升级

为了在乡村振兴中做好易地扶贫搬迁“后半篇”文章，铜仁市大胆创新，勇于探索，坚持党建引领，做到“四个坚持、四个提高”，让搬迁群众真正“活起来、富起来”，助推“四安家园”提质升级。

一、坚持党建引领，提高“心安”保障能力

“心安”是打造“四安家园”的前提，党建引领，发挥“三大”作用，助力搬迁群众“心安”。

（一）发挥党建引领作用

铜仁市以“新市民·追梦桥”为载体，按照“党委领导、资源整合、责任共担、各展所长、各记其功”原则，形成“1+5+N”工作联动机制。推动党群互联共建，实现“党支部+楼栋党小组”“居委会+居民小组+志愿者”上下衔接服务网络。完善工作机制，选配政治过硬、能力过硬、作风过硬的“两委”干部，并将工资待遇纳入村（居）干部专职化管理，建立健全党员设岗定责、领岗履职等制度，发挥党组织的战斗堡垒作用。发挥示范作用，推行无职党员参与社会管理，统筹设立政策宣传岗、致富带头岗、文明监督岗、纠纷化解岗、民意收集岗、群众服务岗，让党员参与社区服务工作，打通党员服务群众“最后一公里”。

（二）发挥树新风育新人作用

在铜仁打造“四安家园”建设中，安置社区以学习大讲堂、学习强国、智慧党建三大学习平台，加强搬迁群众普法教育，充分发挥树新风育新人作用，引导群众树立法治观念、文明规则意识，在安置区营造融洽、良好的人际关系氛围，争做讲文明、讲安全、讲卫生、守秩序的搬迁群众，增强他们的幸福感，促进他们快速融入新环境、享受新生活。

（三）发挥群众主体意识作用

丰富文化生活，强化搬迁群众的主体意识，调动社区参与的积极性，加大社区文体

娱乐场所建设力度，丰富文化内涵，实现创新发展，培育搬迁群众对社区的归属感和认同感。实施“感恩引领新生活”工程，邀请政治立场坚定、理论功底扎实的理论政策宣讲队伍，通过“院坝会、群众夜校”，推动“党的声音进万家，总书记话儿记心上”，引导群众“感党恩、听党话、跟党走”，提高搬迁群众参与建设“四安家园”的思想自觉、行动自觉。

二、坚持群众至上，提高“身安”服务水平

“身安”是打造“四安家园”的根本。坚持以人为本，群众至上，实施“三大工程”，提高“身安”服务水平。

（一）实施教育均衡发展工程

通过“9+3”活动，优化学校布局，加强搬迁安置社区学校师资建设，鼓励教师到搬迁安置社区学校任教，实行城区学校挂钩帮扶搬迁安置社区薄弱学校和城乡教师挂职任教的“双挂”措施。健全家庭贫困学生资助体系，落实义务教育免收学杂费、补助贫困寄宿生、高校学生生源地助学贷款等惠民政策。实施“精准招生、精准培养、精准资助、精准就业”工程，达到“职教一人、就业一个、脱贫一家”目的。

（二）实施医疗健康保障工程

提升医疗健康保障能力，实现安置社区卫生服务网络全覆盖。一是实行参保“全覆盖”。按照“栋不漏层、层不漏户、户不漏人”的原则，摸清搬迁群众参保底数，确保建档立卡贫困人口100%参保。二是群众“看得起病”。每个小区建有一所卫生室，小病不出小区及时治疗，构建“门诊、住院、大病和重特大疾病”四层医疗保障网络。三是群众“看得好病”。采取“引进来、送出去、定点培养”等方式，不断提高安置区医疗服务质量和服务水平，严格兑现奖惩，让群众“方便看病”。

（三）实施文明素质提升工程

为了提高搬迁群众文明素养，对搬迁群众进行全方位的教育，改善其思想观念，从心理上消除“区隔化”顾虑，打消他们“重返故乡”的念头。增强文化转换能力，建立群众性文明创建的引导机制，举办喜闻乐见的讲座、会议等活动，提升他们的文明观念，转变自身的“乡土”思维方式、生活习惯等。创新学习载体，通过举办夜校、短期培训和堂屋会、院坝会、田坎会等方式，学习城镇居民的生活方式、思维方式等，并“内化于心、外化于行”，涌现“侗歌唱响新时代·政策唱进歌声里”等一批理论宣讲品牌，塑造一批“四安家园”提质升级的典型案例。

三、坚持全员培训，提高“业安”就业质量

就业是最大的民生，“业安”是打造“四安家园”的关键，安居乐业是一个社会和谐稳定的基础。

（一）建立就业制度

发挥政府的主导作用，完善搬迁群众在户籍、社会保障、劳动就业、资金投入等方面的相关制度，把稳就业放在更加突出位置抓实抓好，推动实现更高质量的就业，建立健全就业培训体系，做好就业指导工作，解决好搬迁农民的生计问题，对搬迁群众就业做出具体安排，为打造“四安家园”、高质量发展提供制度保障。

（二）拓宽就业渠道

开展技术培训，提升技能水平。搬迁群众受教育水平限制，技能水平较低，难以满足城市工作岗位的要求，因此要加大就业支持力度，拓宽就业渠道。大力发展职业教育，发挥铜仁职院“双高计划”示范引领作用，坚持以市场为导向，组织“订单式”培训，为搬迁群众提供多渠道、多形式的就业培训，拓宽劳务输出渠道。促进企业稳定发展，使用失业保险基金支持企业稳定岗位，发挥政府融资担保机构作用，降低小微企业融资成本。支持创业带动就业，完善创业担保贷款政策，实施搬迁群众子女就业见习计划。

（三）提高就业能力

“一技在手，致富不愁。”提高搬迁群众就业能力，强化技能培训是基础、提高就业质量是目的。落实失业保险待遇，实现易地搬迁群众更高质量和更充分就业，让广大群众共享改革发展成果。全市按照“围绕产业办企业、围绕职业强技能、围绕就业做培训、围绕致富送技术”的工作思路，实现培训就业“一条龙”，加大“订单式”“班组式”技能培训力度，开展技能培训、以工代训、定向培训、定岗培训，让搬迁群众“有技术、有岗位、有收入、能致富”。

四、坚持综合治理，提高“居安”的满意度

“居安”是打造“四安家园”的保障。安居乐业是搬迁群众的基本诉求，应综合治理，提升“居安”满意度。

（一）搭建安置社区干群“连心桥”

通过搭建安置社区干群“连心桥”，按照“定岗、定人、定责、定任务”的模式，干部结队帮扶、分片包干、一对一宣传指导等形式，融洽干群关系。社区干部增进与新社区群众的交流与了解，融入群众生活，关心群众诉求，帮助搬迁群众解决困难和问题。通过组织形式多样的社区活动，使他们从心理上认同新社区、新生活。通过“连心桥”，让搬迁群众不仅实现“身”的融入，而且在观念、言行、心理上融入新社区，真正有了“新家味道”。

（二）强化社区便民“服务”功能

完善社区服务功能，健全党支部和居委会、工会、妇联服务功能。实行“一帮一”服务机制，动员在职党员干部、退休干部、党员群众、大学生志愿者等参与社区服务，构建社区数字化网格服务平台，组建安居楼委会，发挥搬迁群众中的“新乡贤”作用，落实干部对各安居楼进行包保，随时了解群众服务需求，为群众提供及时周到服务。如江口县鱼良溪村的“黔馨家园”项目，村里23名生活不能自理的孤寡老人、残疾人集中安置，做到“人人为我·我为人人”，确保小康路上一个也不掉队。

（三）注重社区“治理有效”

在打造“四安家园”中，建立党群共治会联席会议机制，实现党的领导和群众自治相结合；建立调解组织、警务室等群众自治机构，形成齐抓共管的社会治安综合治理新社区；选派党员干部或群众担任楼栋长，精细织密社区“网格党支部 + 楼栋党小组 + 党员群众”的党群共治模式。解决搬迁群众的操心事、烦心事、揪心事，实行每月一调度，深入易地扶贫搬迁安置区开展调查研究，做好协调、统筹推进，实现“小事不出楼栋，大事不出网格，难事不出共治会”，让社区治理无死角，服务群众全覆盖。

铜仁市生态文明建设出新绩对策研究报告

一、课题研究的背景与意义

（一）研究背景

生态文明建设是人与自然和谐发展的必然要求，不仅是实现民族复兴的一个百年大计，也是关乎人民福祉的一大“民生工程”。随着时代的推进，经济发展和社会进步因全球生态危机逐步加重而受到制约，目前的生活环境现状加速了人类生态意识觉醒。

我们党历来非常重视生态文明建设的问题，因此党中央也把生态文明建设纳入十八大以后的总体规划和布局中，明确指示生态文明建设的内容也属于全面战略布局。生态文明建设也是习近平新时代中国特色社会主义思想的组成部分，想要发展经济建设，必须要重视生态文明建设。生态文明对于人类社会的发展有着重要的意义，经济发展得过快不可避免地产生环境问题，但是近些年政府也在逐渐改变发展观念，提倡保护环境，环境得到了保护，才能够利于经济的可持续发展。自然界当中的山水田园都属于新的生态环境，人类想要获得生存就离不开对环境的依赖。因此，当前人民群众想要获得美好的生活就必须重视环境问题，政府在管理工作中，也要从政绩观方面进行调整。

1. 我国国情发展的现实需要

在新时期生态文明建设是各方关注的重点，特别是党的十八大对于生态文明建设有着明确的要求。当前资源环境状况急剧恶化，很多地方都陷入资源短缺的困境，环境污染生态退化的问题已经十分严重，因此我们必须要改变传统的发展思路，尊重自然、保护自然，只有将生态文明建设纳入地方经济的发展中，才能够有利于促进社会各个方面的建设。社会的发展离不开各种资源的支撑，而环境污染资源短缺等问题，给国家经济建设造成深远的影响，因此我们要重视生态文明建设。我国资源丰富但是人均资源占有量紧缺，很多资源总量虽然较大，但是面临着开发难度较大的问题，因此我们必须要重视对资源的利用。在资源开发的过程当中，采用科学合理的方式最大化地利用现有资源，同时也要注重对环境的保护。社会的发展产生了大量的环境污染物，给环境带来了深重的灾难，所以要针对工业污染的问题采取治理措施。

习近平总书记在会议上多次推行生态理念，他认为人类应该共同努力呵护地球。党和国家领导人也意识到生态问题的严重性，因此结合当前的实际状况，作出了重要部署。这些政策性的文件不仅仅是从理论上给予了规定，还从实践上解决了如何操作的问题。2018 年 5 月 18 日全国召开生态环境保护大会，会上正式形成生态文明建设的战略思想。这一思想以我国凸显的生态问题为导向、以人民的美好生活为落脚点，把建设好生态文明作为实现我国长久发展的一个根本之计，用必须坚持的六项原则进一步回答了怎样建设生态文明，这些内容共同组成了生态文明的主体思想。

党中央对于环境的发展给出了“五位一体”的战略布局，各级政府的执政重点必须要围绕着生态文明建设来展开。在新时期想要转变经济发展模式提升经济效益，必须要重视以人为本，这是社会发展的必然趋势；未来想要全面建成小康社会实现中华民族的伟大复兴，必须要走上生态文明建设的道路，这也是现实环境的具体要求。为了更好地建设生态文明社会，2015 年国务院等部门联合推出了政策性文件《关于加快推进生态文明建设的意见》，对于生态文明建设的内容进行了明确的定位，并且对于建设时间也有了确切的规定。国务院也出台了生态文明体制改革的总体方案，标志着生态文明建设正式实行。

2019 年 4 月，党中央和国务院进一步完善了生态文明建设的内容，推出了《统筹推进自然资源产权制度改革的指导意见》，对于自然资源的发展现状进行了规定。我国自然资源丰富，但是在管理方面存在诸多问题，如所有权管理缺失、权责不到位，监管制度也有问题。因此需要在该领域进行完善，才能更好地促进生态文明建设。

2. 乡村振兴战略的重点内容

随着我国经济的进一步发展，我国在经济建设领域也取得了更多的成就，在农业方面农业生产力得到了增强，农村地区农民的人均收入也有了较快的增长。相关数据表明，我国的贫困人口已经基本上实现脱贫，党中央针对农村地区的任务已经初步完成，并且在农村地区开展了人居环境的整治工作，让整个农村地区的环境得到了明显的改善，很多乡村依据自身的特色开始发展旅游行业，让人民切切实实地得到了收益。农村地区的人民脱贫以后，党中央开始大力推行农村经济的振兴工作，这标志着我国“三农”工作的重心开始发生变化。在农村地区开展乡村振兴，主要涵盖了人才、文化、生态、组织等领域，在这些领域开展全方位的振兴，也必须要重视生态文明建设的内容，从环境整治的角度入手，为农村经济的发展提供环境保障。

乡村振兴重点在乡村生态文明建设。为了更好地推动乡村经济振兴，必须要选择绿色发展道路。对于农村地区来说，生态环境是最宝贵的资源，因此农村地区开展生态建设可以确保经济发展的可持续性。但是近些年有很多地区在发展经济的同时忽略了对环境的保护，因此带来了环境污染。这些地区的污染企业必须要得到整治，才能够确保环境不被破坏。污染企业必须及时清退市场，才能够进一步保护农村地区的生态环境。在农村地区要推行产业化经营，强调生态环保的重要性，最终才能够实现绿色发展。

3．建设生态贵州的内在需求

贵州省为了推动生态建设已经展开了具体行动，有针对性地开展退耕还林，对土地荒漠化和水土流失等现象展开了整治工作，同时，设立专项工作组来督促生态建设。经过5年的整治，贵州省总共完成石漠化治理5000平方公里，全省生态环境建设工作取得了良好的成效。

贵州省在2020年专门针对森林环境保护出台了《关于全面实行林长制》的政策，主要目的就是督促森林资源的保护工作。该制度的核心是建立起党政领导负责制的管理体制，在这个管理体制当中，部门领导党员干部以身作则，共同参与到资源的管理工作当中，打造林业管理新格局。

贵州省在2021年进一步完善林长制的内容，在当年就已经完成造林300万亩。贵州省为了促进湿地资源保护力度，颁布了《湿地保护条例》，明确表示要加强对当地的湿地保护，确保湿地面积不流失。文件当中已经对外公布的有73处重要湿地和湿地公园，其位置都有明确的标注。

2021年2月3至5日，习近平总书记视察贵州，带来了党中央的关怀和慰问。习近平总书记指出，在当前阶段必须要考虑到发展的实际状况，采用新的发展理念打造出新格局，并且要注重发展质量，同时抓好发展和生态的工作内容。在治理方式上要学会创新，只有这样才能够发掘出新的方式方法，提升环境保护的力度。乡村经济想要获得振兴也需要结合数字经济的特点。在生态文明建设领域引入新的概念和技术，才能够打造出贵州发展的新局面。

4．铜仁发展生态经济的本质要求

铜仁市地处黔湘渝三省市结合部，从气候角度来分析，大部分处于中亚热带季风气候区，当地的雨水条件较为丰富，适宜植物生长。境内有多条大江大河，相关资料显示，水域面积超过20平方公里的河流就有230条，水资源储量丰富，每年的饮用水流量已经突破了25亿立方米。在铜仁市境内也有多个国家级风景区，比如梵净山在2018年被评选为5A级景区，另外还有三个国家级自然保护区以及三个国家风景名胜区，这些都属于铜仁市现有的生态资源。贵州省政府要针对铜仁市的资源特点开展专项保护工作，确保铜仁市的发展能够实现绿色转型，要将铜仁市打造成绿色发展的典范区域，大力营造与经济形态、社会形态、文化形态、政治生态相适应的山清水秀的自然生态。

长期以来，铜仁市在发展生态经济时，始终按照省政府的要求来执行，确保生态环境和经济发展共同落实到位，并且在国家级生态文明建设期间也参考了其他地区的建设经验，比如与长江经济带可以有机地结合到一起，丰富了铜仁市的生态发展模式，增加了当地生态环境的建设经验。

铜仁市在近些年的发展过程中，严格按照国家部门关于新型城镇化建设的发展要求来执行，建立生态文明建设示范基地。同时也从政策层面上树立发展目标，将生态文化旅游建设作为发展的目标之一。针对城镇化建设的质量，先后颁布了多个文件，比如《关于推进新型城镇化建设山水园林城市的决定》《铜仁市山地特色新型城镇化规划（2016—2020）》，为当地的经济发展提供了政策性指导。经过10多年的经济发展，铜仁市城镇建设面积快速增长，从原有的100平方公里增长到157平方公里。城镇人口也有了明显的增长，从原有的80万人增长到180万人。同时在城镇基础建设领域也投入了大量的资金，目前每年投入的资金超过了400亿元。铜仁市的城镇化率从以往的30%上升到50%，城镇化建设取得了显著的成效，并且在质量上要优于同省的其他区域。根据国家有关部门的要求，农村地区要推进生态公厕改革，因此铜仁市针对境内的公厕进行了全方位的整改，新建或改建生态公厕14.1万个。铜仁市对周边的生态环境展开改造，将周边的生态环境打造成公园，比如仁山公园、河滨公园等这些生态资源都被政府充分地利用起来，极大地提升了市民的生活质量，不出家门就能够感受到多种生态公园的乐趣。

铜仁市注重发展的战略规划，将产业化细分成多个区域，集中优势资源提高城镇化的质量，比如在黔东地区建造工业聚集区，在梵净山打造文化旅游区，在乌江地区打造生态经济融合区。这些经济发展区域，能够结合所在位置的优势形成优势产业，并且在经济发展过程中，能够实现资源优势互补，促进铜仁市的平衡发展。铜仁市对于乡镇的发展规划也结合实际状况进行，比如江口县的发展目标就是旅游兴民强县，将当地的旅游资源充分地挖掘出来，打造农家旅游的特色。同时也引进市场化的内容，鼓励外部企业参与当地的乡村建设，让当地住宿环境、经营管理等方面都得到了进一步的提升，给村民带来了经济收入的增加。乡村地区的旅游资源可以吸引外部资金和人员的进入，通过一系列的旅游产业扶持政策，让当地的农家乐民宿经济得到了快速发展。相关数据显示，在当地就有60多家民宿客栈，带动了相关就业人员600多人，让当地的村民获得了更多财富。

（二）研究意义

1. 推动生态文明建设迈上新台阶

在当前阶段生态文明建设是社会发展的主流民意，因此人与自然的和谐发展是大多数人的诉求。从国家的角度来看，生态文明建设能够影响到国家发展的未来，因此生态文明建设工作不能忽视。中华民族要实现复兴就需要重视生态文明建设，关于这一点国家通过政策性的文件进一步明确了建设的要求。在新时期要想全面建成小康社会，必须要从环境保护入手。经济发展离不开各种环境资源作为支撑，所以为了解决好环境污染问题，各方必须共同合作。

习近平总书记在主持全国生态环境保护大会时，重点强调生态文明建设是当前阶段必须要遵守的原则，对于环境污染问题必须要解决好。同时针对当前环境保护的现状给出具体的解决方案，并且对各项工作进行了全面部署。建设生态文明也是建设美丽中国的前提，党员要发挥出更好的带头作用，在全社会范围内共同倡导生态文明建设。

生态文明建设是一项长期的工程，因此在任何时刻都不能松懈。目前我国的生态环境在连续几年的治理之下，总体情况有了好转，但是当前属于特殊时期，需要再接再厉，将生态环境打造得更好，同时也要考虑到人民的具体需求，对突出的环境问题进行重点整治。对于社会发展来说，治理好了生态环境才能够有利于后代的生存。

2. 落实习近平总书记视察贵州的指示精神

习近平总书记视察贵州时指出，贵州要“在生态文明建设上出新绩”，这既是对贵州省良好生态环境的充分肯定，也是对贵州省生态文明建设取得更好更大成绩的新期待新要求。抓好生态环境保护工作、打好污染防治攻坚战，是我们必须坚决扛起的政治责任。

加强生态文明建设，做好乡村振兴这篇大文章，这些内容是新时代社会发展的重要规划。我国虽然在经济建设领域取得了一定的成绩，脱贫攻坚战也获得了良好的成果，但是需要进一步地再接再厉，结合当前的发展现状进一步推动生态文明建设，从而提高经济发展的质量。面对环境污染问题要树立起绿色发展的理念，对山水田园等资源进行合理的开发和利用。选择适合的地区建立生态文明试验区，这也是习近平总书记最新提出的重要要求。在建设环节注重人民群众的实际需求，必须要以人民为中心，统筹各项资源的发展，切实保障人民群众的医疗卫生教育等权利，让这些服务落到实处。

3. 践行铜仁市绿色发展之路

铜仁市不断拓宽“绿水青山”与“金山银山”的转化通道，让绿水青山成为城市发展的永续动力，只有这样才能够进一步提高铜仁市的发展质量，走上绿色的发展方向。

铜仁市始终坚持美丽乡村的理念，利用当前的政治优势，走乡村振兴之路。在环境保护方面，打造出适宜农村居民居住的环境，通过建设美丽乡村逐渐形成了众多风景秀丽的景区；重点优化城镇道路等基础设施改造，供水管网、供电供暖、住房保障等领域也都获得了进一步的提升；从污水治理的角度入手，让城镇的环境质量有了进一步的提升。这些措施奋力守住了青山绿水蓝天白云，让铜仁市城镇化的品质进一步提高。

铜仁市政府根据省政府的要求，全面统筹生态环境保护工作，推进总体发展规划，促改革、护民生，下大力气整治突出问题，还清历史欠账、补齐环保短板，深入推动创建新时代绿色发展先行示范区，污染防治攻坚战取得显著成效。生态文明建设使铜仁人走过了不平凡的绿色发展之路，“梵天净土·桃源铜仁”成为黔东大地的闪亮名片。

二、铜仁市生态文明建设的基础成效及存在的问题

（一）铜仁市生态资源概况

铜仁市位于贵州省东北部，武陵山区腹地，总面积1.8万平方公里，总人口448.03万，有苗、侗、土家、仡佬等28个少数民族聚居于此，山川秀丽，生态宜居，有“黔中各郡邑，独美于铜仁”之美誉。铜仁市以“一山两江四文化”① 为代表的古老奇特的地貌资源、丰富多样的水资源、原始完整的动植物资源以及舒适的气候资源，为生态文明建设和可持续发展奠定了坚实的基础。

1. 古老奇特的地貌资源

铜仁市的地势，西北高，东南低，处于云贵高原向湘西丘陵过渡地带，因而山地居多，丘陵次之，中部纵贯武陵山脉，被梵净山分为东西两部分：东部为低山丘陵，河谷坝子；西部为岩溶山原，重峦叠嶂，河谷幽深，表土层薄，地形复杂。

武陵山脉主峰梵净山位于铜仁市辖内的江口、印江、松桃三县交界，山体巍峨雄奇，最高峰海拔达2572米，被誉为“武陵第一峰”。梵净山总面积达到567平方公里，其有20多座山峰海拔2000米以上。古老的地质结构塑造出了千姿百态、峥嵘奇伟的山地地貌景观，“蘑菇石”“万卷书”鬼斧神工，金刀峡险峻至极，万宝岩古生物化石更是呈现出炫目多彩的光泽。

低山河谷丘陵地带，土地资源开发潜力较大，可种植农、林、果、药、桑等多种作物，近2000平方公里的天然草地可以发展畜牧养殖等现代农牧业。成矿地质条件良好，已发现不同程度探明储量的矿产59种，汞矿和锰矿储量最为丰富。

2. 丰富多样的水资源

铜仁市水资源丰富，总量162亿立方米，其中131亿立方米是易被利用的地表水资源，占总量的80%以上。辖内有229条河流流域面积达20平方公里以上，东西两大水系——沅江水系和乌江水系，以梵净山至佛顶山山脉为分水岭。除乌江干流和舞阳河外，其余河流均发源于武陵山脉。被称为母亲河的锦江，主河道长144公里，由西向东穿越铜仁全境，“梦幻锦江”美轮美奂，锦江十二景令人目不暇接。

铜仁市矿泉和温泉资源丰富，现有的268个优质水源点中，70%以上水质达到

---

① “一山”即梵净山，“两江”为乌江和锦江，“四文化”是民族文化、佛教文化、生态文化与红色文化。

"饮用天然泉水"，有25个水质达到"饮用天然矿泉水"，吸引了农夫山泉、屈臣氏、好彩头等一大批知名水企业来铜仁落户投产。铜仁市素有"温泉之乡"之美誉，已发现天然出露温泉和地热井共计38处，地热水资源量每年达1099万立方米。自明代以来，石阡城南温泉已经存在了400多年，其水质既适合洗浴，又能直接饮用，属于世界稀有的天然矿泉温泉。《铜仁市"十三五"水产业发展规划》明确提出，依托得天独厚的水资源，将铜仁打造为国内一流的温泉养生示范市，乃至世界水工厂。

3. 原始完整的动植物生态资源

铜仁市森林面积1191779公顷，森林覆盖率66.2%，居贵州省第二位。经初步调查统计，境内有4134种野生植物（仅含维管植物），珙桐、梵净山冷杉、红豆杉、伯乐树等4种树木为国家一级保护植物，有13种国家二级保护植物。境内有265种野生动物（仅含脊椎动物），黔金丝猴、黑叶猴、云豹、金钱豹等4种动物为国家一级保护动物，有37种国家二级保护动物。

铜仁市拥有3个国家级自然保护区、2个省级自然保护区、1个国家级地质公园、9个国家级湿地公园、1个省级湿地公园以及8个省级森林公园。梵净山为世界自然遗产地，拥有地球同纬度上保存最完好的原始森林，孕育着大量珍稀动植物物种，被誉为"地球绿洲""动植物基因库"。

4. 舒适优良的气候资源

铜仁市属中亚热带季风湿润气候区，雨量充沛，雨热同季，夜雨较多，润物宜人。各旅游景点年平均气温在7.6℃~17.6℃，气候适宜；境内降雨充沛，年降水量在1108.2~2568.5mm，年平均相对湿度在76%~88%，气候湿润，炎热、温凉兼备，四季分明。由于辖区内地势复杂，同一区域内海拔差异很大，构成了"一山有四季，十里不同天""山下桃花山上雪"的典型立体气候。正是变化多端的气候和保存完好的原始森林、湿地，孕育了当地丰富多样的生物。铜仁市多为微风拂面，年平均风速最大为2.3米/秒，空气清新干净，2020年中有362天全市空气质量达到优良等级，空气质量符合《环境空气质量标准》（GB 3095—2012）二级标准。

（二）铜仁市生态文明建设的基础与成效

"十三五"期间，铜仁市始终按照习近平总书记对贵州工作的明确要求，紧扣省委、省政府对铜仁"念好山字经、做好水文章、打好生态牌、奋力创建绿色发展先行示范区"的发展定位，坚持"绿水青山就是金山银山"的发展理念，守住生态与发展"两条底线"，坚持生态优先、推动绿色发展，大力营造山清水秀的自然生态。在经济稳步快速发展的同时，生态环境持续改善，生态文明建设步伐不断前进。

1. 围绕"一区五地"，构建生态文明建设制度体系

2016年，贵州省委、省政府为铜仁发展提出了"念好山字经、做好水文章、打好生态牌”的战略定位，根据此定位，铜仁市作为省委、省政府定位的绿色发展先行示范区，“十四五”时期也提出“生态立市”“在生态文明建设上出新绩”，绘制出奋力创建绿色发展先行示范区，打造绿色发展高地、内陆开放要地、文化旅游胜地、安居乐业福地、风清气正净地的“一区五地”发展蓝图，大力实施“六绿”（绿道、绿水、绿城、绿园、绿景、绿村）工程。为此，铜仁市不断加强生态文明建设，完善环境保护和生态文明建设机制，总结出“组织保障—规划实施—评估考核—改革创新—建规立法”完整可行的生态文明实践体系。

一是建专班。市委、市政府高度重视生态文明建设，成立铜仁市生态文明建设工作领导小组，具体工作明确专人负责。围绕生态文明重要领域、重要事项，制定出台明确的责任分解方案，将生态文明建设的“党政同责、一岗双责”履行情况纳入领导干部年度考核，也作为选拔任用的重要依据，实施生态文明“一票否决”制，构建出“横到边、纵到底、全覆盖”的工作推进机制和检查考核机制。

二是定规划。在省内率先编制并执行生态文明建设规划，2016 年印发《铜仁市生态文明建设规划（2016—2025）》，立足发展实际，围绕绿色发展理念，明确生态文明建设的指导思想、任务措施，为铜仁市的生态文明建设提供了基础性、指导性和纲领性文件。2017 年出台《铜仁市全域绿化“六绿”三年攻坚行动总体规划》，经过三年攻坚，绿色发展先行示范区和生态美、百姓富实现了有机结合。同时，铜仁市、委市政府还先后编制了《铜仁市创建新时代绿色发展先行示范区规划（2017—2020）》《铜仁市生态补偿示范区建设规划》《铜仁市生态文明建设规（2016—2025）》《铜仁市“十三五”大健康医药产业发展规划》《铜仁市应对气候变化规划（2016—2020）》《铜仁土地整治规划（2016—2020）》《铜仁市全域旅游发展总体规划》《铜仁市汞行业发展规划（2018—2025）》《铜仁市锰行业发展规划（2018—2025）》等一系列有关生态文明的规划方案，对全市中长期生态文明建设进行了总体部署和落实，不断完善了生态文明建设的顶层设计。

三是立制度。铜仁市获得独立立法权以来，相继出台了多项生态文明建设实体法，建立了完善的法律和制度保障体系。如：2018 年 10 月，《铜仁市锦江流域保护条例》正式施行，政府的相关职责法定化，同时规范了公民行为，强化对母亲河的有效保护；2019 年 1 月 1 日，《铜仁市梵净山保护条例》施行，对这处世界自然遗产地的监管与保护上了一个新台阶；2020 年 1 月开始实施的《铜仁市农村饮用水管理条例》明确规定了农村饮用水水源地的保护问题，是治理农村水污染的实体法规；《铜仁市中心城区燃放烟花爆竹管理条例》，则是一部防治城市空气污染，提升城市空气质量的法规。除此之外，还有保护林地、湿地、森林资源的《铜仁市湿地保护名录》《铜仁市古大珍稀树木保护管理办法》，以及专项的管理办法，如《铜仁市用能单位能源消耗定额管理办法》《铜仁市餐厨废弃物管理办法》《铜仁市再生资源回收管理暂行办法》，为铜仁市生态文明建设提供了从法规条例到管理办法的全方位立体制度保障。

2. 以新型城镇化为依托，推动生态文明建设

铜仁市委、市政府始终坚持将发展新型城镇化建设作为生态文明建设的重要途径，坚定不移实施城镇化带动战略，以新型城镇化建设带动生态文明建设，改变城区生态面貌，构建生态文化体系。

2014 年，中共铜仁市委一届六次全会审议通过了《关于推进新型城镇化　建设山水园林城市的决定》，提出了构建“产业发达、生态环保，文化彰显、宜居宜游的城市竞争体系”，突出“保护好自然生态”特点，建立了强化规划管控的七大机制，从政策上确定了以高质量城镇化建设构建促进生态文明发展的重要途径。之后，铜仁市又相继出台《铜仁市山地特色新型城镇化规划（2016—2020）》《铜仁主城区城市功能提升三年攻坚实施意见》，奋力推进“山水园林城市”建设。

在新型城镇化建设中，铜仁市委、市政府始终坚持以人民为中心，把“武陵之都·仁义之城”作为铜仁的城市发展定位，把“厚德铸铜·仁义致远”作为城市的核心精神，按照“把好山好水融入城市”的建设思路，不断加强对城市道路、绿地、水体、基础设施的监管与保护，重点改造了文化街区和历史建筑，实践出一条“山为景、桥隧连”的山水特色新型城镇化道路。

不断加强城镇基础设施建设，重点提升了全市城镇的路网、污水垃圾处理、生态环境、智慧黔城建设以及城镇公共服务保障等“十大工程”；执行“大气十条”“土十条”“水十条”“河长制”，全面提升城镇生态文明建设，留住青山绿水、蓝天白云。

按照“产城互动”的发展模式，把生态农业和旅游业作为推进新型城镇化发展的根本动力。充分利用现有的梵净山生态、文化资源打造了“梵净山文化旅游创新区”，依托乌江航道发展、特色农产品加工、清洁能源等产业打造了“乌江生态经济融合区”。

新型城镇化建设让铜仁市城镇环境得到明显改善。近年来铜仁共（改）建生态公厕 14.1 万余个，建成木杉河湿地公园、仁山公园，提升河滨公园、锦江河两岸的健身步道和文笔峰、架梁山公园的品质，实现市民出门 500 米内就有公园、绿地、广场等公共场所及公厕等服务设施。城市环境不断改善，人民幸福感和获得感得到提升。

3. 强化宣传引导，提高群众的生态文明素养

生态文明建设除了生态物质文化和制度文化，生态精神文化也是生态文明建设的重要组成部分，没有生态精神文化的发展，没有公民生态素养的整体提升，生态文明建设就不能可持续发展。

一是开展各种系列活动，提高群众的生态文明素养。通过连续举办“贵州生态日”系列活动，有序巡城、巡河、巡山，创建新时代绿色发展先行示范区（国家生态文明试验区），开展“十进活动”、世界环境日、全国节能宣传周（全国低碳日）、“世界湿地日”“文化和自然遗产日”等主题宣传活动，让生态文明规范深入人心。

二是创建和推广品牌文化，提高人民群众的生态文明参与意识。积极打造碧江龙舟、万山鼟锣、江口金钱杆、石阡毛龙、印江书法、德江傩戏、思南花灯等特色生态文化品牌，基本形成“一县一品”。全力推进一批弘扬绿色文化的赛事，举办中华传统龙舟赛、环梵净山国际自行车邀请赛、梵净山微型马拉松、万山国家风筝节等大型活动，丰富人民群众的文化生活。

三是通过高端平台展示，提升广大人民群众生态文明的荣誉感。通过新媒体增设“走向生态文明新时代”“生态文明新观察”“生态铜仁·和谐家园”“坚守两条底线，建设绿色铜仁”“绿色引领，建设‘一区五地’”等栏目，策划推出了《武陵深处见桃源——我市生态文明建设综述》《绿色铜仁靓眼，生态铜仁崛起——我市“六绿”攻坚后置绿色屏障》《思南以全域旅游引领绿色发展》等专题新闻稿件，在中央电视台、《人民日报》、新华社等主流媒体刊发，提升了广大人民群众对生态文明建设成就的荣誉感和自豪感。

四是通过宣传、教育方式，营造全社会保护环境、爱护家园的氛围。通过网络、电视、广播等大众媒体，大力普及环保意识；教育部门和学校将生态文明教育融入教学活动，环保理念从孩子抓起；同时通过开展节能减排、垃圾分类、植树造林等公益活动，引导公众形成绿色消费、保护环境的生活方式；逐步形成全社会广泛参与的生态文化体系，提升了全民的生态文明素养，构建了人人关心环保、参与环保、践行环保的良好氛围。

4. 围绕脱贫攻坚战，推动生态绿色产业发展

铜仁市作为贵州脱贫攻坚的主战场之一，始终以极高的政治站位，永不懈怠的精神状态，全面贯彻落实精准脱贫的决策部署，通过实施大扶贫、大生态、大健康战略，通过产业扶贫、易地扶贫搬迁等多种方式，截至2020年年底，全市10个区县全部“脱贫摘帽”，94.29万贫困人口全部脱贫。

只有产业扶贫才能真正脱贫，而绿色发展才能保障脱贫攻坚成果的可持续性。构建可持续的生态农业、生态工业、生态服务业，乡村振兴才会有源源不断的发展动力。铜仁市立足产业发展，重点培育了生态茶、畜牧、油茶、食用菌、中药材、蔬菜等6类产业，重点培养“梵净山珍·健康养生”等绿色农产品品牌，实现农业的绿色化、品牌化发展。在温氏、特驱希望、铁骑力士等重点龙头企业带动下，畜牧业发展迅速。印江、万山、德江、玉屏的食用菌产业实现了裂变发展，形成了以香菇、黑木耳为主，秀珍菇、竹荪和茶树菇等为辅的食用菌产业格局。当下特色种植业有梵净山猕猴桃、玉屏黄桃、沿河沙子空心李，特色畜牧业有江口萝卜猪、思南黄牛、沿河山羊等。

大力发展生态旅游品牌，形成了以梵净山为龙头、以“梵天净土·桃源铜仁”为品牌形象，坚持“生态+旅游”“生态+文化”“生态+农业”的理念，推动生态、文化与旅游的深度融合，融合喀斯特旅游资源、温泉旅游资源、生态旅游资源和文化旅游资源为一体的全域旅游格局。利用丰富的高质量的矿泉资源，大力发展矿泉水产业，到2020年年底，铜仁市包装饮用水企业达到180余家，包含8家大型天然饮用水企业，其工业产值达9.5亿元，同比增长24%，凸显出“梵山净水·健康水都”的品牌效应。绿色产业发展，为铜仁市生态文明建设可持续发展奠定了坚实基础。

5. 建设“四在农家”，改善生态农家人居环境

“四在农家”经验最早发端于贵州省遵义市余庆县的乡村建设，“四在”是指“富在农家，学在农家，乐在农家，美在农家”，后来作为典型经验推广到贵州全省，成为发展农村经济，解决农村基础设施薄弱、人居环境脏乱差的重要模板。2018年，贵州省启动了“四在农家·美丽乡村”小康行动升级版，成为贵州省社会主义新农村建设的一张亮丽的名片。铜仁市因地制宜，制定出台了《铜仁市农村人居环境整治专项行动实施方案》，建立了农村人居环境整治三年行动联席会议制度，将农村人居环境、脱贫攻坚、乡村振兴以及实施“四在农家·美丽乡村”小康行动等工作有机结合，协同推进。

一是在农村全面实施饮水安全及污染治理工程。制定出台《铜仁市农村饮用水管理条例》，全面解决农村人口饮水安全问题；出台《铜仁市受污染耕地安全利用工作方案》，加大畜禽污染治理力度，督促指导区县依法管理、分类处置禁养区涉及的养殖场（户）。

二是加大农村垃圾、污水整治力度，加快推进农村“厕所革命”和村庄清洁行动，改善农村基础设施。实施“五改一化一维”行动，即“改圈、改厕、改厨、改电、改水，房前屋后硬化，房屋维修”的具体工作策略，人居环境得到明显改善，群众的获得感、幸福感进一步增强。

三是大力推进农村绿化建设。2019年年底，在全域绿化的“六绿”三年行动中，完成绿化面积204万亩，其中“绿村”面积19万亩，打造了一批宜居的绿色村庄、森林村寨、森林人家。

四是积极探索农村治污技术新模式。政府在不断加大资金投入的前提下，引入社会多元参与，积极开拓创新模式，如探索开展污水收集处理的PPP营运模式、垃圾处理BOO模式①。江口县太平镇快场村“垃圾兑换银行”创新试点，按照“收垃圾、兑积

---

① PPP模式即（Public Private Partnership）公共政府部门与社会资本合作模式。如碧江区与贵州省水投公司合作，通过特许经营使用者付费、政府补贴、政府参股等方式，建设农村污水处理项目点手机系统。BOO模式即（Building Owning Operation）由企业投资并承担工程的设计、建设、运行、维护等工作，政府部门每年向企业支付系统使用费即可拥有使用权的模式。如碧江区与长沙中联重科环境产业有限公司合作，组建项目公司，开展农村垃圾收集、转运、处理；松桃县与浙江旺能集团合作，采取BOO模式在盘信镇建设1座日处理600吨垃圾的生活垃圾焚烧发电厂。

分、换商品”的治污思路，制定了“垃圾兑换积分，积分换取商品”的治理细则，不仅吸引了当地居民的积极参与，也吸引了中央电视台、《贵州日报》等主流媒体的宣传报道，并在2019年澳门国际环保合作发展论坛贵州省展览馆成功展出。

6. 铜仁市生态文明建设取得主要成效

一是全域绿化效果显著。据统计，铜仁“十三五”期间，水土流失治理420平方公里，石漠化治理128平方公里，退耕还林4万亩，天保工程累计建设公益林4.56万亩，共完成绿化面积58.42万亩，森林覆盖率从“十二五”末的57.9%上升到66.2%，全省排名第二。

二是生态文明制度体系不断完善。先后制定了《铜仁市锦江流域保护条例》《铜仁市梵净山保护条例》等一系列法规和制度，着力构建系统完整的生态文明制度体系。

三是减排任务指标超前完成。铜仁市严格压实河长制、林长制责任，全力推进巡河、巡林常态化，着重修复重要的流域、河湖、生态功能区和矿产资源开发区。到2020年年底，“十三五”规划纲要完成的9项约束性指标和污染防治目标全部超前完成，圆满完成二氧化硫、氮氧化物、碳排放减排任务。

四是生态环境状况稳步提升。近年来，铜仁市的大气、水环境质量和农村环境质量逐年提升。从2015年到2020年，铜仁市环境空气质量优良率，中心城区从98.1%上升至98.9%，区县从95.0%上升至98.9%，均达到了《环境空气质量标准》（GB 3095—2012）二级标准。全市主要河流水质达标率从2015年到2020年上升了18.2个百分点，已达到100%，全市集中式饮用水源地水质也达到了100%的达标率。

五是梵净山列入世界自然遗产名录。为保护好梵净山生态，铜仁市委、市政府高度重视，2014年以来，先后出台了《贵州梵净山国家级自然保护区总体规划（2014—2023）》《贵州梵净山国家级自然保护区管理计划》《“世界独生子”黔金丝猴保护计划（2015—2025）》《贵州印江洋溪省级自然保护区总体规划（2015—2024）》《贵州梵净山国家级自然保护区生态旅游总体规划（2014—2023）》等，针对境内黔金丝猴和原始森林提出了切实可行的保护措施。2018年7月2日，在巴林首都麦纳麦，梵净山项目得到了第42届世界遗产委员的一致认可，成功列入了世界遗产名录，成为我国第53项世界遗产。此次申遗成功，是铜仁市生态文明建设实践的“里程碑”。

（三）铜仁市生态文明建设存在的问题

“十三五”期间，铜仁市生态文明建设取得了重大成就，生态文明质量获得大幅提升，但“十四五”期间，铜仁市生态文明建设要开新局、出新绩，还存在着亟须解决的问题，主要表现在：

一是贯彻落实力度不够。工作中，个别地方对生态文明建设认识不到位，顶层设计不够，在生态文明建设的细节工作仍有待完善，百姓的生态文明自信还没有建设到位。

二是宣传教育机制不全。特别是生态文明建设长效的宣传教育机制还没有形成，民众的环境保护意识仍然淡薄。部分民众存在生态意识不强、文明素养不高的现象，破坏生态环境的行为时有发生；部分村民还存在只追求眼前利益，认识不到环境保护的长远意义，为开展营利活动破坏生态的行为。

三是制度体系不完善。全市生态文明建设的制度体系还需要进一步建立完善，生态文明建设与乡村振兴战略的结合度还不高，绿色发展总体格局的构建需要加快脚步，生态环境质量仍需进一步巩固和提高。特别是在乡村振兴中，加快建设乡村生态文明的措施、政策、制度有待于完善。

三、铜仁市生态文明建设出新绩的对策

2021 年 2 月习近平总书记视察贵州时，指出贵州要“在生态文明建设上出新绩”。“十四五”期间，铜仁市如何在生态文明建设上出新绩？本人主要从“生态自信、绿色发展、生态环境、发展新格局、制度建设”五个方面提出“出新绩”的对策建议。

（一）提高站位，在强化生态自信上“出新绩”

党的十八大以来，我国将生态文明建设引入了构建中国特色社会主义的伟大布局中，逐渐形成了经济建设、政治建设、文化建设、社会建设、生态文明建设的“五位一体”态势。现阶段，生态文明建设已经被提升到了国家战略的高度，国家将保护环境、节约资源确立成为基本国策，并将可持续发展定为当前我国的重要发展战略，还推出了绿色生活、绿色出行等一系列的新兴理念，通过开展一些开创性、长远性、根本性的工作，让生态文明建设水平提升到了一个新的高度。近年来，贵州省坚定落实习近平总书记的嘱托，将发展和生态放在了同等重要的位置上，践行了“绿水青山就是金山银山”的理念，在发展经济的同时，关注生态问题，坚定不移地施行绿色生态建设，并取得非常不错的成效。2021 年 2 月，习近平总书记在贵州进行考察时指出，良好的生态环境是贵州最为重要的竞争优势，也是需要大力发展的关键一环。为此，贵州省应积极落实“四个全面”的布局，积极培养后发优势，探寻一条和中西部地区、东部省份不同的发展道路。同时，贵州省还应在新的时代背景下在西部大开发上探究新的道路，以此促使生态文明建设再创佳绩。铜仁市应积极贯彻习近平总书记针对生态文明建设提出的重要论述，并以此为基准开展相应的工作，不断提升政治站位，在生态自信的基础上“出新绩”。

1. 要提高政治站位

习近平生态文明思想是习近平新时代中国特色社会主义思想的主要构成之一，是党的十八大以来，习近平总书记结合我国生态文明建设所提出的一系列新战略、新理念、

新思想的有力概括与总结，更是开展新时代生态文明建设所应遵循的行动指导书，也是人与自然关系的最新理论成果。铜仁市应牢记习近平总书记的嘱托，不断提升自己的政治站位，增强自身的行动自觉性，将生态文明建设思想学习好、贯彻好、落实好。另外，在发展过程中，要坚持做到人与自然的和谐相处，做到对资源的节约、保护，针对一些受损自然资源要给予时间恢复，将可持续发展的生态理念贯彻到实际工作中。此外，我们要将生态文明建设放在日常工作的重要位置，不断学习、理解、领悟习近平总书记的谆谆教诲，牢记他对贵州、铜仁的深切嘱托，为提升贵州省生态文明建设水平提供充足助力，为开创铜仁市生态文明建设打开一个新的局面。

2. 要强化生态自信

栗战书同志在2021年生态文明贵阳国际论坛上发表了重要讲话："贵州既是生态文明建设的探索者，也是生态文明建设成果的受益者。""贵州的生态文明建设，是中国生态文明建设成就的一个缩影。"在"十三五"期间，铜仁市委、市政府开始倡导发展绿色农业、制造业、服务业等，并逐渐提升本地产业结构的科技水平，降低对自然资源的消耗，以此降低产业对环境的影响，逐渐构造一个绿色的产业结构，形成一种绿色生产模式。经过一段时间的实践，我们深刻认识到良好的生态环境就是贵州省、铜仁市最具竞争力的核心优势，更是谱写绿水青山就是金山银山这篇文章的基础。在日常工作中，我们要牢记中央赋予的新使命，将创新、绿色、协调、开放、共享的理念贯彻到底，让发展和生态环境同向同行，坚持生态为基础、发展为目标的工作理念，不断强化自身的生态自信，在发展经济的同时保证生态的优先级，从而逐渐形成一个具有铜仁特色的生态发展模式。

3. 要筑牢生态共识

通过构建教育体系，拓宽生态文明教育路径，培养群众生态文明素养，引导他们切实履行好呵护环境的任务，强化他们的生态意识、节约意识、环保意识，促使他们形成健康、积极、向上的生活方式和消费习惯，引发全社会主动参与环保工作的热情，牢牢建立起一个保护生态环境的理念，营造人人知晓、人人重视的氛围，为建设生态文明铜仁奉献群众力量。

一是在开展活动上下功夫，积极实行"贵州生态日""节能宣传周"等以绿色低碳为主题的实践活动，强化绿色家庭、商场、学校、机关的建设，逐渐培养人们绿色发展、绿色生活以及绿色消费意识，鼓励人们成为"大自然的守法公民"。

二是将"生态文明教育"融入全国教育的系统中，带领学生逐渐形成较强的生态文明意识，不断提升其相应素养，这是开展立德树人教育的重点工作内容，更是党和国家需长期坚持的一项重要战略工程。

三是施行生态文明教育进课堂、进课本的相应工作，鼓励学生结合人与社会、人与自然等关系展开思考，不断深化生态文明建设层次，让他们对生态文明建设内涵做到心中有数，提升其保护环境的意识。

（二）乡村振兴，在农村生态发展上“出新绩”

乡村振兴的重要任务便是实现生态宜居，若想实现对农村地区的振兴，必须要以“绿水青山就是金山银山”理念为指引方向。我们应该知道，乡村振兴的重要底色就是生动的绿色。铜仁市要坚持走生态优势转变为资源的资产价值化道路，坚持绿色产业发展，整合农业、生态、文化资源，以农促旅、以旅强农、农旅融合，构建一个适合生活、发展的新型农村。另外，在铜仁生态文明建设工作中，还有一个重点便是如何在保证环境的基础上发展经济，若能解决这个问题，将使生态文明建设水平提升到一个新的高度。

1. 改善乡村生活环境

乡村振兴包括产业、人才、文化、生态、组织等在内的全面振兴。只有乡村生态环境变好了，才能保障乡村实现可持续发展；只有乡村宜居了，才能增强人民群众的获得感幸福感安全感；只有广大乡村变美了，美丽中国的建设目标才能真正实现。

工作中，保证环境整洁、生态系统稳定，人与自然能够和谐相处，这也是实现乡村振兴非常重要的一部分。生产要素包括清洁水源、清新空气、良好环境等元素，这也是乡村进行发展的最大优势。若想让铜仁具备更高的市场价值，必须要尝试将生态资源转变为生态资本，将其发展成老百姓看得见、摸得着的现实财富。在保护的基础之上因地制宜地发展生物资源开发、生态旅游、绿色食品等生态化产业，使得生态优势转变为经济优势，从而推进农村人居环境整治、农村公路、旅游公路、绿化亮化美化以及基础配套设施建设，双向提升农村生态文明和生态经济水平，不断增强农民群众的获得感和幸福感，创造农民群众的美好生活。

2. 大力发展绿色经济

铜仁市深入贯彻党的生态文明建设要求，结合本地实际情况发展绿色经济，不断提升人民群众的生态文明观念，从而逐渐形成一个生态保护屏障，这对绿色经济发展有非常大的促进作用。另外，要对污染防治工作充分重视，积极贯彻以人为本的发展理念，将经济建设和绿色生态紧密融合起来，构建一个系统性、产业兴、生态化的经济体系，进而打造一个绿色经济的发展模式。为实现这一目标，需要从两个层面入手：其一，通过专项行动，推动绿色经济发展，积极推进建材、包装、物流、金融等行业的绿色经济转变；其二，关注绿色经济市场的培养，通过市场需求引导本地的绿色技术创新，激励更多民营企业参与到环境保护中来，以此提升绿色生态体系的建设水平。

3. 推进美丽乡村建设

实现农村经济发展、自然环境保护的双赢，必须要重视生态文明建设，不断提升农村居民的生活环境。乡村除了是进行农业生产、农产品供应的主阵地，还有满足社会多样居住功能的重要作用，我们要明确一个观点，“环境就是民生”。因此，铜仁市必须要结合乡村地区的生态价值，提升生态文明建设的综合水平，秉承对自然的尊重、保护、顺应等原则，积极推进美丽乡村的建设，并持续开展村庄清洁等实践行动，以此在无形中促使乡村由“环境美”向着“发展美”的方向转变，更要让它从“一时美”转变为“持久美”。通过开展因地制宜的活动，促使乡村走上一条绿色发展道路，提升乡村资源的资本增值，让乡村地区的生态优势转化为经济发展优势，从而在无形中提升农村生态系统、生产系统的综合水平，为构建生态稳定、环境整洁、经济绿色的美丽乡村打下坚实基础。通过此方式，能满足乡村地区的生态发展需求，也可为更多优质农产品的供给铺平道路，从而实现乡村经济、环境的共同发展。

（三）提质培优，在生态环境质量上“出新绩”

优质的生态环境是实施乡村振兴的关键，铜仁市必须要坚持绿色为主的发展方向，合理规划山水林田湖草系统的综合治理，强化对自然生态的保护力度，积极推进水土流失、土地荒漠化等问题的治理，让绿色环境为经济发展提供有效助力。另外，要不断提升人民群众从良好环境中的满足感，让绿水青山就是金山银山为乡村发展提供指引，通过提质培优，在生态环境质量上“出新绩”。

1. 发挥“实践创新基地”示范作用

党的十八大以来，铜仁市围绕“念好山字经，做好水文章，打好生态牌”，不断创新“两山”实践，积极践行“两山”转化新路径，以世界自然遗产地——梵净山为重点，构建“圈层递推·融绿化金”模式，创建了全国“绿水青山就是金山银山”实践创新基地，打造了“两山”实践“国际样本”。同时，积极顺应人们对美好生活的期待，保证生态环境向着更好、更优质的方向变化，坚决打赢污染防治攻坚战，坚持底线思维，强化风险意识，紧盯污染防治重点领域和关键环节，加快补齐生态文明建设短板，调整优化环境治理模式，加快推动从末端治理向源头治理转变，强化日常管理，建立长效机制，用更优质的策略、更强的防治力度，提升生态保护水平，降低污染对环境的影响，致力于从根本上解决环境污染问题。持续开展国土绿化行动计划，重视乌江、锦江等重点河流，关注资源的开发和修复工作，围绕“一山两江”科学构建国土空间开发保护新格局，努力在巩固提升优良生态环境质量上出新绩。加强农村生态文明建设，做好生产生活的污染治理，保证生态在发展过程中的优先地位，以绿色为主要的发展方向，关注人与自然的和谐相处，让生态文明建设成为铜仁市发展中不可磨灭的鲜亮底色。

2. 落实生态环境保护责任

铜仁市应不断强化对“四个自信、四个意识、两个维护”的实践研究，将生态保护和经济发展作为重要的政治任务，用自己的实际行动和党中央的要求保持一致。市委、市政府必须秉持创新思维，紧紧抓住改善生态环境质量这个核心，不断健全体制机制，主动推进生态系统的现代化治理水平，将生态环境保护落实到每个责任主体，保证实践效果。另外，要积极推进环境资源审判，对于有损环境的主体要终身追责，以此降低经济发展中对绿色生态建设的影响。此外，要重视水林田湖草的休养生息，积极推动河长制、林长制，努力做好对大气、土壤等自然资源的保护工作，加快建设相应的环境评测体系。要积极巩固乡村生态补偿，完善相应的自然保护监管制度，从而逐渐构造出一个绿色屏障，促使铜仁市绿色生态建设水平进一步提升。

3. 走绿色品牌化发展道路

经济与生态相融的"绿色之路"是铜仁市生态文明建设的必经之路。打好污染防治攻坚战、落实生态环境保护机遇与挑战并存，要善于抓住机遇。在产业布局方面，立足铜仁市特色文化、环境、人文资源，创新资源布局，实现村级有一村一品示范、乡级有绿色产业强镇、县级有优势特色产业集群。在农业生产中，要加快推进化肥、农药、农膜减量化以及畜禽养殖废弃物资源化和无害化，鼓励生产使用可降解农膜。积极走农业高端化、品牌化发展道路，推进设施农业建设，提升农民生态化种植水平和扩大乡村生态化种植面积。在乡村的日常生活中，必须要巩固乡村环境整治的劳动成果，深化污水处理工作以及厕所革命，关注对村容村貌的长期维护。同时，要重视对水务、生态旅游、林业、现代农业、生态家园等工程的建设，从而不断完善人们的居住环境，提升对乡村生态资源的保护和治理水平，打造一条经济与环境共赢的绿色发展之路。

（四）注重"诊改"，在绿色发展新局上"出新绩"

党的十九大报告中提到，在实施现代化经济建设的同时，要重视人与自然的和谐，在创造更多物质以及精神财富的同时，也要重视优秀生态体系对人们生活的关键作用。因此，铜仁市要坚持发展绿色经济的策略，以生态文明为指引，开展旅游产业化、农业现代化、新型城镇化的检核，将绿色生态的理念渗透到社会经济发展的各个层面，从而逐渐形成一个绿色经济发展新格局，作出新的成绩。

1. 创新双赢发展之路

进一步加强铜仁生态文明建设与城市发展的全面融合力度，构建一个绿色生产、绿色消费的政策导向，通过建设新型工业化系统的方式，实现低碳化的经济发展，保证生态环境的稳定，提高各类产业的科技含量，进而形成一个有着较高附加值的循环经济。同时，为探寻出一条更为高效的发展路径，要重视对绿色低碳经济模式的培养，鼓励新兴行业的加入，积极应用各类新的技术，让互联网技术在经济发展中发挥出应有作用。重视对低碳、生态、环保、绿色、节能等技术的研究，以此增强技术对经济发展的支撑力度。此外，要重视对现代服务业、特色生态农业的发展，积极实现产业的低碳化、服务的集约化，降低污染物的产量，提升资源的利用率，重视对可再生能源的开发和利用，从而逐渐构造出一个新的绿色生态产业体系，实现产业的生态化转变，让绿水青山为经济发展提供持续不断的助力，走经济建设与生态文明双赢之路。

2. 构建山水林田湖草生命共同体

在生态文明建设的过程中，要重视对生态系统性的研究，坚持引入系统化思维，促进生态与经济协同发展。在实施生态文明建设时，要重视对山水林田湖草生命共同体的建设，从全方位、多角度实施建设工作，不断提升良好生态对人们生活的促进作用。良好的生态环境就是对民生最好的回报，只有坚持生态利民、生态惠民的理念，方可在实施生态文明建设时更具动力。在实践中，我们应重视对山脉升天廊道的重建，积极保护重点河流的生态体系，将乌江流域的山水林田湖草生态保护修复工程作为重点工作内容。另外，要持续开展国土绿化、美化等工作，坚持退耕还林、退耕还草，重视对公益林、储备林的保护和建设，不断提升森林价值，对于一些低质林要及时改造和修复，逐步构建一个完善、科学、合理的山水林田湖草生命共同体。

3. 注重生态修复“诊改”

坚持以生态惠及人民，用良好的生态环境给人民群众提供生活、生产的资源。在实际工作中，要重视对生态环境的保护和修复，为提升生态修复与保护的效果，可以从以下几个层面入手：其一，结合贵州省的地形特点，建立一个环境修复监管平台，对于重点保护区域实施全方位、智能化、立体式的动态监管，以此提升环境生态修复的效果。其二，充分认识铜仁市在长江流域生态保护中的重要作用，积极落实政府部门的各项环境保护决策，加强对乌江、锦江等地区的生态环境保护力度，对于一些已经出现生态问题的河流、湿地进行保护修复，不断完善生态修复保护管理体系，切实推行退田还湖、退田还湿。其三，积极转变固有的生态环境保护思路，重视对工作流程、工作内容的优化，不断提升生态保护修复工作水平，强化对相应保护区的治理。针对草原地区的保护，可以开展人工种草、建设围栏、草种改良等工作，以此不断提升生态修复、保护水平。

（五）健全机制，在生态文明制度上“出新绩”

制度建设具有根本性的特征，若想提升生态文明建设水平，离不开优秀制度的保障。为此，党的十八大报告中明确提出，要重视对生态文明制度的建设，这是生态文明由理论到实践的重要基础。生态文明制度的建设并不是一项简单的工作，它具有系统性、复杂性的特点，是一个非常完善的制度体系。通过建设生态文明制度，能有力推动同一生态区域的资源共建，对构建多元化的生态环境保护体系有重要促进作用。为此，铜仁市必须要重视对生态文明制度的建设，以此促使生态环境治理效果提升到一个新的高度，让制度成为生态环境修复、保护的保障。

1. 建立环境保护监督机制

要顺应生态文明建设的新形势，健全机制，完善成果转换应用机制。按照生态文明建设新任务，对已有的生态文明建设制度成果要做好复制推广工作，转化为实践成果，发挥市人大在加强生态文明建设立法监督工作中的作用，积极探索具有首创意义的制度创新成果，以建立纵向监督机制为抓手，健全环境保护监督制度，突出重点、以点带面，实施精准监督，保障各项生态环境保护管理制度实施，以适应人民群众日益增长的生态环境需求和不断增加的环境监管执法任务，全力推动生态文明制度建设上出新绩。

2. 建立完善环境污染治理机制

创新生态环境监管执法模式，加快建设生态环境质量和污染源管理等基础数据库，构建人防、物防、技防相结合的环境污染问题发现机制，显著提升社会化、智能化、专业化的环境污染问题发现能力。通过建立“互联网 + 监管”平台，按照科学布点、分级实施、全市联网、自动预警的原则，补齐大气、水和土壤等自动监测重要站点，实现数据共享和业务协同，加强空气、水、土壤等环境质量监测监控、举报投诉，以及排污单位用水、用电、用能等数据资源关联分析，制定污染线索排查、污染问题识别的指标与规则，运用大数据手段及时分析异常数据，加强溯源排查，实现监管信息智能推送、问题排查快速联动、执法检查智能触发、违法行为高效查处。此外，加快建立健全生态环境风险防范和应急体系，推进跨区域污染防治、环境监管和应急处置联动；完善污染天气应急管理响应机制；建立全市水流域管控体系；加强土壤环境监测、评估、预防和执法体系建设。

3. 建立环境综合考核机制

按照“遵从规律、系统谋划、分类指导、循序渐进，夯实基础、多措并举，生态引领、全面发展”的基本思路，进一步完善生态文明建设的推进格局；切实加大推动落实力度，建立源头预防、过程控制、损害赔偿、责任追究的生态环境保护体系，切实把资源消耗、环境损害、生态效益纳入经济社会发展评价体系；建立体现生态文明要求的目标、考核办法、奖惩制度，纳入市委、市政府绩效考核，构建纵向到底、横向到边、齐抓共管的大环保格局，确保有措施抓手、有项目支撑、有制度机制保障。全市抓好以高质量为主要内容的年度综合考核，严格落实“党政同责、一岗双责”，列入干部提拔使用考核主要内容，实行“一票否决”。加强督查检查，强化考核结果运用，对损害生态环境的要真追责、敢追责、严追责；对主动发现重大环境污染问题和隐患，及时采取积极措施应对，成效显著的单位实施褒奖激励制度。各级领导干部都要牢固树立正确的政绩观，坚持多彩贵州拒绝污染、梵天净土保绿色，不断满足人民日益增长的优美生态环境需要。

贵州铜仁：围绕“三高”打造搬迁群众“四安家园”

黔东大地，生机盎然。为巩固脱贫攻坚成果和扎实推进乡村振兴工作，让近30万易地扶贫搬迁群众尽快融入新环境、新生活、新进程，铜仁市以“新市民·追梦桥”为载体，坚持党建引领，围绕“高标准、高质量、高水平”，打造搬迁群众满意的“四安家园”。

一、党建“三新”，定“居安”高标准

做好易地扶贫搬迁“后半篇”文章，党组织是“主心骨”“组织者”“领路人”。坚持党建引领机制，精心制定“居安”高标准，围绕“三新”党的建设，发挥党组织的核心作用，打造搬迁群众满意的“四安家园”。

一是建好搬迁党员“新家园”。党的力量来自组织，组织设置“全覆盖”。按照“党员搬到哪里，党组织就建到哪里，哪里有党员，党的组织和工作就覆盖在哪里”的要求，及时在各安置点设立党组织，分别建立社区党支部、楼（院）党小组。通过制定党建清单，推进搬迁地党支部标准化规范化建设，提升对安置点党员实行全方位的管理和服务水平。

二是探索党员教育“新方法”。建立“双向互动”机制，即建立党员流出地和流入地双向互动机制，根据工作和党员数量整编成党小组、党支部。抓好发展党员工作，严格按照程序和条件要求，将优秀搬迁党员纳入村“两委”后备干部培养，不断壮大党员队伍、后备干部队伍。建立党性教育新机制，党支部以党性教育为重点，强化党员的日常教育培训，落实“三会一课”、组织生活会和民主评议等制度，坚持正面引导，激发党员内生动力，改变搬迁党员的生产、生活方式。

三是激发干事创业“新动力”。发挥组织领导作用，社区支部建立支部班子成员包楼栋、党员包楼层的包抓机制，完善片区长、楼栋长、楼层长管理机制；社区党支部充分发挥组织领导作用，让群众在“家门口”脱贫致富，提高服务群众的水平，坚持走村入户、了解民意、倾听民声、问计于民，确保搬迁群众真切感受到党和政府的温暖。

二、民生“三送”，促“身安”高质量

“群众利益无小事，一枝一叶总关情”。民生是最大的政治，铜仁市实施送文化、送教育、送医疗“三送”民生服务，促搬迁群众“身安”高质量。

一是送文化，丰富搬迁群众精神食粮。公共文化服务是身边贴心暖心的精神家园和心灵港湾。铜仁市开展“四送”“四享”文化服务，为社区的文化生活打下坚实基础。“四送”文化活动，按照“送一场演出、送一场电影、一堂文化讲堂、一场读书活动”标准开展文化惠民活动，为坚决打赢脱贫攻坚战凝聚了文化的磅礴力量。“四享”文旅服务，让群众享受免费的广播电视服务、享受免费文艺辅导培训、享受优惠的旅游景区服务、享受文化产业就业指导服务。

二是送教育，让搬迁群众子女有希望。搬迁既有眼前目的，又有对后代子女的寄托，教育是群众稳得住的“活力源泉”。全市将“社区学校”纳入总体规划，让社区小孩“有家可归”。落实“名师入小区”制度，确保教学质量，让百姓的子女享受优质教育资源，做到义务教育不“漏”一名儿童、职业教育不“弃”一名学生，实现“有学上”到“上好学”，使搬迁群众子女充满无限希望。

三是送医疗，消除搬迁群众健康“心事”。实行“医生签约”服务，按照“栋不漏层、层不漏户、户不漏人”的原则，落实好“先诊疗、后付费”政策。健康助力行动到位，提升妇女健康水平，对妇女“两癌”免费筛查。医疗保险到位，让群众“方便看病”，以社区为单位建立参保台账，建档立卡贫困人口100%参保。为了让群众“看得起病”，每个小区建有一所卫生室，切实解决群众“不方便看病”问题。采取“引进来、送出去、定点培养”等方式，不断提高社区医疗服务质量和服务水平。

三、就业“四促”，提“业安”高水平

就业是民生之本，搞好全员培训、重点扶持、发展产业、劳务协作等就业“四促”，提升“业安”高水平。

一是引导扶持促就业。全市建立129个就业创业服务中心，实现就业服务工作全覆盖，实现搬迁劳动力家庭至少“一户一人以上就业”、零就业家庭动态清零目标。依托各类企业、种养大户、就业扶贫车间、就业扶贫示范基地等生产经营主体吸纳搬迁劳动力就业并开展以工代训。

二是劳务协作促就业。认真落实好《东西部劳务协作促进铜仁籍建档立卡贫困劳动力稳定就业有关补贴实施方案》，已为搬迁群众提供几千个就业岗位，让搬迁群众有业可就、安心就业、收入可观。

三是发展产业促就业。全市以产业支撑帮助搬迁群众“稳得住、能致富”，采取“搬迁群众＋合作社＋龙头企业”模式，组织群众到产业基地和农产品加工企业务工。支持有发展意愿的搬迁群众发展农业产业，建立产业基地，帮助协调土地、项目、资金，解决实际问题。

四是技能培训促就业。按照“因人施培、因产施培、因岗施培”要求，做到应培尽培，确保培训全覆盖，提升就业能力，确保人人有业就、户户有收入。

四、教育“两感恩”，激“心安”内生动力

通过感恩教育，引“心安”共鸣，激发搬迁群众“心安”的内生动力，树牢“四安家园”思想根基。

一是建阵地强功能。公共文化服务是群众身边贴心暖心的精神家园和心灵港湾。铜仁市在安置点设置综合文化服务中心、新时代文明活动中心 129 个，所有安置点配备健身器材、广播音响等基本文体设施设备，满足搬迁群众活动要求。

二是重感恩引共鸣。全市开展以“党的声音进万家”“社科理论下基层”为载体的宣讲活动，市委讲师团、市社科联邀请政治立场坚定、理论功底扎实的理论政策宣讲队伍，通过“院坝会、群众夜校”，推动“党的声音进万家，总书记话儿记心上”，引导群众“感党恩、听党话、跟党走”。同时，利用铜仁市丰富的文艺资源，通过花灯、茶灯、快板等人民群众喜闻乐见的形式宣传宣讲习近平总书记“七一”重要讲话精神，目前，开展文艺宣传活动 300 场次以上，切实推动习近平总书记“七一”重要讲话精神飞入寻常百姓家。

三要搭平台激动力。为激发群众脱贫的内生动力，秉承“产—城—人—文”四位一体发展理念，创新政府与市场互补联动的社会综合治理、城镇容貌维护、居民参与等领域管理机制。为丰富搬迁群众精神食粮，各社区建设文化书屋、文化活动中心、乡愁馆，组建书法协会、太极队、象棋队、广场舞队、山歌队等，进一步丰富群众文化生活，引导群众感党恩、记党情，激发搬迁群众的内生动力。

贵州铜仁：念好“三字”经，铆足“力气”干

（2020年5月9日刊发于《贵州日报》）

“贫困不除，愧对历史，群众不富、寝食难安”。消除贫困，改善民生，实现共同富裕，是社会主义制度的本质要求，更是铜仁各族干部群众始终不渝的奋斗目标。一场突如其来的新冠肺炎疫情，给中国经济社会发展带来严重影响，也给决战决胜脱贫攻坚增加“考试”难度，脱贫攻坚战唯有坚定信心，绷紧弦、加把劲，铆足“力气”干。贵州省铜仁市地处14个集中连片特困武陵山片区，是贵州省脱贫攻坚的主战场，是最难啃的硬骨头，10个区县均为贫困县，共1565个贫困村，其中319个村为深度贫困村，脱贫任务艰巨。面对脱贫攻坚这块“硬骨头”，铜仁市向消灭绝对贫困发起了总攻。

脱贫攻坚如火如荼。铜仁市坚持把脱贫攻坚作为头等大事和第一民生工程，坚持精准扶贫精准脱贫基本方略，坚持“三真（真情实意、真金白银、真抓实干）、三因（因地制宜、因势利导、因户施策）、三定（定点包干、定责问效、定期脱贫）”的脱贫攻坚工作原则，念好“三字”经，铆足“力气”干，“决战九十天，夺取新胜利”，确保按时脱贫。

一、坚持“三真”原则，铆足“五大”真功夫

铜仁市始终坚持“真情实意、真金白银、真抓实干”的三真原则思想，全力聚焦脱贫攻坚战。紧紧围绕贫困人口、贫困村、贫困县如期脱贫这一目标，聚焦定点帮扶、产业扶贫、易地扶贫搬迁、教育医疗扶贫等脱贫攻坚关键领域，始终坚持在资金保障、产业发展、基础建设、民生保障、深化改革上下真功夫，确保更加科学、精准、有效地打好脱贫攻坚战。一是在资金保障上下真功夫。对全市1565个贫困村，按照一、二、三类贫困村建档立卡贫困人口分别人均5万元、4万元、3万元，非贫困村贫困人口人均3万元的标准，55%用于产业扶贫项目，25%用于人居环境改善和基础设施建设，15%用于医疗救助和教育资助，5%用于其他项目的投向比例，打响定点帮扶攻坚战。二是在产业发展上下真功夫。全力推进“6+3”扶贫产业提升工程，突出规划布局引领，明确主攻方向和目标，组建产业发展专班，在扎实抓好生态茶、中药材、生

态畜牧业、蔬果、食用菌、油茶六大主导产业的基础上，每个区县选择3个左右地方特色优势产业，实现集中连片、规模发展。三是在基础建设上下真功夫。深入实施“四在农家·美丽乡村”基础设施建设六项行动计划，推动基础设施向乡镇以下行政村延伸，打通制约贫困地区基础设施建设“最后一公里”。四是在民生保障上下真功夫。在全省率先出台《铜仁市建档立卡贫困户学生兜底资助实施方案》，制定出台《铜仁市提高农村贫困人口医疗救助保障水平促进精准扶贫工作实施方案》，促进贫困农户就地脱贫。五是在深化改革上下真功夫。制定出台《铜仁市深入推进“民心党建+‘三社’融合促‘三变’+春晖社”改革实施意见》，深入推进“民心党建+‘三社［农民专业合作社、供销社、农村信用社（社员股金服务社、农民资金互助社）］’融合促‘三变（资源变资产、资金变股金、农民变股东）’+春晖社”农村综合改革，汇聚基层组织力量、市场力量、社会力量“三方”力量，筑牢“三变”改革平台和载体，明确脱贫攻坚基层帮扶路径，确保村集体经济发展和贫困群众收入提升。

二、实施”三因”做法，开展”三大”行动

铜仁市始终坚持实施“因地制宜、因势利导、因户施策”工作方法，紧紧围绕降低贫困人口“漏评率、错退率”，提升贫困群众“帮扶工作满意度”，聚焦贫困村、贫困人口，开展“大调研、大规划、大实施”行动，对帮扶对象、帮扶内容、帮扶标准、责任部门等进行明确和规范，确保定点帮扶因户施策工作顺利推进。一是扎实开展大调研行动。聚焦精准扶贫“两率一度”，做到“识别准、退出准、贫困群众对脱贫攻坚的认同感和满意度高”，及时开展再遍访工作。二是扎实开展大规划行动。在逐户走访调研摸清致贫原因和广泛听取贫困户发展意见的基础上，坚持因村因户分类施策，实行“一听、二访、三会诊、四开方”的四步工作法，对贫困村、贫困户如期脱贫逐村逐户编制脱贫攻坚规划和实施方案，做到一户一个台账，一户一个帮扶计划，一户一套帮扶措施，确保贫困人口全覆盖。三是开展大实施行动。制定出台了《关于实施贫困村提升工程的意见》，通过对全市1565个贫困村实施提升工程“三年大会战”，实施扶贫精准管理、基础设施建设、特色产业发展、基本公共服务、精神文明建设、村党组织建设“六大提升工程”，进一步激发贫困村发展活力，改善贫困村民生，补齐贫困村短板。实现有一个扶贫精准管理的长效机制、有一批功能完善的基础设施、有一个稳定增收的特色产业、有一套保障有力的公共服务、有一个乡风文明的美丽乡村、有一个核心引领的村级党组织“六有”目标，努力将贫困村建成脱贫准、基础牢、农民富、保障优、乡村美、组织强的幸福宜居美丽家园。

三、实行“三定”政策，压实“四级”责任

铜仁市始终坚持“定点包干、定责问效、定期脱贫”政策，压实市、县、乡、村“四级书记抓脱贫”责任，用心用力用情全力打好脱贫攻坚战。以“包干一村、脱贫一村、致富一村”为目标，以做到“两年打基础、三年见成效、四年脱贫困”为主线，强化定点帮扶、正向激励和督查考核，确保打赢脱贫攻坚战。

一是强化定点帮扶。目前，市、县两级已选派1565名正科级以上领导干部作为包干责任人，与所有贫困村确定包干责任关系，实现了贫困村、贫困人口“帮扶干部、脱贫基金”全覆盖。

二是强化正向激励。在全国率先出台《关于做好脱贫攻坚一线干部关怀激励工作的意见》和“1+5”配套文件，将市、县选派的第一书记、驻村干部和脱产结对帮扶干部党组织、工资、管理、考核四个关系划转到乡镇，对奋战在脱贫攻坚一线的干部给予成长关心、落实待遇、表彰奖励等，引导全市党员干部投身脱贫攻坚一线建功立业，让扎根脱贫攻坚一线的干部得到党和政府的关怀、人民群众的褒奖，实现干部能力素质在一线锻炼、工作作风在一线检验、脱贫成效在一线彰显。

三是强化督查问责。以国家、省对市、县脱贫攻坚成效考核内容为基础，以贫困人口脱贫为核心任务，以贫困村提升工程和定点帮扶为载体，扎实开展脱贫攻坚“大比武”，强化对重点领域、重点项目、重点责任人的监督，从精准识别、精准帮扶、资金拨付管理和使用各个环节实行全过程、全方位的监督，定期通报督查结果。

总之，精准扶贫方略实施以来，铜仁市念好“三字”经，铆足“力气”干，尽锐出战，脱贫攻坚取得了决定性成效。2014年以来全市累计减少贫困人口88.32万人，贫困发生率降到1.16%，深度贫困村从319个减少至22个，创新了精准脱贫的模式，为市级脱贫攻坚探索了可参考、可复制、可借鉴的“铜仁经验”。

（注：本文数据来自铜仁市扶贫办）

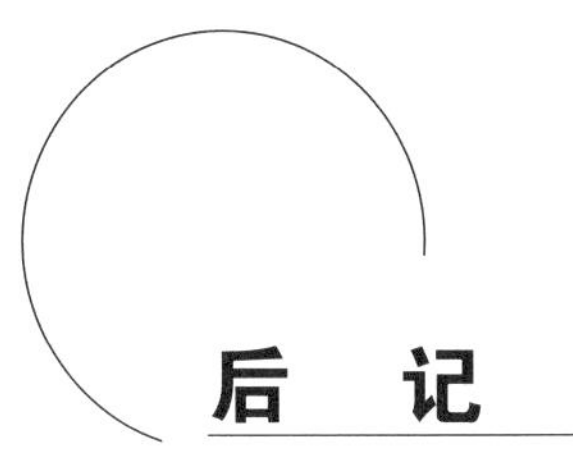

后　记

在铜仁职业技术学院成立二十周年之际，我的《见证铜职二十载》终于出版了。当初有许多领导和同志建议，让我把在学院工作期间所发表的文章、承担的课题等整理成册，作为学院发展的见证材料，特别是学院党委书记张命华同志亲自安排此事，明确专人负责，并列入建院二十周年校庆内容之一。

《见证铜职二十载》主要以我在铜仁职业技术学院工作中发表的文章为主，全书共收录五十多篇文章（课题），分别从办学治校、党的建设、科学研究、社会服务、建言献策等方面进行汇编。收集的许多文章来自铜仁职业技术学院的工作实践创新，是学院大胆创新、加快发展的缩影。如：《“三督四导”确保党史学习教育走深走实》列入省委指导组优秀案例，《助推乡村振兴，农职院校大有可为》《“以群建党”，确保双高建设取得实效》被中国教育报刊登，《构建“一体五化”职业院校治理体系》获市级人文社科奖，《加强制度建设，构建职业院校内部质量保障体系》获全国“诊改委”优秀案例，《发挥“四力”，打造体育特色之校》获市政协优秀提案；主持“严查基层贪腐——以铜仁为例”课题，被评为贵州省纪检理论研究成果一等奖。

在编辑工作中，原党委书记杨春光、院长张景春给予了大力支持；吴永东、王锋、曹登科、肖文辉、姜平平等同志工作十分辛苦，由于时间长，几经搬迁，资料收集难度大，他们克服了各种困难，认真负责，仔细校对，保证书的质量。在此对他们表示衷心感谢。由于时间仓促，能力水平有限，本书难免有误，敬请大家谅解。

覃礼涛

2022 年 7 月 8 日